아우구스티노의 회심 여정
과르디니와 함께 고백록 읽기

Alle Autorenrechte liegen bei der Katholischen Akademie in Bayern
Romano Guardini, *Die Bekehrung des Aurelius Augustinus*
4. Auflage 1989
Verlagsgemeinschaft Matthias Grünewald, Mainz/Ferdinand Schöningh, Paderborn

Korean translation © 2025 Catholic Publishing House

과르디니와 함께 고백록 읽기

2025년 6월 20일 교회 인가
2025년 11월 3일 초판 1쇄 펴냄

지은이 · 로마노 과르디니
옮긴이 · 김형수
감수 · 최대환
펴낸이 · 정순택
펴낸곳 · 가톨릭출판사
편집 겸 인쇄인 · 김대영
편집 · 허유정, 강병권, 김지영, 김지현, 박다솜, 박도연
디자인 · 이경숙, 강해인, 우지수, 정호진
마케팅 · 임찬양, 안효진, 황희진, 노가영, 이영실

본사 · 서울특별시 중구 중림로 27
등록 · 1958. 1. 16. 제2-314호
전자우편 · edit@catholicbook.kr
전화 · 1544-1886(대표 번호)
지로번호 · 3000997

ISBN 978-89-321-1979-3 04230
ISBN 978-89-321-1978-6 (세트)

값 29,000원

성경 ⓒ 한국천주교중앙협의회, 2025.

이 책의 한국어 출판권은 (재)천주교서울대교구 가톨릭출판사에 있습니다.
저작권법에 의해 보호를 받는 저작물이므로 무단 전재와 무단 복제를 금합니다.

가톨릭의 모든 도서와 성물, 디지털 콘텐츠를 '가톨릭북플러스'에서 만날 수 있습니다.
https://www.catholicbookplus.kr | (02)6365-1888(구입 문의)

로마노 과르디니 지음
김형수 옮김 | 최대환 감수

아우구스티노의 회심 여정

과르디니와 함께
고백록 읽기

가톨릭출판사

서문

책은 작가가 원하는 대로 만들어지는 것이 아니라, 책 스스로가 원하는 대로 만들어진다. 이 책의 Ⅰ부는 아우구스티노 성인이 《고백록》에서 그려 내는 그리스도인 존재 방식을 설명하는 강의를 의도하였다. 그러나 Ⅱ부에서는 《고백록》에 나타난 내면의 사건에 대한 해석이 주도권을 잡고 전면에 선다. 이렇게 하는 것이 결코 쉬운 일은 아니었다. 이러한 작업은 불충분한 해결책을 통해서 가장 잘 드러난다. 말하자면 이 책은 실제로 하나의 해결책이지만 여전히 불충분하다.

해석은 우선 《고백록》에 기록된 내용이 단순히 도덕적이고 종교적인 회심, 그러니까 악에서 선으로, 불신에서 믿음으로의 회심이라는 관점에서 출발한다. 그러나 만일 이것이 맞다면, 이 회심의 길에서 마주치는 장애물, 지연되는 사건, 이탈하는 것은 진정한 의미가 없다. 이것들이 의지가 더 굳건하고 강력했더라면, 더 빨리 걸을 수 있었던 길에서 잠시 발길을 멈춘 것에 지나지 않는다.

이런 접근 방식은 단순하지만, 실제로 벌어진 역사를 위한 어떤 여지도 남기지 않는다. 그 과정은 어떻게 해야 하는지, 또는 어떻게 하지 말아야 하는지에 대한 단순한 예가 되어 버린다. 여기서 길이라는 비유에는 어떤 의미도 없고 목표만 있을 뿐이다. 반면에 한 인간의 삶은 다른 어떤 것을 위해서만 존재하지 않는다. 오히려 모든 것은 그 자체로 의미 있고 스스로 충만하다. 어느 날은 다음 날이 오기 위해 존재하지 않으며, 어떤 것을 찾는 것은 다른 무엇인가를 발견하기 위해서가 아니다. 오히려 모든 날은 인간의 실존이며, 인간은 온갖 것을 찾으며 살아간다. 이는 심리학적 관점이 아니다. 살아 있는 것은 심리학이 설명하는 방식대로 진행되지 않는다. 진리와 진리가 아닌 것, 선과 악, 목적과 수단, 길과 우회로는 서로 얽혀 있다. 아우구스티노는 '복된 탓felix culpa'이라는 자신의 유명한 말을 단순히 이론적인 통찰만으로 말하지 않았다.

두 번째 해석의 시도는 심리학에서 출발한다. 여기서는 아우구스티노의 삶을 강력하면서도 다소 혼란스러운 자아의 감정에 대한 이야기로 본다. 연구자의 의도에 따라서는 이 이야기를, 열정적 자기주장이 마침내 겸손으로 용해되거나, 종교적 권위 앞에서 무너지고, 이러한 붕괴로 인해서 자신과 타인에 대한 온갖 폭력이 생겨나고, 위험한 생각과 행위의 희생양이 된다고 해석한다.

이러한 해석은 아우구스티노의 삶에서 강력한 본능적 삶에 대한 이야기를 본 것이지만, 이는 아우구스티노의 참모습과 일치하지 않는다. 그 안에는 이미 강한 망설임과 모순이 존재한다. 그렇기 때문에 이러한 삶은 위대한 인간적인 만남에서도 해소되지 않고, 오히려 자기 자신 안에서 왜곡되어 간다. 살아 있는 활기찬 인격으로 드러나지 않고, 별 가치가 없고 주변적인 것으로 전락한다. 이러한 삶은 자신을 단호하게 긍정할 수 없다. 오히려 그 옆에 있는 영적이고 종교적인 중심을 통해서 불안한 양심에 이르게 된다. 인간은 자신의 본능을 억압하며 영적이고 종교적인 것에 도달하려고 노력하지만, 여기서 변화는 부분적으로만 성공적이다. 삶을 회고하는 사람이 자신의 삶을 바라보며, 자신의 삶이 가진 가치를 평가하면서 곳곳에 죄책감이 만연하게 된다. 이는 그 삶의 모든 것이 여전히 강박과 모순 아래 남아 있다는 것을 보여 준다.

물론 이러한 방식이나 이와 유사한 방식으로 수행되는 심리학적 해석은 대개 진정으로 종교적인 인간, 더 나아가서 그리스도교적 인간 존재에 대한 개념이 결여되어 있다. 이러한 해석은 아주 정교한 도구로 작업하면서도 아주 원시적이다. 여기서 필요한 심리학은 영적인 것에 대해 알고 영적인 운명의 성취를 볼 수 있어야 한다. 이 심리학은 종교적인 인간에 대해 알고 그 사람의 본래적인 의미, 그의 위기와 성취를 존중해야 한다. 그리고 심리학은 영적이고 종교적인 것을 넘어서 그리스도교적인 것, 곧 계시와 신앙, 그리고 이것이 규정하는 인간 존재가 무엇인지 알아야 한다. 또한 이 심리학은 인간 존재의 다양한 층위에 대해 알아야 하며, 동일한 삶이 서로 다른 영역과 다른 차원에서 동시에 어떻게 실현되는지 볼 수 있어야 한다. 이 두 가지 측면은 놀라울 정도로 서로 독립적이거나, 심지어 서로 상반될 수 있지만, 궁극적으로는 공통적 의미를 실현할 수 있다.

아우구스티노의 이야기는 도덕적이고 영적인 차원만이 아니라, 사유와 관념의 차원에서 진행된다. 따라서 세 번째 해석 시도는 정신사적 해석이다. 이 해석은 아우구스티노의 '회심'이 그리스도교적 사건이 아니라, 키케로의 철학서 《호르텐시우스*Hortensius*》나 신플라톤주의 철학이 가르치는 '행복한 삶*vita beata*'을 향한 돌파로만 보는 경향이 있다. 이에 따르면 아우구스티노의 《고백록》은 철학이라는 첫 번째 회심이 이루어지고 이후 두 번째 회심이 일어나서 얻게 된 결실이다. 아우구스티노는 성경 연구와 영적인 활동의 영향을 받아 뒤늦게 고유한 그리스도교적 특색을 지닐 수 있었다. 다시 말해, 아우구스티노에게 하느님의 말씀과 신앙으로의 두 번째 회심이 일어났으며 《고백록》은 새로운 입장에서 자신의 삶을 성찰하고 해석하는 과정에서 탄생했다.

언뜻 보기에 이 이론은 매력적이다. 그러나 종교적-그리스도교적 인간 존재가 실제로 어떻게 나아가는지를 분명히 설명하지 못하고 있다. 이는 현대의 역사가가 책상 앞에 앉아서 아우구스티노에게 다음과 같이 주장하는 것과 같은데, 이는 얼마나 이상한가?

> 아우구스티노 당신은 예수라는 이름이 《호르텐시우스》 작품 어디에도 나오지 않기 때문에, 《호르텐시우스》가 당신의 영혼에 어떤 만족도 주지 못했다고 말하는 것과 같소. 당신은 밀라노의 정원에서 일어난 사건을 계기로 하느님의 말씀을 통해 내적으로 돌아선 것이라고 말하지만, 당신은 착각하고 있소. 그것은 철학에 대한 결정일 뿐이었소. 그것은 당시에 당신을 완전히 충만하게 채운 《호르텐시우스》에 대한 경험을 완성하는 것이었소. 당신은 나중에서야 그 안에서 그리스도교적인 것을 보았을 뿐이오!

이러한 해석은 아우구스티노의 고백이 단지 경건한 수사에 불과하다고 치부하지 않는다. 그러나 영적이며 그리스도교적 이해에 있어 매우 중요한 생생한 일련의 성찰들이 단지 차후의 회고적 시선에 의해 생겨난 성찰들을 환상으로 만든다. 그 결과 통합적 심리학은 거짓이 되며, 심지어 불가능하게 된다. 《고백록》 안에서 그리스도교적인 모든 것을 제거해 본다고 가정하자. 그러면 이에 대해 조금이라도 진지하게 경험한 사람이라면, 아우구스티노가 겨우 그 외에 남아 있는 것들 때문에 그토록 고뇌했다고 믿지 못한다. 결국 이러한 해석에서는 모든 것이 소실된다.

이와 달리 회심의 과정은 그 사람의 생사가 걸린 문제로서 모든 것을 요구하시는 예수 그리스도의 하느님께로 향한다. 그러나 아우구스티노는 힐라리우스[1]나 안토니우스[2]와 다르다. 힐라리우스와 안토니우스의 모든 결정은 의지에 달려 있었다. 하지만 아우구스티노의 삶은 인간 존재를 사유의 형태로 재구성하고, 사유로부터 다시 인간 존재를 형성하는 창조적 작업에서 이루어진다. 따라서 그의 회심 이야기는 그의 사유일 뿐만 아니라 영적인 창조의 이야기로도 이해해야 한다. 그의 윤리적 투쟁을 묘사하는 방식, 자신 안에서 일어나는 심리학적 과정을 해석하는 방법, 인간 존재를 사유적으로 구성할 수 있는 영적인 입장에 관한 그의 투쟁에 대한 이해, 이 모든 것을 함께 고려해야만 '아우구스티노'의 실체가 분명해진다.

생각해야 할 점이 한 가지가 더 있다. 아우구스티노가 회심하고 자신의 고백록을 기록해 바친, 그리스도교의 하느님께서는 철학의 절대적인 존재가 아니라, 구약 성경과 신약 성경에서 증언하는 거룩하시고 살아 계신 분이시다. 이분은 몸소 역사 속으로 들어오셔

---

[1] 힐라리우스Hilarius는 4세기 팔레스타인의 수도자로, 동방에서 서방으로 이르는 사막 금욕주의의 전파에 크게 기여했다. 그를 방문했던 히에로니무가 쓴 전기에서 그의 생애가 알려졌다. — 옮긴이 주

[2] 안토니우스Antonius는 약 251년부터 356년까지 살았던 이집트 출신의 수도자이며, 그는 모든 수도 생활의 창시자이다. 안토니우스는 세상을 버리고 광야로 들어가서 기도하는 삶을 선택함으로써, 금욕주의적인 삶을 추구하는 모범을 제공하였다. — 옮긴이 주

서 그 안에서 활동하신다. 이분은 개별 인간을 부르시고 그를 역사 속으로, 삶의 이야기 속으로 끌어들이신다. 따라서 이런 역사의 이야기는 사람들이 존재하는 수만큼 생겨난다. 매번 존재하는 모든 것, 세상 사물과 인간이 이 이야기 속으로 끌려 들어간다. 매번 모든 것이 이 이야기를 위해 존재하기에, 존재하는 모든 것, 세상과 인간 존재는 이 이야기 안에서 자신의 중심과 이름을 얻게 된다.

아우구스티노는 이를 확신했다. 그는 《신국론》에서 하느님께로부터 비롯된 인류의 역사를 파악하고자 했으며 그 안에서 자기 자신도 보았다. 《고백록》은 이런 역사의 이야기를 설명하려는 시도이다. 《고백록》을 해석하려는 사람은 자신의 가장 고요한 내면에서 적어도 수천 겹으로 되어 있는 동시에 하나로 얽히고 짜인 이 신적인 활동을 바라보며 외부의 사건과 전개에서 일하시는 하느님의 뜻을 감지할 수 있어야 한다.

어떤 저자가 책의 첫머리에서부터 자신이 다루는 과제를 거창하게 개괄하는 일은 분명히 과하다. 하지만 그렇다고 해서 나는 이 주제가 여기서 해결되었다고 여기지 않으며 이를 별도로 강조할 필요도 느끼지 않는다. 여기서 설명하는 것이 아우구스티노에 대한 해석의 문제를 좀 더 명확하게 설정하는 데 도움이 되었다면 그것으로 이미 많은 것을 얻었다고 생각한다.

어쨌든 앞서 말한 것들이 시급하게 다가온 과제였다. 이 책은 일련의 강좌를 거쳐 탄생했다. 강좌는 《고백록》에 대한 직접적인 해석보다 크고 작은 부분을 해석하기 위한 개념들을 준비하는 작업을 다루었다. 따라서 이 책은 아우구스티노의 그리스도인으로서의 운명뿐만 아니라, 그의 작품을 소개하는 데 있어서도 유용한 안내서가 될 수 있다.

이 책의 작업 방식은 내가 같은 출판사에서 간행한 도스토옙스키(《도스토옙스키의 작품에서 종교적 인물들*Religiöse Gestalten in Dostojewskijs Werk*》, 1932년)와 파스칼(《그리스도인의 의식*Christliches Bewußtsein*》, 1935년)에 대한 두 연구에서 사용한 방식을 따랐다.

이 책은 역사적인 아우구스티노 연구에 기여하기 위한 것이 아니다. 아우구스티노의 개인적인 특성과 사상을 영구적인 형태로, 그리고 그리스도교 인간 존재의 항구하게 열려 있는 가능성으로 이해하려는 시도이다. 나는 《고백록》을 아우구스티노의 다른 작품들과 연관시킬 수 없었다. 그러한 작업은 아우구스티노를 그의 시대와 연결하고, 나아가 그의 시대를 영적이고 교의사적인 전체 발전 과정과 연관시키려는 시도만큼이나 나의 능력을 넘어서는 일이다. 따라서 이 연구의 가치는 매우 제한적이고, 이러한 시도가 실제로 제시된 내용을 얼마나 정당화시킬 수 있는지는 독자의 판단에 맡기고자 한다.

이 책의 의도는 또 다른 방향에서 제한되어야 한다.

아우구스티노의 개인적인 역사 외에도 아우구스티노의 사상적 체계, 곧 그의 철학적이고 신학적인 견해들을 구축하는 작업이 존재한다. 그의 사상의 특수성을 고려할 때 '철학'과 '신학'에 대해 말하는 것이 옳은지 이미 물음을 제기했을 수 있다. 여기서는 당연하게도 현대적 관점이 일반적으로 분야와 방식에 대해, 그리고 특히 언급된 두 학문 분야의 결정 기준이 된다. 한 걸음 더 나아가서, 아우구스티노의 사상이 현대적 의미에서 전적으로 이론으로 간주될 수 있는가를 물을 수 있다. 아니면 그의 사유는 삶, 특히 내면적 삶에 너무 가까워서, 이론적인 방식으로 파악될 수 없거나 부분적으로만 파악되는 것은 아닌지 물을 수 있다. 그러나 교회의 아우구스티노 연구는 중세 초기부터 '아우구스티노의 발언Augustinus dicit'을 개념적으로 명료화하고 이를 체계적인 연관성으로 확립하려고 노력해 왔다. 그리스도교 신학은 아우구스티노와 토마스 아퀴나스가 두 축을 이루었다. 그러므로 개별 학파뿐만 아니라 개별 신학자들도 이단과 정통을 구분하기 위해 스승의 가르침을 정확하게 확정하기 위해 더욱 노력했다.

　그러나 이 책은 그런 것을 의도하지 않는다. 이 연구는 아우구스티노에 해당되는 전체 중에서, 그렇게 말할 수 있다면, 철학과 신학이 아직 현대적 의미로 분리되지 않은 그러한 영역을, 말하자면 중세 시대의 경우처럼 아직 둘 사이의 거리가 멀지 않아서, 오히려 그리스도교적 인간 존재를 전체로 수용하며, 방법론적인 구분에 개의치 않고서 이러한 전체로부터 사유를 바라보는, 살아 있는 영역을 염두에 두고 있다. 이 연구는 부분적으로 아우구스티노의 생애에서 이론적 사유와 영적-실천적 삶으로 분리되기 이전의 시기를 다룬다. 이 연구는 아우구스티노의 사상이 근본적으로 어떤 모습인지 알고자 한다. 이 근본적인 곳에서 그의 사상은 그리스도교적인 것을 배제하는 '순수하게 자연적' 관점의 가능성을 고려하지 않으며, 오히려 계시에서 나타나는 세계를 '진정한' 세계로 보기 때문에, 신앙의 사유에서 온전히 참된 사유를 본다. 이 연구는 비판적으로 분리하고 방법론에 따라 연구하는 이론의 과제에 얽매이지 않고, 아우구스티노가 내적 행위와 존재로부터 출현하고 다시 그것으로 돌아가는 곳에서 이러한 사유를 파악하고자 한다.

이 책은 신앙 안에서 자신을 이해하는 그리스도인이 되기 위해서 고군분투하며 성장하는 아우구스티노의 모습을 보는 데 목적이 있다. 아우구스티노의 사상을 분석적으로 제시한 이 책의 I부 역시 그렇게 받아들여지기를 바란다. 이 책은 체계를 지향하는 연구에서 허용될 법한 것에 비하자면, 여러 내용을 종종 더 강하게 강조하고 더 예리하게 구분하며 더욱 세심하게 재구성한다. 여기서 각각의 진술 그 자체가 개념적으로 올바른지의 여부는 중요하지 않다. 왜냐하면 진술이 개념과 그 배후에 살아 있는 것을 얼마나 명확하게 만드는지가 더 중요하기 때문이다.

마지막으로, 기쁜 마음으로 감사를 표한다. 《고백록》의 비판본에 대해 다른 많은 분과 함께 마르틴 스쿠텔라Martinus Skutella 박사에게 큰 빚을 졌다. 이 비판본은 1934년 타웁너가 출판했고 내 작업의 기반이 되었다. 스쿠텔라 박사가 친절히 본문의 수많은 구절을 번역해서 도움을 준 것에 대해서도 특별히 감사드린다.

차례

서문   5

I 해석의 토대

1 — 고백   23
2 — 기억   31
3 — 내면성   41
4 — 내면의 드라마   56
5 — 정신, 감각적인 것, 종교적인 것, 마음   65
6 — 복된 삶과 완전함   81
7 — 에로스와 마음   92
8 — 지혜   104
9 — 복된 삶과 하느님의 현존   109
10 — 인간 존재에 대한 경탄   126
11 — 창조와 섭리   170
12 — 아우구스티노의 "이교성"   199
13 — 어머니 모니카   212
14 — 아우구스티노가 보는 관점의 발전   223

II 여정과 결단

1 — 소년 시절, 청년 시절, 젊은 시절 **229**
2 — 로마와 밀라노 **262**
3 — 해명 **297**
4 — 결단 **333**
5 — 새로운 삶 **360**

부록

아이의 목소리인가, 하느님의 부르심인가 **371**
옮긴이의 말 **377**
감수자의 말 **382**

내 친구 요셉 바이거에게

• 일러두기

이 책에서 인용되는 《고백록》은 과르디니가 인용한 독일어 원문을 번역하되,
본문의 한글 번역에 있어서 성염이 역주한 《고백록》(경세원, 2016)을 참조하였다.
필요한 경우에 저자의 각주 외에 [옮긴이 주]를 달았다.
이 책에 나오는 성경 구절은 한국천주교중앙협의회 《성경》에서 인용했다.
각주의 인용 도서 중 한국어 번역본이 있는 경우, 원서명이 아닌 한국어 제목명을 표기했다.

I
해석의 토대

1
고백

아우구스티노는 자신의 책을 고백록Confessiones이라고 부른다. 이 말의 어원이 되는 라틴어 동사 '콘피테리confiteri'는 '하느님을 인정하다, 공식적으로 고백하다, 선포하다, 찬양하다'를 뜻한다. 말하자면 이 용어는 내면의 예비적 태도에서 공개된 영역으로 나오는 것을 의미한다.

《고백록》에서 이러한 발걸음은 종교적인 의도로 하느님을 향해 나아간다. 여기서 그의 고유한 삶과 행위가 자신의 태도와 영적 투쟁에서처럼, 공개적으로 펼쳐진다. 더욱이 이는 경건하게 하느님 앞에서 이루어지면서도, 사람들이 들을 수 있게 된다. 아우구스티노는 《고백록》이 진행되는 중에 고백의 의미에 대한 물음을 여러 번 정확하게 검토한다. 특히 자신에 대한 보도를 끝낸 후에, 그러니까

10권의 시작부에서 새롭게 얻은 실존적 존재가 자신을 드러낸다.

"보십시오, 당신께서는 진리를 사랑하십니다. '진리를 실천하는 이는 빛으로 나아'[요한 3,21 참조]가기 때문입니다. 저는 진리를 행할 것입니다. 고백을 통해서는 당신 앞에서 저의 마음으로 행하고, 저의 글을 통해서는 많은 증인들 앞에서 행할 것입니다."(10,1,1)[3]

그다음에는 이렇게 이어진다.

"그러나 주님, 인간 양심의 심연마저도 당신의 '눈에는 모든 것이 벌거숭이로 드러나'[히브 4,13 참조]있는데, 하물며 제가 당신께 고백하려고 하지 않는다고 해도 제 안에 무엇인들 당신께 숨겨질 수 있겠습니까?"(10,2,2)

하느님께서는 고백하지 않아도 알고 계신다. 그분께서는 인간이 알려지기를 원하지 않고 저항하더라도, 인간의 내면을 꿰뚫어 보신

---

[3] 이 책의 《고백록》 원문은 마르틴 스쿠텔라의 손을 거친 비판본이다(《Bibliotheca Scriptorum Graecorum et Romanorum》, Teubner, Leipzig). 전체적으로 이 본문은 내가 새로 번역했다. 구절을 표시하는 10,1,1에서 처음 숫자는 책의 권, 두 번째 숫자는 장, 세 번째 숫자는 절을 의미한다. 본문 안에서 작은 따옴표는 일반적으로 아우구스티노의 성경 인용을 나타내며, 그 위치는 인용된 판을 참조했다. 대괄호는 내가 추가한 설명을 나타낸다.

다. 하느님께서는 창조주이시며, 그분의 인식은 당신의 피조물의 본질을 근거 짓는 행위이다. 어떤 것이 있기 때문에 하느님께서 그것을 인식하시는 것이 아니라, 하느님께서 그것을 인식하시기 때문에 그것이 존재하는 것이다. 하느님의 창조적인 인식을 통해서 진리는 참되어지며, 그분의 뜻을 통해서 피조물은 그 본질과 고유한 의미를 지니게 된다. 동시에 하느님의 인식은 정의롭다. 이 인식은 당신께서 세우신 본질적 진리의 척도에 따라서 피조물을 판단하는 행위이다. 하느님의 시선은 판단하고 거부하며 확인한다. 그러므로 고백은 피조물이 자발적으로 하느님의 진리 안에 자신을 놓아두는 행위이다. 이 고백은 어떤 한계도 없는 눈길로 보시는 그분께 실제로 알려질 뿐만 아니라, 그분에 의해서 알려지기를 원하게 된다. 고백은 자신의 수치심과 자기주장의 저항 속에서도 진리를 인식하시는 하느님 능력에 결합한다.

고백과 반대되는 것은 자신의 내면을 닫으려는 의지이다. 하느님께서는 어떤 피조물도 꿰뚫을 수 없는, 알 수 없는 상태로 남아 계실 수 있으시며 당신 자신 안에서 자신의 개방성을 지니고 계신다. 거기서 아버지의 영원히 발설된 말씀인 아들 안에 아버지가 열려 있고, 발설하는 것과 발설된 것은 영이다. 그 영은 연결nexus이자 입맞춤osculum인 사랑의 무한한 내밀함에서 일어난다. 그러나 하느님께서는 외부로는 당신 자신을 숨기고 계시며, 자신을 드러내는 것이 흡족할 때에만 말씀하신다. 인간은 다른 사람에게서 자신을 감출 수 있으며 필요할 경우 자기 자신을 드러내지 않는 처신은 오히려 인간관계를 충만하게 할 수 있다. 그러나 인간은 하느님께 자신을 드러내어 고백하지 않을 수 없다. 그분은 만물을 창조하신 분이기 때문에 만물을 꿰뚫어 보신다. 고백하지 않으려고 의도할 수는 있겠지만, 이 의도 자체가 반항을 의미한다. 따라서 하느님 앞에서 고백하는 것은 피조물인 인간이 본래 자신의 존재를 만드시고 자신의 적나라한 실체를 심판하시는 하느님의 인식 속에 자신을 놓는 행위이다. 이 행위를 통해 인간은 이렇게 자신에 대해 판단하시는 하느님의 인식을 받아 들이고 이 인식과 결합된다.

인간에 대한 아우구스티노의 가르침에 비추어 볼 때, 이렇게 고유한 인간 존재가 하느님의 진리 안에 잠기는 것은 최고의 정신적인 삶이다. 아우구스티노에 따르면, 높은 것은 낮은 것에서 파생될 수 없지만, 낮은 것은 높은 것을 통해 이해되어야 한다. 낮은 단계의 생명에서 가능적으로 있는 것은 더 높은 단계에 의해 사로잡힐 때에만 비로소 자유롭고 충만해진다. 그래서 인간의 몸은 본질적으로 영적인 영혼으로부터만 이해될 수 있다. 인간의 몸은 처음부터 단순한 생물학적 실재가 아니라, 영적으로 결정된 실재이기 때문이다. 다른 한편으로 영혼은 단순히 존재하지 않고 의미로부터 존립하는 실재이기 때문에, 진리와 선을 통해서만 이해될 수 있다. 하지만 진리와 선은 당신 스스로 영광스러우시고 거룩하신 하느님의 실재 의미에서 존립한다. 따라서 아우구스티노에게 영혼은, 믿음 안에서 하느님과 관계를 맺음으로써 은총 속에서 성령에 의해 규정될 때 비로소 고유한 의미에서 '영적'이다. 인간의 현존재는 '하느님을 향하여'와 '하느님께로부터'라는 두 가지 형태를 지니고 있다. 아우구스티노는 《신국론》에서 "육체의 생명이 영혼인 것처럼, 인간의 지극히 복된 생명은 하느님이시다."라고 말한다. 궁극적으로 인간은 하느님에 의해 본질적으로 충만하게 되기 때문에 오직 하느님에 의해 이해될 수 있다. 따라서 고백은 진정한 의미에서 결정적인 본질의 성취와 실현을 찾기 위해서 하느님 앞에 나아가려는 영혼의 노력이다.[4]

동시에 고백은 인간을 향해 있다. 고백은 하느님께 말하는 것이지만, 인간이 들을 수 있다. 고백의 개방적 특성은 공공연하며, 개인적인 고백은 공적인 행위가 된다. 물론 이런 점에서 고백은 의심스러울 수 있으며, 아우구스티노도 이 점을 의식한다. 하지만 이러한 의구심은 듣는 사람의 천박한 동기, 그의 호기심과 감각적인 욕구에서 어느 정도 비롯된다.

> "제가 사람들과 무슨 상관이 있기에 그들이 '저의 모든 허약함'을 치유할 수 있는 것처럼 제 고백을 들어야 합니까? 이 시대 사람들은 타인의 삶에는 호기심이 많으면서도 자신의 삶을 개선하는 데는 게

---

[4] 전체 맥락에 대한 자세한 내용은 이 책의 154쪽 이하를 참조.

으르지 않습니까? 자신이 누구인지 당신에게 듣지 않으려는 사람들이 제가 누구인지 듣겠다고 저에게 무엇을 요구하겠습니까?"(10,3,3)

듣는 이들 스스로 하느님 앞에서 진리를 갈망하면서 고백해야 한다. 그때 비로소 형제 고백자의 말이 제대로 자리를 찾으며 그 말을 이해할 수 있다. 그러나 동시에 말하는 사람의 내면에서 나오는 것을 상대방을 정말로 이해할 수 있는지 의심이 생기고 의문을 품게 된다.

"그렇다면 그들이 제가 저 자신에 대해 말하는 것을 들으면서, 제가 진실을 말하고 있다는 것을 어떻게 알겠습니까? 그것은 어느 누구도 '그 사람 속에 있는 영이 아니고서야, 그 사람의 생각을 알 수'[1코린 2,11 참조] 없기 때문입니다."(10,3,3)

사람들이 스스로에 대해 하느님께 배움으로써 진리 안에 놓이게 될 때에만, 그분을 통해서 사랑으로 옮겨지고 형제의 말을 이해할 수 있다.

"그러나 이 사람들이 자신에 대해 당신께 말씀을 듣는다면, 이들은 '주님께서 거짓말을 하신다!'라고 말할 수는 없습니다. 자신에 대한 것을 주님께 듣는다면, 그것이 자기 자신을 아는 것이 아니고 무엇이겠습니까? 스스로 거짓말을 하는 것이 아닌 한, '그것은 거짓이다.'라는 것을 알고서 그렇게 말할 수 있겠습니까?"(10,3,3)

여기에는 어떤 사람과 그의 말을 이해하는 사람만이 그를 진정으로 사랑할 수 있다는 아우구스티노 인식론의 중요한 주제가 담겨 있다.

"'사랑은 모든 것을 믿으며'[1코린 13,7 참조], 적어도 사랑이 서로를 연결시켜서 하나로 만들어 주는 사람들에게는 그렇습니다. 그래서 주님, 저도 사람들이 들을 수 있도록 당신께 고백합니다. 제가 진실을 말하는지 이들에게 증명할 수는 없습니다. 하지만 사랑이 그들의 귀를 저에게 열어 준 사람들은 저를 믿을 것입니다."(10,3,3)

물론 이 사랑을 좀 더 정확하게 정의하자면, '그것을 통해 인간이 선하게 되는' 사랑이다. 이는 본능적이고 탐욕적인 사랑이 아니라, 코린토 1서 13장에 나오는, 하느님의 계시에 근거하는 '모든 것을 믿는' 사랑이다. 그렇다면 무엇 때문에 사람들 앞에서 고백하려는 것인가?

"당신께서는 제 영혼을 믿음과 당신의 성사를 통해서 변화시키심으로써, 저를 당신 안에서 행복하게 해 주시기 위해서 저의 지나간

죄들에 대한 고백을 사라지게 하고 가려 주셨습니다. 그래서 저의 고백이 읽히고 들릴 때면 사람들의 마음을 흔들고 절망에 빠뜨려 '나는 할 수 없어.'라며 말하지 않고, 오히려 당신의 자비하신 사랑과 당신 은총의 달콤함으로 깨어나게 합니다. 이 은총으로 자신의 나약함을 의식하는 사람은 이 은총으로 그런 사람 모두가 강해집니다."(10,3,4)

인간은 하느님께로 가는 길이다. 아우구스티노는 자신의 삶을 통해 하느님께 도달할 수 있는 가능성에 대해 증언하기를 원한다. 《고백록》을 읽는 독자는 이 점을 이해하고 공감하며 실천해야 한다. 그러나 동시에 그는 모든 사람들, 심지어 한 인간에 불과한 자기 자신에게조차도 한 가지 유보적인 태도를 취한다.

"[저는] 당신께서 저에게 섬기라고 하신 그런 사람들에게 제가 예전에 누구였는지가 아니라, 지금 이제 사람이 되었고 여전히 그런 사람이라는 것을 말해 줄 것입니다. 그러나 '저[나]도 제[나] 자신에 대해 심판하지 않습니다.'[1코린 4,3 참조] 그러니 사람들이 저의 말을 그렇게 들어주기를 바랍니다."(10,4,6)

결국 그는 자신과 자신의 고백을 희망의 신비 안에 놓고 있다.

2
기억

《고백록》을 지탱하고 그 내용을 구성하는 고백은 매우 포괄적이다. 여기에는 자신의 행위에 대한, 특히 죄가 있는 행위에 대한 인식과 인정, 그리고 하느님의 이끄심에 대한 통찰과 그 지혜에 대한 찬양이 포함된다. 인간은 고백을 통해서 모든 것을 하느님께로부터 받았다는 것을 인식하고, 자신과 자신의 삶을 하느님의 시선 앞에 가져옴으로써 앎을 수행한다. 이러한 고백은 과거의 삶을 현재화하고 기억하는 것에서 비롯된다. 따라서 고백의 본질에 대한 물음을 제기한 후에, 앞으로 인용하는 10권에서 기억의 본질에 대해 다루는 것이 적절하다.

아우구스티노는 하느님께서 어떻게 인식되는지에 대한 문제에서 출발해서, 외적인 사물들에 대한 감각이 아니라 정신적인 사건에 대한 내적인 경험에서 답을 찾는다. 기억은 인간이 자신의 내면 세계를 눈앞으로 가져와서 자신의 것으로 만드는 힘이다. 따라서 그는 내면세계로 눈을 돌려서 기억의 삶에 대해 매력적인 설명을 시작한다.

"제 본성의 이러한 것[힘]도 넘어서고 [이는 유기적 생명과 감각적 경험을 넘어서는 것을 의미한다.] 저를 지으신 당신께 한 걸음씩 올라가려고 합니다. 그래서 저는 기억의 벌판과 드넓은 궁전에 도달합니다. 그곳에는 감각이 다양한 사물들로부터 가져온 무수한 표상들의 보물들이 있습니다.

그곳에는 저희가 감각으로 파악한 것을 어떤 식으로 늘리거나 줄이든지, 또는 항상 변화시키든지 간에 저희 자신이 생각하는 것도 저장되어 있습니다. 망각에 의해 삼켜져서 아직 묻혀 버리지 않은 어떤 것도 그곳에 쌓여 있거나 보관되어 있습니다. 제가 그곳에 있으면 제가 원하는 것을 가져다 달라고 요구합니다. 어떤 것[표상들]은 즉시 나오지만, 어떤 것은 더 오래 찾아야 하고, 좀 더 멀리 있는 저장소에서 꺼내 와야 합니다. 어떤 것은 한꺼번에 몰려나오고, 어떤 것은 다른 것을 원하고 찾는 동안, '우리가 그것이 아닌가요?'라는 말하기라도 하듯 도중에 불쑥 튀어나오기도 합니다. 그럴 때마다 저는 제가 원하는 것이 구름을 걷어 내고 명확하게 보일 때까지 제 기억의 얼굴 앞에서 마음의 손으로 그것들을 쫓아내어 버립니다. 다른 것들은 쉽게, 그리고 방해받지 않고 연달아서 요구하는 대로 나옵니다. 앞서 나온 것들은 뒤따라 나온 것들에게 자리를 내주고, 물러나서 대기하고 있다가, 제가 원하자마자 다시 나옵니다. 제가 기억을 더듬어 어떤 것을 이야기할 때 이 모든 일이 일어납니다."(10,8,12)

여기서 아우구스티노는 기억된 것이 자리하는 영역, 즉 장소 개념에 주목한다. 얼핏 보기에 이것은 정신적으로 보이지 않는다. 그러나 아우구스티노는 열정적인 노력으로 정신적인 것의 비물질성에 대한 인식을 얻는다. 따라서 장소 개념은 기억에 보조적인 도움을 주는 표상을 다룬다. 이러한 표상은 틀릴 수 있지만, 그것이 관련되는 것을 인식하는 데 기여하기 때문에 중요하다.

우리에게 공간적 질서라는 표상은 매우 유익한 것처럼 여겨진다. 여기서 심층 심리학에 대해 생각하게 된다. 이 심층 심리학은 인간을 그 전체 존재의 다양성과 긴장, 그리고 위기 속에서 파악하려고 한다. 그 때문에 일종의 가장 정확한 위치 결정으로서 인간을 여러 층의 구조를 지닌 건축물로 본다. 물론 내면세계 자체는 이와 같지 않다. 오히려 모든 것은 삶의 과정에 있어 비공간적이고 행위적인 본성으로 이해되어야 한다. 그럼에도 불구하고 이 표상은 영혼적인 것의 무형적인 특성을 쉽게 상상할 수 있는 형태로 가져오는 가장 좋은 방법이다. 같은 장(10,8,13)에서 아우구스티노는 경험된 것이 보관된 이 포괄적이고 정돈된 '장소'가 실제 장소와 같은 공간을 지니지 않는다고 강조한다. 기억한다는 것은 바로 육체적인 것들을 비육체적인 방식으로 내면에 지니는 것이다. 또한 보조적으로 도움을 주는 이 표상은 잠들어 있는 기억이 깨어나는 것과 연결된다. 이로써 이전의 경험은 살아 있는 존재, 삶 자체에 저장되어서 정신적인 기억 행위에 사용된다. 기억은 장소, 시간, 유사성, 인과관계 등에 따라서 배열된 경험의 기록, 저장, 소환이 진행되는 원리이기도 하다.

공간적인 표상은 자신 내면의 광활함을 표현한다. 이 내면은 무언가 부족하고 둔하며 거친 것이 아니다. 내면은 깊이와 넓이, 높이와 내밀함이 다양한 방향으로 펼쳐지고 구성되어 긴장과 가능성으로 가득 차 있다. 내면의 이러한 점은 풍부하고 의미 있는 사건을 위한 무대가 된다. 그다음에는 기억의 개념이 확장된다. 이제 기억은 더 이상 이전에 경험한 것을 저장하지 않고, 일반적으로 창조하는 의식을 의미하지 않는다. 정신적인 삶은 기억의 내용을 일과 삶의 재료로 삼기 때문에 직접적인 현실 경험에 의존하지 않는다.

"저는 제 기억의 거대한 궁정에서 이렇게 합니다. 거기서는 제가 잊어버린 것을 제외하면, 하늘과 땅과 바다와 그 안에서 제가 지각할 수 있는 모든 것이 저에게 제공됩니다.

[이렇게 기억 속에서] 저는 저 자신을 만나고 새롭게 경험합니다. 제가 언제 어디서 무엇을 했는지, 그것을 했을 때 어떻게 느꼈는지를

기억합니다. 거기서는 제가 직접 경험했거나 다른 사람으로부터 경험했거나 믿었던 것으로 기억하는 모든 것들이 있습니다."(10,8,14)

기억은 자의식의 기관이 됨으로써 개인 역사의 토대가 된다. 10장에서는 '사물 자체', 사물들의 본질, 그 의미 내용이 어떻게 의식으로 들어오는지에 물음을 제기한다. 감각 기관을 통해서인가? 아우구스티노는 이 물음에 대해 아니라고 부정한다. 우리는 사물들의 본질이 아니라 사물들에서 지각 가능한 것만을 전달한다. 따라서 본질에 대한 인식은 다른 곳에서 와야 한다.

"제 기억에 이것[사물의 본질]이 어디에서 어떤 경로로 들어왔습니까? 저는 어떻게 [이런 일이 일어났는지] 알지 못합니다. 제가 그것들을 배울 때, 남의 마음을 믿기보다 스스로의 마음으로 검증해서, 그것들을 참이라고 판단했고, 제가 원할 때 그것들을 다시 꺼낼 수 있도록, 제 마음 안에 놓아둔 것처럼 맡겼습니다. 그것들은 제가 그것들을 배우기도 전에 이미 거기에[제 마음에, 저의 선천적인 기억 속에] 있었습니다. 하지만 그것들은 저의 [후천적인] 기억에는 [아직] 없었습니다. 그런데 그것들이 발설되었을 때 저는 인정을 했고, '그렇습니다! 사실입니다.'라고 말했는데, [그럼에도] 그것들이 이미 기억 속에 있었기 때문이 아니라면 어디서, 어째서 그렇게 했다는 것입니까? 더욱이 [타고난 기억 속에서, 그래서] 너무 멀리 떨어져 있어서 마치 깊숙이 숨겨진 동굴 속과 같이 밀려난 기억 속에서, 누군가 다른 사람이 알려 주어서 끌어내지 않았다면, 제가 그것들을 [의식적으로] 전혀 생각조차 할 수 없었을 것 아닙니까?"(10,10,17)

우리는 여기서 존재의 본질이나 우리가 말하는 대상의 선험적인 것이 주어진 것에 어떻게 도달하는가라는 인식론의 근본 문제와 만나게 된다.

아우구스티노의 대답은 이데아의 직접적인 내면화, 즉 '영원한 빛의 비춤', '영원한 원상原象'에 대해 말할 때 암시된다. 진리에 대한 물음, 즉 본질적이고 영원한 존재에 대한 물음은 인식의 노력을 결정한다. 감각은 우연에 따라 생겨나는 사실만을 전달할 뿐이며 의미와 형태에 의해서 필연적으로 존재하거나 본질에 의해 영원히 지속되지 않고 끊임없이 변화한다. 그러나 본래적인 '통찰'도 있다. 이 통찰은 자신의 내적 필연성 속 본질의 비춤, 자신의 취소될 수 없이 유효한 것에서 가치의 비춤, 영원함의 조명이다. 이 영원함의 조명은 인식의 본래적인 의미를 구성한다. 플라톤과 마찬가지로 아우구스티노에게 있어서 통찰은 감각을 통해서가 아니라, 경험 대상과 과정이 그 모상들을 나타내는 영원한 본질 형상 또는 이데아에서 직접적으로 비롯된다. 그가 철학적 · 신학적인 깨달음을 얻지 못하는 한[5], 그 자체를 알지 못하더라도, 정신은 이러한 이데아의 영역과 연관되어 있다. 결국 이데아는 살아 있고 사유하는 하느님의 정신 자체 외에 다른 것이 아니다. 하느님께서는 존재하는 모든 것을 하나로, 충만함과 내적 펼침으로, 동시에 당신 자신으로 생각하시기 때문이다. 그분께서는 이 모든 것을 그 형태의 빛나는 선명함으로, 거룩한 아름다움으로 생각하시고 말씀하신다. 이러한 형태는 말씀의 형태로서 정신과 마음에서 태어났으며 가장 부드러운 동시에 가장 강력하다. 하느님께서는 모든 것을 살아 있게 하고 창조하시는 분이시다. 그분이 말씀하시는 것은 생성하고 낳는 것이며, 말씀은 본질적이다. 따라서 하느님의 생명은 인격적인 형태를 취함으로써, 그분은 말을 발설하시는 하느님이시자 발설된 하느님, 말씀하시는 분이시자 말씀, 곧 아버지와 아들이시다.

아우구스티노는 믿음 안에서 살아 있는 마음의 기관, 곧 믿음 안에서 생생한 사유로 온 힘을 다해서 이와 같은 신비 속으로 침잠했다. 특히 자신의 위대한 작품인 《삼위일체론》에서 고대 그리스의 정신적 작업의 유산인 이데아와 로고스에 대한 통찰을 그리스도교의 하느님에 대해 이해하기 위해 이용하였다. 이데아와 로고스에 대한 통찰은 그가 그리스도교와 교류하는 가운데 깨어난 서구적인

---

5   이는 특별한 형이상학적·종교적인 체험, 더 낫게 말하자면 신비적 체험에서 이루어질 수도 있다. 《고백록》에서 보도된 빛의 체험[7권 10장]에 대한 해석은 28쪽 이하를 참조.

심정의 힘과 결합되어 있다. 아버지의 말씀인 로고스가 절대적으로 말해져야 하는 것, 곧 하느님의 본질에 대한 진술이라는 점에서 로고스는 모든 가능하고 유한한 것들의 본질에 대한 진술이다. 모든 존재하는 것은 하느님을 반영함으로써 자신으로 존재한다. 따라서 모든 것은 로고스 안에, 원천적인 말씀 안에 자신의 원상을 지닌다.

인간의 정신은 자신도 모르게 이에 연관되어 있다. 우선, 인간이 존재하기 때문에 로고스 안에 자신의 원상이 있다는 점에서 그러하다. 그리고 인간이 인식하는 존재로 규정된다는 점에서도 마찬가지이다. 정신적으로 인식한다는 것은 본질을 파악한다는 것을 의미한다. 그러나 본질은 이데아 안에 있기에 인간은 이데아와 지속적으로 접촉할 준비가 되어 있어야 한다. 이로써 로고스 안에 있는 모든 이데아들을 포괄하여 파악할 수 있다. 인간이 어떤 사물을 연구하려고 노력하는 순간, 로고스와의 관계가 실현된다. 원상은 통찰의 순간에 사물의 본질이 명확해지는 것으로서 빛을 비출 때까지 밀려 들어오고, 인식을 근거짓는다. "영원한 이데아들이 정신을 비춘다." "정신은 영원한 형상들을 건드린다." 이러한 정식들은 중세와 현대에 아우구스티노 계승자들에게 계속해서 영향을 미치게 된다. 이로써 당연히 여러 가지 물음이 제기된다. 무엇보다도 다음과 같은 플라톤의 본래적인 물음이 그것이다. 그러한 사태에서 유한한 것 자체의 가치는 마치 증발하듯이 위태로워지지 않을까?

신학적 차원에서 다시 생각해 보면 다음과 같은 물음이 제기된다. 자연적 인식이 신앙적 인식으로 용해되지 않을까? 피조된 존재와 인식이 로고스 안에, 따라서 삼위일체 안에 직접적으로 토대를 두고 있을까? 이로 인해 아우구스티노의 열정적인 사유의 모든 지점은 실제로 위협적으로 보이는 신앙 절대주의의 위험을 초래하지 않을까?

우리는 이 물음을 계속해서 살펴볼 것이다. 어쨌든 아우구스티노 사상의 힘과 매력, 즉 절대자에 대한 부단한 접근과 그 첫 시작부터의 흥분은 대부분 이 근원에서 비롯되었다. 더 나아가서 하느님께서 어떻게 기억 속에 있는지, 의미가 충만한 삶의 절대적 가치인 복된 삶beata vita이 어떻게 존재하는지, 그리고 모든 것이 덧없음과 어떻게 관련되는지를 논의할 것이다.

아우구스티노가 외적인 영역과 내적인 영역을 구분하는 것은 특별히 중요하다. 사물들은 외적인 영역에서 구체적인 현실에 있지만, 내적인 영역에서는 실제로 있는 것이 아니라 '기억되고', '상image'으로, 의식의 내용으로 존재한다. 이것들은 외적인 영역에서는 사라지지만, 내적인 영역에서는 남아 있다. 또한 외적인 영역에서는 마음대로 다루고 싶은 정신의 의지를 벗어나지만, 내적인 영역에서는 언제든지 불러낼 수 있다.

인간이 그것과 만나 자신의 삶의 내용으로 삼는 한, 전체 세계는 현실적인 존재에서, 기억 속에서 두 번 존재한다. 또한 그 자신도 존재하고 그에게 일어나는 일도 두 번 존재한다. 존재의 두 번째 방식은 인간을 단순히 실존적으로 존재하게 하지 않고, 정신적으로 살도록 한다. 그는 자신의 현존재 안으로 들어온 것들과 함께 자기 자신을 인식한다. 그는 이 현존재를 자신 안에서 불러낼 수 있다. 이 현존재는 시간을 초월하여 펼쳐지기 때문에, 지나간 모든 순간을 지금의 순간에 현존하게 할 수 있다. 그렇게 함으로써 인간은 스스로를 평가하고 자신을 책임지며 자기 자신을 하느님 앞에 놓을 수 있다. 그러므로 '기억memoria'은 '고백confessio'의 전제 조건이다.

3
내면성

앞서 설명한 내용에서 아우구스티노의 내면성의 힘은 우리에게 설득력 있게 다가왔다. 내면성은 감정적이거나 주변부로 밀려나 있거나 구석진 곳에 있지 않다. 내면성은 거대하게 구축되어 있으며, 사유의 명료함, 마음의 열정, 이해의 내밀함을 지닌다. 세상의 광대함은 내면성으로 들어와 우주적 특성을 부여한다. 내면성은 로고스 안에서 창조의 규범과 도구인 영원한 원상의 영역과 자신이 관련되어 있다는 것을 알고 있다. 내면성 안에는 역사에 대한 의식, 지도와 책임에 대한 앎도 들어 있으며, 이러한 앎은 내면성에 도덕적이고 인격적인 진지함을 부여한다. 아우구스티노의 내면성에 대해 말할 때, 그의 내적인 종교적 체험을 다루는 《고백록》에는 이미 그가 삶에 대한 사유적인 작업을 검토하고 최종적으로 평가하기 위해 생애 마지막에 쓴 《재론고》, 역사적 인간 존재 전체를 제시하고 그 안에서 그리스도교적인 요소를 발견하고 이해하려고 한 《신국론》이 포함되어 있음을 잊어서는 안 된다. 아우구스티노의 내면성은 그 나머지 존재와 마주하고 있는 특별한 자아·감정에 속한 전적인 힘을 지닌다. 이와 관해 "하느님과 저의 영혼, 그밖에는 아무것도 없습니다!"라는 《독백》의 구절을 떠올릴 수 있다. 그럼에도 내면성은 자아에 묶여 있지 않고 실재하는 모든 것의 전체적인 맥락에서 실재로서 있으며, 실재하는 것들에 의해 유지되고 실재하는 것들을 다시 결정한다.

─ · ◆ · ─

기억에 대한 논의는 이미 인용된 위대한 문장으로 시작되었다. 그 장의 마지막 부분에서도 감정이 다시 한번 고조된다.

"기억의 이러한 힘은 잴 수 없을 정도로 큽니다. 주님, 그것은 광대하고 무한한 내밀한 방입니다. 누가 그 가장 깊은 곳까지 침투하겠습니까? 이 힘은 제 정신의 고유한 것이며 저의 본성에 속하지만, 저 자신조차도 저 자신 전부를 차지하지 못합니다. 그래서 자기 자신을 포괄하기에 정신이 너무 좁다면, 정신이 자신으로부터 차지 못한 나머지는 어딘가에 있어야 하지 않습니까? 그렇다면 이것은 정신 안이 아니라 밖에 있는 것입니까? 그렇다면 어떻게 정신이 파악하지 못하는 일이 생기는 것입니까? 이에 대해 큰 놀라움이 제게서 나와서 저를 사로잡습니다. 사람들은 높은 산들, 바다의 거대한 파도, 강의 지극히 드넓은 흐름, 대양의 폭넓음, 천체의 궤도를 감탄하러 갑니다. 그러면서도 자신은 놓아두고서 제가 이 모든 것을 말하면서 제 눈으로 보지 않았다는 것에 대해서는 놀라워하지 않습니다. 그럼에도 산, 파도, 강, 천체는 제가 직접 보지 않았다면 그에 대해 말할 수 없을 것이며, 제가 보지 못한 대양은 제가 [다른 사람들의 말을] 믿었는데, 그것은 제 기억 속에서 마치 제가 밖에서 보는 것처럼 거대한 공간으로 봅니다!"(10,8,15)

훗날 페트라르카(1304~1474, 이탈리아 인문주의자)는 벤투산에서 자신이 체험한 압도적인 자연의 인상에 대해 위 구절을 인용하여 표현하기도 했다. 여기서 아우구스티노의 내면은 세계적인 힘을 가지고 말한다. 그러나 《고백록》의 다른 곳에서도 내적 영역이 지속적으로 나타난다. 예를 들어, 아직 말을 할 수 없고 어른들의 세계로 가는 길을 찾지 못한 아기의 내면이 있다. 이 아기는 자신의 욕구와 필요를 가지고 있지만 자기 자신 안에 갇혀 있다.

"저는 점차 제가 어디 있는지 감지했고, 제 원의를 채워 주어야 할 사람들에게 그 원의를 보여 주고 싶었습니다. 그러나 그렇게 할 수 없었습니다. 이 원의는 제 안에 있고 이 사람들은 밖에 있어서 그들의 어떤 감각으로도 제 영혼을 뚫고 들어올 수 없었기 때문입니다. 그래서 저는 최선을 다해서 제 원의와 닮은 표징인 저의 사지를 버둥거리고 소리를 힘껏 내었습니다. 그렇게 저는 할 수 있는 만큼 몇 가지[표징들]를 [아주 불충분하게] 나타내 보였습니다. 하지만 그러한 표징들은 내면에서 의미하는 진리와 닮지 않았던 것 같습니다. 사람들이 나를 이해하지 못한 건지 나에게 해로울까 봐서 그랬는지는 몰라도 그들은 나의 요구를 들어주지 않았습니다. 이렇게 어른들과 자유인들이 나에게 숙이지 않는 것에 대해 짜증을 부렸고, 울음을 터뜨려서 그들에게 앙갚음을 했습니다."(1,6,8)

어른이 된 사람 안에는 도덕적·종교적으로 투쟁하고 인격적으로 결정하는 내면성이 있다. 이러한 결정은 내면 안에 있는 사람들과 밖에 있는 사람들을 분리한다.

"저는 악이 어디서 오는지 열렬히 찾고 있었습니다. 오, 저의 하느님, 그것은 제 괴로운 마음의 고통이요 탄식이었습니다! 당신의 귀가 거기 있었지만 저는 그것을 알지 못했습니다. 제가 침묵 속에서 사력을 다해서 그 답을 찾고 있었을 때, 당신의 자비에 대한 강한 목소리가 들려왔습니다. 그것은 제 정신의 소리 없는 몸부림이었습니다. 당신께서는 제가 고통받는 것을 알고 계셨지만, 사람들은 아무도 몰랐습니다. [내면으로부터] 제 혀를 통해 저의 가장 가까운 사람들의 귀에 전달되는 것이 얼마나 보잘것없겠습니까! 제 시간으로도 제 입으로도 표현하기에 충분하지 않은 제 영혼의 심란함이 그들에게 들리기나 했겠습니까? '주님, 당신 앞에 저의 소원 펼쳐져 있고 저의 탄식 당신께 감추어져 있지 않습니다. 저의 눈조차 빛을 잃었습니다.'[시편 38(37),10-11 참조] 그럼에도 이 모든 것이 당신 귀로 다 들어갔습니다. 이 빛은 제 안에 있었지만 저는 밖에 있었기 때문입니다. 아니, 그 빛은 어떤 장소에도 있지 않았습니다."(7,7,11)

여기서 영혼의 도덕적 내면성이 신앙적인 영적 내면성과 어떻게 구별되는지는 매우 중요한 의미를 지닌다. 아우구스티노는 전자의 내면성에서 힘을 발휘한다. 그는 이러한 내면성 안에 서서 외부에 있는 다른 사람들로부터 벗어난다. 반면에 그 안에 하느님께서 계시고, 그분과 함께 아우구스티노의 고유한 정신적 눈의 빛이 있는 후자의 내면성은 아직 믿음을 지니고 사랑하지 않는 사람에게는 숨겨져 있다. 따라서 깊고 고통스러운 영혼의 도덕적 투쟁의 외로운 내면성은 이러한 신앙적인 영적 내면성에 비하면 외부적이다.

부정적인 내면성은 이와 관련이 있다. 자신을 보고 싶어 하지 않는 점에서 자아의 악한 은폐는 하느님 앞에 서서 심판하는 폭로를 체험하자마자 분명해진다.

"폰티키아누스가 그렇게 설명했습니다.[6] 그러나 주님, 당신께서는 그가 말하는 동안 저를 제 앞에 다시 돌려세우셨습니다. 저는 제가 저를 눈으로 보지 못하도록 숨어 있던 제 등 뒤에다 저를 놓아두었는데, 당신께서는 저를 제 등에서 떼어 내셔서 제가 얼마나 추하고 얼마나 비뚤어지고 더러운지, 얼마나 때가 묻고 종기투성이인지를 제가 보도록 저의 얼굴 앞에 저를 놓으십니다. 저는 그런 저를 보고 몸서리를 쳤지만, 저로부터 도망칠 수 있는 피난처가 없었습니다. 저는 시선을 돌리려고 애를 썼지만, 그는 계속해서 이야기를 하고 있었고, 당신께서는 저를 다시 저에게 마주 세우셨고, 제 눈에다 저를 그리셨습니다. 그것은 제가 '죗거리를 찾아내고 미움을 일삼으려'[시편 36(35),3 참조] 하시기 위해서였습니다. 저는 그것을 잘 알고 있었지만 못 본 척하고 덮으려고 했고, 잊어버리려고 애썼습니다."(8,7,16)

여기서 자아는 자신의 고유한 시선으로부터 의지가 보아야 할 것을 보지 않으면서 생기는 가상의 공간에 자신을 숨긴다. 마치 있는 것을 없는 것처럼 가장하고 희극을 연기하면서 거짓말한다. 이는 거짓과 사악함으로 이루어진 악의 공간이며, 자유 의지가 신의 요구를 회피하는 깊은 심연 속에 있는 신비이다.

그다음 장에서 아우구스티노는 다음과 같이 말한다.

---

[6] 아우구스티노의 생애에서 이 보도와 그 의미에 대해 더 정확하게는 337쪽 이하 참조.

"오, 하느님, 당신께서는 …… 제 죽음의 깊이까지 들여다보시며 제 마음의 밑바닥에 있는 부패의 심연을 비워 내십니다."(9,1,1)

서술된 범형적인 행위의 힘은 부정否定의 내면성을 열어젖힌다. 그러나 자아는 외면하고 멈추며 억압하고 망각하는 기술로 이 부정의 내면성을 다시 복원하려고 애쓴다. 여기에는 자신의 의지가 명령하는 기능과 순종하는 기능 사이의 긴장에서 발생하는 내면성도 포함된다. 이는 의지의 태도로서 의지의 실행에 대한 내면성을 나타낸다.[7] 또 다른 심층의 수준은 감정에서 나타난다. 특히 훌륭한 예는 4권에서 아우구스티노가 친구의 죽음에 대한 자신의 고통을 보도하는 부분이다.

"아, 인간을 사랑할 줄 모르는 광기여! 인간적인 것을 극도의 고통으로 몰아넣는 어리석은 인간이여! 그 당시 제가 그랬습니다. 그래서 저는 분노하고 한숨을 쉬고 울부짖고 혼란에 빠졌으며, 여기에는 평안도 분별도 없었습니다. 저는 갈기갈기 찢기고 피투성이가 된 영혼을 끌고 다녔지만, 이 영혼은 저에게 끌려다니기를 원하지 않았습니다. 하지만 저는 영혼을 놓아둘 곳을 찾지 못했습니다. 아름다운 숲에서도, 놀이와 노래에서도, 달콤한 향기가 나는 곳에서도, 잔치로

---

[7] 이에 대해서는 이 책의 II부 346쪽을 참조.

풍성하게 준비된 만찬에서도, 침실과 침대의 쾌락에서도, 심지어 책과 시에서도 안식처를 찾지 못했습니다. 모든 것이 공포로 감싸졌고, 이 공포는 빛마저도 삼켜 버렸습니다. 그가 아닌 것은 슬픔과 눈물을 제외하고서는 고통과 피로를 불러왔습니다.

그러나 제 영혼이 이로부터 벗어나자마자, 비참함의 무거운 짐이 저를 짓눌렀습니다. '주님, 당신'께서 제 영혼을 들어 올려 주시고 치유해 주셔야 한다는 것을 알고 있었지만, 저는 그러기를 원하지도 그렇게 할 힘도 없었습니다. 더욱이 당신에 대해 생각할 때, 저에게 당신께서는 분명하고 확실한 어떤 것이 아니었기 때문입니다. 그것은 당신이 아니라 공허한 유령이었고, 저의 잘못이 저의 신이었기 때문입니다. 제가 제 영혼이 평안하도록 이 짐 같은 유령을 그곳에[당신께] 놓으려고 하자마자, 이 유령은 공허하게 미끄러져서 저에게 짐이 되어 떨어졌습니다. 그래서 저는 그곳에 있을 수도 없고 떠날 수도 없는 그런 불행한 터전으로 남아 있었습니다. 그렇다면 제 마음이 저 자신을 벗어났다면, 저 자신을 피해서 어디로 도망쳐야 하겠습니까? 어디로 간들 제가 저를 따라오지 않겠습니까? 하지만 저는 고향에서 달아났습니다. 제 눈이 그를 보았던 곳이 아니라면, 그를 덜 찾을 수밖에 없기 때문에, 타가스테를 떠나서 카르타고로 갔습니다."(4,7,12)

아우구스티노는 자신의 절망적인 영혼과 씨름한다. 그가 짊어지고 있는 영혼은 자기 자신이다. 이 영혼은 아우구스티노 안에서 평온함을 찾지 못한다. 그래서 그는 영혼을 산만한 밖으로 끌어낸다. 하지만 영혼은 견디지 못한다. 죽은 친구의 애도 속에서만 영혼은 잠시 진정되고 가벼워지지만, 곧 활력이 사라져 그에게 무거운 짐을 지운다. 그는 자신과 영혼을 넘어서 영혼을 하느님께 들어 올려야 하지만, 그가 '신'이라고 부르는 것은 허상의 존재이기에 도움이 되지 못한다. 하느님의 높이는 그 자체로 실제로 자유롭게 만드는 영역이다. 진정한 '다른 곳'은 슬프고 죄에 빠진 자아의 여기(현재)와는 대조된다. 진정한 '위'와 '내면'은 지상의 아래와 외부와 대조된다. 그러나 아우구스티노에게는 참된 하느님이 없기에 그의 영혼은 안식처를 찾지 못한다. 공허함이 영혼 아래에서 열리고 다시 그를 덮쳐, 그는 마지막 수단으로 다른 나라라는 외부의 장소로 도망친다. 내적 공간은 다양한 감정과 도덕적이고 종교적인 의미 내용으로 형성되고, 그 다양성은 매우 화려하게 묘사된다. 다양성이 묘사되고 서로 구별되는 정확성은 놀라울 정도로 뛰어나다.

내면성은 종교적 행위의 체험에서 특별히 발전한다. 하느님 앞에 서는 것(9,1,1), 하느님께서 모든 것을 꿰뚫어 보신다는 의식(10,2,2), 하느님의 얼굴 앞에서 행위하는 것(9,2,2) 등이 그 예이다. 특히 9권 4장에 나오는 구절은 매우 인상적이다. 여기서 아우구스티노는 참을 수 없을 정도로 매우 고통스러운 치통에 시달리는 일에 대해 보도하면서, 친구들과 함께 치통에서 벗어나게 해 달라고 하느님께 간청한다.

"저희가 단순한 신뢰로 무릎을 꿇자마자 그 통증은 사라졌습니다. 도대체 어떤 통증이었는데 그렇게 사라져 버렸을까요? 저는 놀랐고 '저의 주님, 저의 하느님!'이라고 고백했습니다. 살아가면서 그런 종류의 통증은 한 번도 겪어 보지 못했기 때문입니다. 그래서 가장 깊은 내면에서 당신의 신호가 저에게 분명해졌고, 믿음으로 기뻐하면서 당신의 이름을 찬미했습니다."(9,4,12)

인간은 하느님의 경외로움을 불러일으키는 신비 속에서 현존하시는 하느님의 작용을 체험한다. 작용하시고 이끄시는 분에 의해 아우구스티노는 그분과 일치하게 되고, 섭리가 일어나는 사건의 내부로 들어가서 그것을 이해하게 된다.

그런데 앞서 언급한 본문에서처럼 여기서도 참으로 그리스도교적인, 거룩하고 영적인 내면성, 바오로 서간과 요한계 문헌들의 '내면'은 분명해진다. 이는 공간적 영역이 아니다. 그러나 그것은 그 자체로 처음부터 주어지거나 점진적으로 자라나는, 또 그 안에서 하느님이 발견되는 심리적 영역도 아니다. 내면성은 오직 믿는 사람의 삶에서 하느님께서 전면에 등장한다는 사실을 통해서만 생긴다. 사람들은 하느님께서 삶 안에서 이러한 내면을 만드시기에, 불신앙과 소외, 죄에 의해 하느님 자신이 사라질 때 이 내면도 사라진다고 말하고 싶어 한다.[8] 이는 3권의 구절에서 확인된다.

"당신께서는 저의 가장 내밀한 곳보다 더 내밀하게 계셨고, 제가 도달할 수 있는 가장 높은 곳보다 더 높은 곳에 계셨습니다. 그때 당신께서는 어디에 계셨고, 얼마나 저에게 떨어져 계셨습니까? 저는 당신께로부터 배제되어서 멀리서 방황했습니다."(3,6,11)

그리스도인의 내면성은 모든 인간보다 더 깊은 하느님의 깊이가 실제 인간 안에서 효력을 발휘할 때 생기는 살아 있는 공간이다. 이것은 어떻게든 체험되고 공감되며 습득된다. 이 점은 10권에서도 강렬하고 다채롭게 표현된다.

"늦게서야 당신을 사랑했습니다. 이토록 오래되고 이토록 새로운 아름다움이신 당신을 늦게서야 사랑했습니다!
보십시오, 당신께서는 안에 계셨고 저는 밖에 있었는데, 저는 거기서 당신을 찾고 있었고, 당신께서 창조하신 [외적인] 아름다운 모습 속으로 저의 기형적인 모습을 들이밀었습니다. 당신께서는 저와 함께 계셨지만, 저는 당신과 함께 있지 않았습니다. 당신 안에 있지 않

---

8 로마노 과르디니, 《*Unterscheidung des Christlichen*》, 〈*Die christliche Innerlichkeit*〉, 1935 참조.

았다면 존재하지 않았을 것이 저를 당신께로부터 떨어뜨려 놓고 붙잡았습니다. 당신께서는 저를 부르시고 소리치시며 저의 들리지 않는 귀를 뚫으셨습니다. 당신께서는 밝게 빛나시어, 그 빛이 저를 비추었고 저의 눈멂을 없애 주셨습니다. 당신께서는 달콤한 향기를 풍기셨고 저는 그 향기를 들이마시고서 당신을 갈망했습니다. 저는 당신을 맛보았기에 배고픔과 갈증을 느꼈습니다. 당신께서 저를 만져 주셨기에 저는 당신의 평화를 간절하게 원하게 되었습니다."(10,27,38)

어떤 사람은 아주 깊이 있는 성향과 강력한 자아의식을 가져서 심오하고 본성적인 종교적 체험을 할 수 있다. 그가 이 모든 것 이상을 가지고 있지만 않는 한, 그는 이러한 내면성에 대해 외부에 있게 된다. 그러나 모든 사람, 심지어 자신의 타고난 천성에 따라 평범한 사람도 계시의 하느님을 믿고 그분을 사랑한다면, 자신 안에 내면성을 지니게 된다.

이러한 내면성은 심리적으로 더 깊거나 정신적인 지위에서 고귀하지 않다. 이 심리적이고 정신적인 내면성은 본성적이고 은총으로 선사된, 성령으로부터 비롯된 내면성과는 본질적으로 다르다. 그 안에도 무한한 깊이의 정도가 있지만, 이는 그 자신에게 처음 주어진 기본적인 태도에서 유래한다. 이러한 내면성은 인간 안에서 실현되기 때문에, 그의 인간 존재 전체가 그 안으로 들어가는 것 외에는 다른 것일 수 없다. 반대로 내면성 자체는 이러한 인간 존재 안에서 작용해서 존재를 심화시키고 발전시킨다. 이렇게 해서 두 번째 그리스도교적인 심리적 내면성이 생겨난다. 이 내면성은 믿음을 지탱하는 내면성이 오래전에 사라진 후에도 여전히 그 형태와 힘을 지속시킬 수 있다.[9]

이미 인용된 구절에서 '안에 있음'의 반대 현상인 '위에 있음'이 발견된다. 정신적 초월의 전체는 두 가지 규정이 함께 이루게 된다. 이 두 가지 방향은 정신이 추구하는 목표인 '내면'과 '위'로 향한다.[10] 여기서 하느님께서는 순전한 '내면'과 '위'에 계신다. 이러한 신적 탈혼의 '장소'는 인간 현존재의 축을 결정한다. 인간은 그 위에 '구축'되며, 그 질서가 자신 안에 적용되는 정도에 따라서 자신의 고유

---

[9] 모든 근대 역사는 이 점을 보여 준다. 니체는 더 이상 믿지 않는 사람들조차 여전히 그리스도교 유산에서 살아가고 있다고 말한다. 그는 이차적인 그리스도교성(性)이 존재와 사유에서 사라질 때 서구의 인간 존재에 어떤 충격을 줄 것인지에 대해 연구했다. 이상하게도 그토록 비판적인 우리의 정신 학문은 그리스도교 신앙이 서구 인간에게 끼친 영향을 단순히 문화적 발전으로 치부하고, 믿음, 사랑, 실천, 희생이 시대에 뒤떨어진 것으로 여겨져서 제거된다고 해도, 그 영향은 확실히 지속될 것이라고 순진하게 생각하는 것이다. 이러한 순진함은 그러한 태도와 사고방식을 당연한 것으로 가정하고 그 위에 더 구축하지만, 첫 원인인 그리스도교 신앙, 사랑, 행위와 함께 이것들 자체가 사라질 때 무슨 일이 벌어질지에 대해서는 묻지 않는다.

[10] 실존적 공간과 가치의 세계 사이의 진정한 극성은 '위'와 '아래'에 있지 않다. '위'와 '아래'라는 규정은 상대적 관계와 정도의 차이를 의미한다. 반면에 극성은 다른 것이다. 이 극성에는 가치의 동등성 안에 있는 의미의 상이성이 포함된다. 예를 들어 요한계 문헌에 나타난 인간 존재의 구조에 토대가 되는 그리스도교적인 대립성은 여하의 이원론과도 구분된다.

한 인간이 된다. 그가 '내적으로' 될 때, "내가 사는 것이 아니라 그리스도께서 내 안에 사시는 것"[갈라 2,20 참조]이다. 그리고 그는 다시 '고양'되어서 "그리스도께서 하느님의 오른쪽에 앉아 계십니다. 위에 있는 것을 생각하고 땅에 있는 것은 생각하지"[콜로 3,1-2 참조] 말라고 말한다. 우리는 아우구스티노에게서 모든 인간의 내면성과 비교해서 '초-내면적으로' 감지될 수 있는 하느님 자신의 내적 영역에 대한 체험을 표현하려는 매우 의미 있는 시도를 만난다. 이 시도는 진리에 대한 핵심적 경험인 통찰에서 시작된다. 여기 인식의 확실성은 영원으로부터 오는 것으로 체험된다.

"제가 어디에서 당신을 발견해서 알게 되었습니까? 제가 당신을 배우기도 전에 당신께서 제 기억 속에 계셨을 수는 없습니다. 제 위에서, 당신 안에서가 아니라면, 제가 어디서 당신을 찾아서 당신을 배웠겠습니까?

그곳은 공간적인 곳이 아닙니다. 비록 우리[인간]가 뒤로 물러났다가 다가가기는 하지만 결코 공간적인 곳은 아닙니다.

진리이시여, 당신께서는 당신께 조언을 구하는 모든 사람을 어디서나 다스리시고, 다양한 관심사로 조언을 구하는 모든 사람에게 동시에 답하십니다. 당신께서는 명확하게 답하시지만, 모두가 명확하게 듣지는 못합니다. 모두가 [답을] 원하는 곳에서 조언을 구하지만, 항상 원하는 것을 듣지는 못합니다. 당신의 가장 충실한 종이라면,

자신이 원하는 것을 당신께 들으려고 하는 것이 아니라, 당신께 듣는 것을 원하려고 할 것입니다."(10,26,37)[11]

동시에 이미 논의된 아우구스티노의 인식론이 다시 등장한다. 이렇게 내면성에 대한 이론은 정신과 영원한 유효성에 대한 이론으로 전환된다.

---

[11] 아우구스티노가 플로티누스를 읽었던 경험을 따라서 이 책의 II부는 해당 부분에 대한 더 정밀한 분석을 수행할 것이다.

4
내면의 드라마

이 모든 것에서 내면의 대화, 내적 드라마가 생겨난다. 기억과 의식에서 그저 존재하는 것이 아니라 자신 안에서 자신을 만나는 '나'의 변증법이 일어난다. 내면성은 의식, 기억, 자기 자신의 소유, 자신 안에서 자기 자신과 만남이 일어나는 수준과 영역으로 구분되는 생명의 깊이를 포함한다. 이 모든 것은 나와 자기 자신과의 살아 있는 관계에서 일어난다. 자기 존재는 균일하게 뭉쳐 있는 층이 아니며, 자기 생명은 단순한 과정이 아니다. 양자는 다양한 형태를 지니고 자신 안에 구조화되어 있다. 양자는 관계와 행위의 서로 다른 중심점들로 분리되지만 이 중심점들은 서로에게 연결되어 있고 살아 있는 과정이 성취된 후에 다시 하나로 합쳐진다. 인간은 자신을 끊임없이 다양한 인물들의 모습으로 드러내지만, 이러한 모습들은 전부 자신이다. 이 인물들은 말하고 행위하며 싸우는 드라마에 등장해서, 비판하고 깊이를 발견하고 명확함을 얻으며 장애물을 극복하는 결실을 얻고서 다시 하나로 합쳐진다.

이 모든 것은 아우구스티노의 의식에서 아주 풍부하게 발전했다. 이렇게 나와 자기 자신의 대화로 이루어지는 것은 인간과 자기 영혼간 대화의 형태로 표현된다. 이러한 점은 《고백록》 4권에서 매우 친밀하고 진지하게 진술된다.

"내 영혼아, 헛되이 굴지 말고 네 허영의 소란으로 마음의 귀가 닫히도록 하지 말아라. 너도 들어보아라. 말씀[로고스]께서 친히 네가 돌아오라고 외치신다. 그곳[네가 가야할 곳]이 깨어지지 않는 안식의 장소이며, 거기서 사랑이 스스로 떠나지 않는다면 사랑은 버림받지도 않는다.

보라, 이것들은 다른 것이 따라 나오기 위해 물러간다. 이 가련한 우주는 자신의 모든 부분들로 이루어진다.

'나도 어디론가 떠나려는 것 같으냐?' 하느님의 말씀께서 물으신다. 거기에[말씀에] 네 집을 지어라. 마침내 속임수에 지쳐 버린 내 영혼아, 거기서 받은 것을 내려놓아라. 진리에서 너에게 온 것은 진리에게 맡겨라. 그러면 너는 아무것도 잃지 않을 것이다. 네 안에서 부패한 것은 다시 꽃피울 것이고, 병든 것은 치유될 것이며, 산산조각난 것은 다시 형태를 갖추어서 새롭게 되어 너와 함께 결합될 것이다. 그래서 이 집은 네가 미끄러져 내려간 곳으로 너를 끌어내리지 않고, 너와 함께 굳건하게 서서 항상 굳건하게 머물러 계시는 하느님을 향해 지속되게 할 것이다."(4,11,16)

이론적 문제를 다루는 11권에서도 다음과 같이 말한다.

"인간의 영혼이여, 그렇다면 현재의 시간이 길 수 있는지 보자. 시간의 '동안'을 감지하고 측정하는 능력이 너에게 주어져 있기 때문에 하는 말이다. 너는 나에게 무엇이라고 답하겠느냐? 현재의 백 년이라는 시간은 긴 시간인가?"(11,15,19)

여기서는 특별한 다양성이 발전한다. 여기서 '사람'이 대화하는 상대는 때로는 남성형의 영혼animus이고 때로는 여성형의 영혼anima이다. 전자는 더 강하고 정신적이며 자의식적인 반면에, 후자는 더 친밀하고 부드러우며 깊이가 있다. 두 영혼의 역할은 서로 다르다. 때때로 한쪽이 다른 쪽을 우월하게 이끌기에, 걱정, 부드러움, 일치감 혹은 비판, 불신, 적대감과 같은 다양한 감정들이 나타난다.

우리는 이미 아우구스티노가 자신의 마음을 어디에 두어야 할지 모르겠다고 호소하는 구절을 보았다. 이 드라마는 말이 아니라 감정의 긴장 속에서 펼쳐지며, 마치 생명의 깊은 곳에서 상처 입은 사랑받는 한 타인을 위해 고군분투하는 한 사람을 보는 것 같다. 그는 타인을 위해 불안해하면서도 동시에 자신이 당하는 고통만을 생각하는 이기심 때문에 생기는 내면적인 초조함이 자신 안에서 솟구치는 것을 느낀다. 이와 유사한 생생한 드라마와 같은 장면은 이미 언급한 구절에서도 만날 수 있다. 여기서 화자는 마치 하느님께서 자신을 숨기고 있던 아우구스티노의 등 뒤에서 그를 끌어내어 그 자신의 저항하는 눈앞에 세운다는 느낌을 받는다. 이제 이 드라마의 배우들은 의지, 양심과 저항, 선과 악, 진실과 거짓이라는 다양한 방향으로 나아가며, 기만의 다양한 움직임과 목적을 만든다.

우리는 계속해서 내면적인 구속과 자유, 깨어남과 돌파, 성향과 반대 성향, 원하는 것과 원하지 않는 것에 대해, 숨겨진 삶의 층위와 동기가 드러나는 것에 대해, 상호 작용과 대립, 억제와 촉진, 극복과 더 나아가서 발전에 대해 듣게 된다. 아우구스티노는 선과 악이라는 특별하고 다양한 측면으로 인해 큰 어려움을 겪는다. 그는 어린 시절부터 이러한 선과 악의 다양성을 경험했다. 그의 생각은 인류의 초기 역사적 상태처럼 아이는 순수한 것만을 본다는 관점과는 거리가 멀었다. 그는 인간의 참모습이 어떤지를 잘 알고 있다. 선과 악, 그리고 이 둘의 싸움은 이미 아이 안에 있다. 《고백록》 1권과 2권의 시작은 이 주제에 대해 아주 강하게 말한다. 이 싸움은 고통스럽게 경험된 후에 일평생 계속된다. 우리는 이 싸움을 지금 다루지 않고 이 연구의 II부에서 다룰 것이다. 여기서는 아우구스티노가 이 싸움을 사유적으로 파악하려고 시도하는 방식에만 주목하고자 한다. 물론 이 해석은 그가 이 싸움을 체험하는 방식에 대해도 어느 정도 설명해 준다.

처음에 그는 이 싸움을 감각적이고 인정을 바라는 젊은 시절의 욕구와, 가족과 그리스도교의 전통을 대표하는 어머니의 의지 사이의 대립으로 느꼈다. 그러나 그는 카르타고에서 겪은 투박하거나 세련된 방탕함과 자신 안의 고결한 감수성 사이에서도 갈등을 느낀다(이 점은 《고백록》 2권과 3권에서 볼 수 있다). 그런 다음 모순은 더 의미 있고 내면적인 것이 되어서, 아우구스티노는 이를 자신의 마음속에서 빛(선)과 어둠(악)이라는 세상의 힘 사이의 충돌로 해석한다. 이러한 해석은 그에게 개인적인 책임을 덜어 주고, 전체를 미학적이고 비극적인 세계 관계로 체험하게 한다(이 점은 5권, 10권과 7권의 시작에서 볼 수 있다). 마침내 그는 악의 원리는 없으며, 악은 단순한 선이신 하느님을 부정하는 것일 뿐임을 깨닫는다. 따라서 싸움은 전적으로 자신의 정신 안에, 하느님과 하느님께 대한 고집스러운 자기주장 사이에서 이루어진다(7권, 10권과 그 이하). 밀라노의 정원에서 벌어진 마지막 갈등에 대한 보도는 이러한 도덕적 드라마의 가장 내면적이고 어려운 부분을 마지막 결단에 이르기까지 흥미롭게 묘사한다.

도덕적 모순보다 종교적 모순은 더 깊은 곳에 있다. 이 모순은 내면적 드라마의 가장 내적인 층을 형성한다. 이 드라마는 자신의 힘과 잣대로 자신의 세계를 구축하려는 자기주장적인 인물과 헌신, 순종, 믿음과 사랑으로 발걸음을 옮길 것을 요구하는 하느님의 은총 간의 투쟁으로 드러난다. 이 투쟁은 숨겨진 모습의 배후에서, 다양한 수준에서 다양한 형태로 이루어진다. 이렇게 다양한 단계의 참여와 현실을 갖는 투쟁에 대한 설명은 이 책의 II부를 참조하기 바란다.

    무엇보다도 이 투쟁의 양상은 초자연적인 것을 어떻게 느끼고 파악하느냐에 따라 달라진다. 초자연적인 것은 처음에는 이질적이고 억압적이며 파괴적으로 다가오기에 자연적인 인물은 위협을 느낀다. 그것은 서서히 진정 소중한 것으로 인식되지만, 자신의 것을 버릴 것을 요구한다. 마침내 그것은 '이질적이고 낯선 것'이 아니라 인물의 가장 진정한 고유의 것을 담고 있으며, '영혼의 항복'에서 비로소 온전히 발견된다는 것을 깨닫게 된다.

    더 나아가서 종교적인 싸움은 이렇게 선천적으로 사유적일 뿐만 아니라 실천적인(종교적인) 인간을 하느님의 개념으로 이끄는 독특한 대결에서 완성된다. 그는 순수한 정신의 개념을 생각할 수 없기에, 하느님과 의지, 마음의 명확한 관계를 맺을 수 없다. 그러나 그는 이렇게 생각할 수 없다. 왜냐하면 가장 내면적인 의지가 이러한 생각이 가능하도록 허용하지 않기 때문이다. 이로써 그는 그렇게 전념하는 것을 불완전하게 자신에게 남아 있게 할 수 있다. 이러한 싸움이 진행되는 동안 한 가지 점이 다른 것을 지탱한다. 의지가 해방되고 준비되는 것, 하느님의 개념이 명확해지는 것, 이러한 명확함으로 준비된 상태가 더 열린 길을 찾고, 더 잘 준비된 상태는 하느님을 올바르게 생각할 수 있는 능력을 증대시키는 것, 이러한 과정은 함께, 그리고 서로 얽혀서 진행된다. 이는 동시에 아우구스티노의 삶에서 외적인 사건, 장소와 환경의 변화, 그의 다양한 직업적 경력, 여러 성격과 운명을 지닌 인물들과의 만남을 전제로 하는 다양한 드라마이다. 외적 사건은 내적 사건의 환경을 형성하고, 내적 사건 안에서 작용하고 이를 표현하며, 내적 사건에 그 내적 충만함을 다양한 외적인 형태에서 바라보고 명확하게 해서 최종적인 결단에 도달하는 가능성을 부여한다.

삶의 공간이 획일적이지 않고 다양하게 구별되어 대비되는 것처럼, 자아가 단일한 단위의 어떤 것이 아니라 복잡하게 얽혀 있는 조직인 것처럼, 삶의 과정도 풍부하게 펼쳐지고 자신 안에서 엮인 사건을 형성한다. 이 다양함의 배후에는 하나의 인간이라는 동일한 단일성이 있다. 인간은 자신의 고유한 존재를 구성하는 다양한 요소로 살아가는 존재이다. 한 사람은 다른 사람을 만남으로써 자기 자신을 만나게 된다. 그리고 이러한 만남을 의식 속으로 가져감으로써, 하나인 그 사람은 자신의 인간 존재의 내용과 그에 대한 물음을 대화와 드라마에서 전개할 수 있다.

이에 대한 가장 강력한 예는 여러 등장인물 사이의 논쟁처럼 보이는 8권의 내용이다.[12] 여기에는 노쇠한 심플리키아누스와 그가

---

12 이에 대해서는 이 책의 II부(333쪽 이하)를 참조.

설명하는 수사학자 빅토리누스, 아우구스티노가 책으로 접한 금욕주의자 안토니우스, 손님으로 방문한 아프리카인 폰티키아누스, 그리고 폰티키아누스가 그들의 회심과 저항에 대해 보도하는 황제의 젊은 장교들, 조용히 함께하는 친구 알리피우스, 기도하는 마음과 모성적인 불굴의 의지로 모든 일을 뒷받침하는 모니카와 같은 다양한 인물들이 등장한다. 이 인물들은 보도하는 사람의 내면에서 일어나는 일에 참여할 뿐만 아니라 이를 생생하게 구현한다.

아우구스티노는 자기만의 세계에 갇혀 살지 않는다. 그는 오히려 대화의 열정이 넘치는 분위기 속에서 풍성한 결실을 얻는 플라톤주의자이자, 정신적이고 육체적인 과정을 통해 창의성을 발휘하여 집회와 청중 앞에서 연설하는 수사학자였다. 또한 그는 외로운 마음을 가진 외톨이가 아니라 우정 속에서 친구들과 함께 살았다. 그에게는 다른 사람의 인간 존재를 이해하고 받아들이는 능력이 있었다. 그는 인간 존재를 함께 성취하며, 주변 사람들의 삶의 모습에서 자신의 고유한 인간 존재의 내적 충만함을 구체적으로 드러낸다. 그의 세계는 인간에게 이질적인 기계적 체계가 아니라 서로에게 질서 지어진 상과 상징들이 무한하게 엮여 있는 구조이다. 이 세계는 이런 상과 상징들을 넘어선 영원한 원상들을 반영하고, 이를 통해서 사랑으로 창조하시는 지극히 풍부하신 한 분 하느님을 반영한다. 세상 어디서나 참여의 법칙이 통용된다. 따라서 아우구스티노의 인간 존재 전체는 다른 사람의 삶을 자신의 것으로 받아들이는 상호 작용의 힘에 의해, 그리고 이러한 상호 작용과는 반대로 자신의 삶을 다른 사람의 삶으로 들어가게 해서 그 안에서 자기 자신으로 살아가는 객관화의 힘에 의해 관통된다.

 이러한 이유로 영혼의 드라마는 내면에서 외부로 뻗어 나가지만, 외부는 여전히 내면에 속해 있다. 따라서 충만함과 움직임은 헤아릴 수 없이 커진다. 안토니우스는 아우구스티노가 자신의 정신에 있어서 압박을 느끼도록 요구하는 힘이다. 심플리키아누스는 자신을 훈계하는 양심이다. 그는 빅토리누스와 두 젊은이에게서 자신에게 주어진 단계를 내딛고 있는 더 나은 자신을 느낀다. 이들을 따라가기에는 너무 나약했던 폰티키아누스에게서 그는 자신의 부족함을 느낀다. 순수하고 온전한 존경과 신뢰에 기댄 알리피우스는 자신뿐만 아니라 아우구스티노도 견디기 힘들게 한다. 이들 모두는 아우구스티노 자신 안에 있으며, 그는 이들 안에서 자기 자신을 만난다. 그 자신인 것은 이들에 의해 자신의 시선으로 포착되어서 자신의 감정으로 분명하게 드러난다.

5
정신, 감각적인 것, 종교적인 것, 마음

이제 내면의 드라마에서 경험되고 기억에 보존되며 고백의 행위로 하느님 앞에 가져가는 과정, 곧 아우구스티노의 정신적이고 종교적이며 그리스도교적인 발전을 고려할 것이다. 우선 이 발전이 어떤 상태에서 출발했는지 물음을 제기해야 한다. 이에 대한 대답은 아우구스티노의 사유 역사에 대한 단순한 검토나 종교적 발전의 일반적인 논리만으로는 주어질 수 없다. 오히려 아우구스티노의 개인적 특성에서 시작해야 한다. 여기서 전체의 세부적인 내용을 일일이 포괄적으로 고찰할 수 없으므로, 《고백록》에서 특히 뚜렷하게 드러나는 몇 가지 중요한 특징에 초점을 맞출 것이다.

무엇보다도 그의 내면에는 본능적으로 감각적인 것과 동시에 정신적인 것에 대한 원천적인 충동도 존재한다.

어떤 사람이 강력한 정신적 삶을 살았다고 말한다면, 그의 감성이 정신에 의해 개방되고 정신 안으로 스며들었다는 생각이 자연스럽게 들게 된다. 아우구스티노의 경우 처음에는 그렇지 않았다. 그러므로 아우구스티노가 《고백록》 2권의 시작부에서 자신의 젊은 시절의 본능적 삶에 대해 말하는 것을 축소해서는 안 된다.

"사랑하고 사랑을 찾는 것이 아니라면, 저를 기쁘게 하는 것이 무엇이었겠습니까? 그렇지만 정신에서 정신으로 연결된 우정의 명확한 경계를 지키는 데 있어서는 아무런 제한이 없습니다. 하지만 육체의 늪지대 같은 욕망과 젊은 시절의 욕정의 폭발로 인해 안개가 자욱하게 제 마음을 뒤덮는 바람에, 사랑의 명징함과 감각적 욕망의 어둠을 구별할 수 없게 되었습니다. 사랑과 욕망 모두 격렬하게 뒤섞여서 젊은 시절의 나약함을 열정의 절벽으로 내몰았고, 이 열정을 방탕의 소용돌이 속으로 가라앉혔습니다."(2,2,2)

3권의 시작부 카르타고에서의 자신의 생활에 대한 보도도 마찬가지이다.

"저는 카르타고로 왔고, 그곳에는 부도덕한 사랑의 소용돌이가 사방에서 저를 휘몰아쳤습니다. 저는 아직 사랑하지 못했기 때문에, 저의 사랑은 사랑하고자 하는 욕구로 나아갔고, 내면의 욕구에 의해 [지배되면서도] 충분히 사랑하지 않은 [궁핍한] 저 자신을 미워했습니다. 저의 사랑은 사랑할 수 있는 것을 찾기 위해 나아갔고, 안전하고 함정이 없는 삶이라면 오히려 싫어했습니다. 하느님, 사실 내면의 양식, 그러니까 제 안에 당신에 대한 굶주림이 있었습니다. 그러나 저는 이 굶주림으로 [알고 있으면서도] 배고프지 않았으며, 썩지 않는 양식에 대한 어떤 갈망도 없었습니다. 그것은 제가 배가 불러서가 아니라, 속이 비어 있을수록, 더 더부룩해졌기 때문입니다."(3,1,1)

그러나 동시에 키케로의 《호르텐시우스》를 만나면서 촉발된 정신과 육체 간의 싸움이 그의 내면에서 시작된다. 처음에는 감각적인 삶과 진지한 철학 사이에서 선택의 기로에 서게 된다.[13] 나중에 이야기하겠지만 아우구스티노는 한 애인에게 충실하게 되면서 이러한 충동을 억제한다. 그녀는 그에게 아들 아데오다투스를 낳아줬다. 그러나 그러한 열정이 얼마나 강하게 남아 있는지는 몇 년 후에 드러난다. 그는 어머니 모니카의 영향과 곧 있을 결혼을 고려해서 그녀와 헤어진 후에 곧바로 다른 여인과 새로운 관계를 맺는다. 비록 이

---

13 이 싸움의 본성과 일반적인 금욕의 문제에 대해서는 이 책의 289쪽 이하를 참조.

전 동반자보다 도덕적인 힘이 뒤처진다고 느꼈으면서도 말이다.

"그녀는 아프리카로 돌아가면서 다른 남자와는 살지 않겠다고 맹세했습니다. 그녀에게서 얻은 저의 혈육의 아들을 저한테 남겨 놓고 돌아간 것입니다. 하지만 저는 이 여인을 흉내조차 내지 못하는[흉내 낼 능력이 없는] 불행한 인간이었습니다. 2년 후에는 청혼한 여인을 맞아들여야 함에도 불구하고, 그 기다리는 시간을 참지 못했습니다. 저는 혼인을 좋아한 사람이 아니라 욕망의 노예였던 것입니다. 그래서 아내가 아닌 다른 여인을 두었습니다."(6,15,25)

이렇게 해서 긴장은 계속해서 남아 있다. 감각적인 것과 철학적이고 정신적인 요구 간의 대립이 점차 감각적인 삶과 그리스도교 신자로서의 인간 존재 간의 대립으로 대체될 뿐이었다.

아우구스티노의 감정적 삶에 대한 묘사는 그의 건강 상태가 그다지 좋지 않았다는 점을 알게 된다면 더욱 명확해진다. 《고백록》은 어린 시절에 죽을 고비에 이르기까지 했던 중병에 대해 보도한다(1,11,17). 그리고 아우구스티노가 젊은 수사학자로서 자리를 얻기 위해 갔던 로마에서 다시 얻은 신체의 질병에 대해 보도한다(5,9,16). 마지막으로 밀라노에서는 폐의 상태가 너무 악화되어서 더 이상 교직을 유지할 수 없게 된 이유를 설명한다(9,2,4). 특히 마지막 사례는 예민한 육체적 건강 상태에 대한 단서를 제공한다. 왜냐하면 단순히 말하는 것이 어렵다는 이유가, 수사학 학교에서 교육받은 건강한 사람이 강의를 할 수 없을 정도로 만들지는 않았을 것이기 때문이다. 따라서 이는 민감하고 쉽게 흔들릴 수 있는 신체 속에서의 강력하고 본능적인 충동적 삶에 대해 말하고 있다.

그러나 아우구스티노는 본능적인 충동보다 정신에 대한 의지가 훨씬 더 강했다. 정신이 자신을 나타내는 방식은 여러 가지이다. 아우구스티노의 경우에 정신은 '아래'에서 '위'로, 지나가는 것에서 영원한 것으로, 파편화되고 결함이 있는 것에서 본질적으로 완전한 것으로 나아가는 고유한 추진력을 지닌다. 이는 플라톤 이래로 받아들여진 의미에 따라 이상주의적 정신성이라는 용어로 칭할 수 있다. 이는 당시에 확고한 상승 의지를 지닌 힘이 거의 없었지만, 오히려 사람들이 회의적으로 느끼거나 마법과 신비한 것 속에서 헤매고 있었다는 점 때문에 더욱 중요한 의미를 갖는다. 아우구스티노에게도 회의주의는 살아 있었다. 하지만 그에게 회의주의는 특별한 원천에서 비롯된 것이며, 그의 이상주의적이고 형이상학적인 사유 방식에 특별한 성격을 부여하는 것 외에 더 강력한 영향을 미치지는 못한다.[14]

---

14 이에 대해서는 이 책의 139쪽 이하를 참조.

아우구스티노는 《호르텐시우스》라는 작품과의 만남을 두고 다음과 같이 말한다.

"그 책은 제 마음을 바꾸어 놓았고, 주님, 저의 기도가 당신을 향하도록 [그 방향을] 변화시켰으며, 저의 소망과 갈망을 다른 것으로 만들어 버렸습니다. 온갖 헛된 희망이 모조리 경멸스러워졌고, 믿기 어려울 정도의 마음의 열정으로 불멸의 지혜를 갈망하게 되었고, 당신께 돌아가기 위해 일어나기 시작했습니다. 그 책을 읽은 것은 저의 혀를 날카롭게 하려는 것이 아니었습니다. 저는 어느새 열아홉 살이 되었고, 저의 아버지는 이미 이년 전에 돌아가셨기 때문에, 그러한 혀의 기술은 어머니가 주시는 돈으로 얻게 된 것이었습니다. 따라서 이 책을 자꾸 손에 잡은 것은 제 혀를 단련시키기 위한 것이 아니었습니다. 저를 설득시킨 것은 그 책의 말이 아니라 그 책이 말해 주는 내용이었습니다. 저의 하느님, 제가 얼마나 애가 탔는지, 지상의 것들로부터 당신께 다시 날아가고 싶어서 애태웠는지 모릅니다. 당신께서 저와 함께 무엇을 계획하시는지 저는 알지 못했습니다! 당신께는 지혜가 있기 때문입니다. 하지만 지혜에 대한 사랑은 그리스어로 철학Philosophia라는 이름을 갖는데, 이 철학은 성경을 통해 제 안에 불을 붙였습니다."(3,4,7과 8)

이러한 정신성은 그 대상을 통해서 더 정확하게 규정된다. 아우구스티노는 자신의 감정과 의지의 힘을 총동원해서 '복된 삶'을 추구한다. 여기서 그의 인간 존재는 전적으로 가치로 충만하게 되고, 그 때문에 궁극적으로 충족된다. 그러나 이 '복된 삶'은 오직 진리로부터만 비롯되기에, 진리와 가치는 심오하게 하나가 된다. 인식함과 사랑함도 마찬가지이다. 인식함과 본질적인 삶, 그러니까 인식함과 참된 존재는 근본적으로 하나이다.[15] 따라서 본래적인 인간의 실재는 가장 높은 정신적인 내용에서 비롯된다.

아우구스티노의 기질에서 종교적인 것은 본능이나 정신만큼이나 근원적이다. 하지만 그는 인격적인 헌신으로 종교적 결정을 수행하거나, 믿음과 그리스도교적 삶을 위해 요구된 진지함으로 노력하지 않았다. 그 자신의 판단에 따르면 그는 오랫동안 그렇게 하지 않았다. 따라서 우리가 의미하는 것은 의지의 자유로운 결정과 행위에 맡겨진 것이 아니라, 원래의 성향에 주어진 것이다. 물론 두 사안은 분리될 수 없으며 상호적으로 결정된다. 그럼에도 양자는 다르다. 다른 모든 성향과 마찬가지로 종교적 성향은 주어진 것이지만, 종교적 결정과 삶의 방식은 자유의 문제이며 주어진 모든 성향을 가로질러 나아간다. 자유는 계시를 통해 불려 온다. 모든 인간은 그 부름에 응할 수 있으며, 이 응답은 다양한 정도의 순수성과

---

15 이에 대해서는 이 책의 58쪽 이하와 82쪽 이하를 참조.

결단에서 이루어진다. 반면에 타고난 성향은 주어져 있으며, 개인은 주어진 한도 내에서 자신이 받은 것을 발전시키는 것 외에는 아무것도 할 수 없다. 이 마지막 의미에서 우리는 아우구스티노의 종교적 성향이 특별히 강하고 깊으며 민감하다고 말한다. 그의 경우에 이 점은 불필요할 수 있지만, 소위 영혼의 삶에 미치는 광범위하고 깊은 영향을 감안한다면 그렇지 않다.

이는 우리가 살펴보는 이 사람이, 즉각적인 감각과 생명의 존속 의지뿐만 아니라 정신적인 인간 존재와 문화가 달성된 것을 일컫는 '세계'에 전적으로 흡수될 수 없다는 것을 의미한다. 그는 어디에서나 한계를 경험하며 이를 통해서 그 반대편에 무엇이 있는지 느낀다. 그는 온 세상에서 도달할 수 있는 깊이 아래에서 신성한 심연을 감지하며, 높은 모든 것 위에 더 높이 있는 신비한 것을 느낀다. 그가 원하지 않더라도 모든 '이것' 안에 '다른 것'이 스며드는 것을 감지할 수밖에 없다. 그러나 그것은 마음으로는 첫 번째 것으로, 알려진 모든 것에서는 알려지지 않은 것으로, 그럼에도 진리 안에서는 본래적인 것으로 감지된다. 그리고 알려지지 않은 것은 근원적인 것이어서, 다른 모든 것을 뒤로 밀어내려고 한다. 이 과정에서 세계에 대한 본능적 성향이 매우 생생하고 활발해져 종종 힘든 희생을 동반하기도 한다. 그것은 다른 모든 것에 영향을 미치며 모든 것에 새로운 특성을 각인한다.

신비스러우면서도 뭔가 '다른 특성'을 지니는 인간에 대해 서술하는 것은 쉽지 않다. 왜냐하면 인간은 항상 틀림없이 동일한 그 사람이지만 자신을 다양한 영역에서 표현할 수 있기 때문이다. 이로써 현재적인 것, 세상에 의해 주어진 것에 의문이 제기된다. 이는 실재에 부합하지 않을 뿐 아니라, 의미가 충만하고 확실한 본래적인 것이 아니게 된다. 그러나 동시에 그것은 자기중심적인 자만심을 극복하려는 결심을 실행하는 자리가 되고, 이러한 극복을 실현하고자 노력하기에 새로운 의미를 얻게 된다. 이렇게 현재적인 것, 세상에 의해 주어진 것은 거룩한 실재와 가치를 위한 통로가 된다. 이로써 인간의 이면에, 인간에게 제기된 모든 물음들의 이면에 새로운 깊이가 열린다. 새로운 연결 지점들이 관계들을 관통하고 변화시킨다. 새로운 기준들이 적용되어 평가를 변화시키고 세계 내적인 대답은 불충분하다. 왜냐하면 옳지 않은 다른 것이 이 대답의 이면에 나타나기 때문이다. 그러나 세상의 사유가 그 자체로 감지하지 못하는 해결책이 다시 한 번 제시된다. 끝없는 물음의 위험이 나타나지만, 동시에 물음을 아예 소멸시키고 종교적인 것이 이탈할 위험도 있다. 인간에게는 '신적인 타자'와 '세상적인 이것' 사이에 있는 관계의 단절로부터만 부상하는 일종의 회의론이 있다. 동일한 종교적 체험만이 양자 사이에서 불확실하게 떠다니는 중에 존립하기 위해서 필요한 지지대를 제공한다. 실재의 특정 영역, 인간 현존재의 특정한 근본적 사실은 '타자'라는 종교적 체험을 통해서, 지탱할 것이 없는 공간의 '비어 있음'이라는 종교적 체험을 통해서,

심연의 '깊이'라는 종교적 체험을 통해서, 가치가 무력해지는 '높이'라는 종교적 체험을 통해서, '운명'이라는 종교적 체험을 통해서 절망을 느낄 수 있을 때 비로소 가시화된다. 철학은 종교가 아니지만, 아마도 특정한 종교적 체험을 근거로 해야만 비로소 진정한 철학이 가능할 것이다. 왜냐하면 존재의 현상에서 시작되는 철학의 원초적 현상은 궁극적으로는 신비에 속하기 때문이다. 이전에 "존재는 신비로운 사실이다.'라는 문장이 이러한 사실성을 표현했다. 그러나 동시에 철학은 종교적인 것에 의해 커다란 위협을 받는다. 철학은 사유의 무결성, 힘 있는 활력, 강한 책임감이 초이성적인 것에 의해 해체될 위험이 있다. 특정한 문화적 단계가 종교적 체험을 통해서 어떻게 지탱되고 동시에 위협받는지, 또한 종교적 체험이 삶의 전개와 실존적인 도전의 근본적인 가능성을 어떻게 열어 주고 다시 의문을 제기하는지 이미 집중해서 살펴보았다.

이렇게 종교적인 것은 대상일 뿐만 아니라 기관으로서, 내용일 뿐만 아니라 활동으로서, 상태일 뿐만 아니라 행위로서 다른 모든 존재와 다른 모든 삶의 과정과 관련을 맺을 수 있다. 종교적인 것은 모든 것을 풍요롭게 하고 강화하며, 흔들고 공허하게 하며 파괴할 수 있다. 또한 특히 앞서 언급한 감각과 정신이라는 두 영역도 여기에 포함된다.

종교적인 것은 살아 있는 생명이다. 그것은 본능의 힘을 포함해서 구체적인 인간의 힘과 함께 작동한다. 현대 심리학은 종교적인 지혜가 항상 알고 있었던 것을 더 잘 볼 수 있도록 가르쳐 주었는데, 바로 본능이 종교적 행위에 관여한다는 것이다. 더 정확하게 말하자면, 인간의 동일한 근본적인 힘이 유기체적인 삶뿐만 아니라 종교적인 삶에도 영양을 공급하면서 두 행위의 영역은 서로 영향을 미치고 촉진하고 방해한다. 종교적 삶의 전개와 형성은 이 삶에 필요한 생명력이 어떻게 흐르는가에 상당 부분 달려 있다. 이러한 생명력은 종교적 삶에 본래의 신선함을 주며, 가족과 민족을 형성하고, 언어, 상징, 관습을 만들며 주변 환경을 형성한다. 이로써 고귀한 인격의 형성, 풍요롭게 펼쳐지는 인간관계, 위대한 업적에서처럼 이 생명력은 최고의 영향력을 발휘한다. 그러나 이러한 생명력의 유입이 제대로 이루어지려면, 감각적인 영역이 정신으로부터 밝혀져서 움직이고 조절되며 변형되어야 한다. 이는 정신이 감각적 영역과 그 사이에 '피 속으로 들어가' 유기체의 조직에 적합하게 되는 중간 영역이 있을 때에만 가능하다. 여기서 유기체는 정신에 가까워지고 변화될 준비를 갖출 수 있다. 이 중간 영역은 마음이다. 그러나 종교적인 것은 정신도 더욱 필요로 한다. 단순한 활력만으로 진정한 종교가 만들어지지 않는다. 정신에 적대적인 종교성은 혼란에 빠지고 만다. 정신은 종교적 체험이 자신을 이해하도록 도와준다. 정신은 종교적 체험을 밝혀 주고 그 안에 있을 수 있는 흐릿한 것, 무거운 부담감, 파괴적인 것을 해소한다. 종교적 양심은 정신 안에서 가치 있는 것과 무가치한 것을 구분하고, 혼돈을 질서로, 속박을 자유로 바꾸어 극복하여 전체적 관점에 이름으로써 자신의 인간 존재에 대한 책임을 진다. 종교적 문화에 대해 방금 말했던 모든 것이 반대 방향에서 다시 여기로 돌아온다. 그러나 이 모든 것은 활력을 주는 생기로 정신이 가득 찰 때에만, 정신이 인간 존재의 뿌리와, 삶의 연속적 과정의 맥락, 그리고 본성의 근원과 연결될 때에만 가능하다. 이는 정신이 자신의 고립으로부터 살아 있는 사건의 맥락으로 이끌려 들어갈 때 이루어진다. 이는 본능의 세계가 정신에 개방되고, 이 세계가 자기 표현의 재료로서, 보호하는 조치로서, 양식을 주는 힘으로서 제공되는 그 깊이가 정신 아래에서 또는 정신 안에서 형성될 때 이루어진다. 이 중간 영역이 마음이다. 본능적인 것의 관점에 보자면 마음은 높은 곳에 있으며, 정신의 관점에서 보자면 마음은 내면성이다. 마음은 본능적인 것에는 자유를 가져다 주고, 정신에게는 실재와의 관계를 부여한다.

단순히 감각적인 것으로는 정신의 영역에 도달하지 못한다. 심리학에서 '승화'[16]는 아주 대략적으로 이해된 개념이다. 본능적인 것에서 정신적인 것이 파생된다는 어리석은 이론과는 달리, 순전한

---

16 승화(昇華, Sublimation)는 부정적인 충동이나 욕구, 감정을 사회적으로 허용되거나 유익한 행동, 활동으로 전환하는 과정을 의미한다. 예를 들어 공격적인 충동을 가진 사람이 규칙이 있는 권투와 같은 운동으로 이를 해소하는 경우이다. 이는 자아의 방어 기제 중 하나로, 개인이 자신의 안정을 유지하고 사회적 규범에 적응하기 위해 사용하는 전략 중 하나이다. ─ 옮긴이 주

본능은 정신과 연결되지 않고 정신을 불신하며 적대적으로 대함으로써 정신으로부터 멀어진다. 이러한 연결은 감각적인 것에 있는 죄, 그러니까 맹목성, 고집, 비이성성, 배신을 동반한 본능의 무모한 자기주장이 있는 만큼 성공적이기 어렵다. 본능적인 충동의 힘이 정신으로 직접 유입되면 불순함, 혼란스러움, 불안정을 초래한다. 승화는 본능의 세계의 힘이 마음의 영역, 곧 사랑, 이타심, 희생의 영역으로 들어올 때에만 제대로 이뤄진다. 마찬가지로 순수한 정신만으로는 생생한 활력을 충분히 가질 수 없다. 오히려 정신은 활력을 억누르고 비틀거나 건조하게 이성화하여, 추상화, 비본성적인 것, 파괴에 이르게 할 수 있다. 정신은 활력에 생생하게 스며들어 영향을 미치고 형성될 수 없다. 단순한 정신은 생명력 있는 활력과 연결되지 않고 활력을 경멸하는 동시에 두려워함으로써 활력에서 멀어진다. 여기서 이러한 연결이 성공하기 어려운 이유는 정신 안에도 고립, 냉정함, 폭력성을 동반한 오만함이라는 죄가 있기 때문이다. 정신의 시선과 의지가 마음의 영역으로 사랑, 내면성, 겸손의 영역으로 들어올 때에만, 정신은 충동적인 본능의 세계에 창조적으로 스며들어 영향을 미침으로써 진리와 자유로부터 세계를 형성할 수 있다.

마음은 인간의 살아 있는 중심이다. 인간은 마음 안에 뿌리를 두고 있으며, 마음으로부터 항상 새로워진다. 그곳에서 충동적인 본능은 정신적인 것으로 상승하며, 정신은 육체적인 것으로 나아간다. 사랑을 통해서 말이다.

마음은 살아 있는 기관으로서 사랑이다. 사랑으로 인해 인간이 된다. 사랑의 광채에서 벗어나는 것은 비인간적인 것으로 추락한다. 이럴 때 마음은 높이를 상실하고 내면성을 잃어버린다. 이 두 관계에 따라서 인간의 축이 정렬된다.[17]

물론 이제 '마음에 대한 비판'이 뒤따라야 한다. 왜냐하면 마음이 영향을 미치는 것만으로는 충분하지 않기 때문이다. 마음은 스스로 정화되고 변형되어야 한다. 그러나 마음 역시 위험에 처해 있다. 위험이란 자신 안에 스스로를 한정시키는 것, 정신의 실재나 육체와 감각의 실재를 진지하게 받아들이지 않는 감상성, 자신을 오류가 없다고 설정하는 감정의 독선적 태도를 말한다. 하지만 마음도 자신이 직접 경험하는 것을 너무 쉽게 진리로 착각하여, 이성보다 더 깊고 치명적이며 가르치기 어려운 오류를 범할 수 있다. 마음에도 죄가 있다. 오직 "마음이 깨끗한 사람이 하느님을 볼 수 있다."[마태 5,8 참조]면, 이기심에서, 더욱이 본능의 내밀한 이기심에서 벗어난 순수하고 자유로운 마음만이 우리가 말한 중간 영역의 역할을 완수할 수 있다.

이렇게 정신과 감각의 인간이 되는 것은 마음의 공간과 사랑의

---

[17] 로마노 과르디니, 《도스토옙스키의 작품에서 종교적 인물들 Religiöse Gestalten in Dostojewskijs Werk》, 215쪽 이하, 1947 그리고 《그리스도인의 의식 Christliches Bewußtsein》, 155쪽 이하, 1934 참조.

힘으로 이루어지기 때문에, 이는 정신적이고 본능적인 힘이 어떻게 그리고 어느 정도의 종교적인 것으로 들어가는가에 따라 상당 부분 결정된다. 말하자면 정신과 감각은 건설적이거나 파괴적이며, 순수하거나 불투명하게 변화되거나, 변화해야 한다. 충동적인 본능은 높은 곳으로 고양되고, 정신은 겸손으로 해소되거나, 아니면 위장될 뿐이거나 대체 형태로서만 나타난다.

종교적인 인간 존재가 참되고 순수하며 유익해질지, 아니면 폭력적이고 부자연스러우며 모호해질지는 대체로 마음에서 크게 좌우된다. 경건함으로 이루어져야 하는 첫 번째 작용은 마음의 공간을 파헤쳐서 중심을 일깨우고, 사랑의 힘을 포착하는 것이다. 그러면 정신은 피에 가까워져서 영혼이 된다. 육체성은 정신의 활동 영역으로 들어와서 몸이 되며, 인간적으로 된 몸과 영혼은 종교적인 삶에 적합해질 수 있다.

지금까지 우리는 종교적인 것에 대해 말했지만, 특별히 그리스도교적인 것이 아니라, 어디서나 어느 시대에나 발견되는 일반적인 종교적 성향에 대해 말한 것이다. 계시나 믿음에 대한 것이 아니다.[18] 물론 아우구스티노의 삶은 계시와 믿음의 문제와 관련되지만, 이는 살아 있는 인간 안에서 일어난다. 모든 사람은 인격체로서 자

---

18 이 개념들의 비교에 대해서는 로마노 과르디니, 《Unterscheidung des Christlichen》, 270쪽 이하, 1935 참조.

신이 가진 온갖 재능을 아우를 수 있고 그래야 한다. 그러나 그가 믿음을 위해 노력하고 이 믿음으로 관통할 때, 또는 믿음에 저항해서 거부할 때, 그는 자신의 존재 그대로 그렇게 하는 것이다. 비록 새로운 맥락과 개성 아래서라도, 종교적인 것의 모든 특성은 자신에게 내재된 그대로 드러난다. 따라서 방금 언급한 일반적으로 종교적인 것은 아우구스티노의 그리스도교적 변화에 대한 일종의 발전 경로를 제공한다.

지금까지의 내용은 일반적인 개요만 제시한 것이다. 이제 이러한 내용은 《고백록》의 체험과 사유의 자료에서 발전되어야 한다. 한 청년이 겪는 길고 느린 체험, 성장과 개방, 인식과 행위, 투쟁과 고통의 과정 속에서 그의 열리지 않은 감각으로, 그리고 자신의 추상적이고 이상적인 미학적 사유 능력으로 마음의 영역이 열리게 된다. 이러한 영역이 강화되고 정화되며 습득되고 권력, 지식, 확신을 얻는 방식은 모두 여러 가지 방식으로 엮인 아우구스티노의 발전에 있어 가장 내면적인 중심축을 형성한다. 한 사람에 대한 이 이야기는 《고백록》의 모든 장에서 설명되고, 이 책의 II부는 이를 재현하려고 시도할 것이다.

6
복된 삶과 완전함

아우구스티노의 정신적인 인간 존재에 결정적인 것은 '복된 삶'이라는 말로 표현되는 주도적 이념과 근본적 의지이다. 이는 개념이지만, 개념 그 이상이다. (아우구스티노가 의미하는) 전체적 연관성은 이미 우리에게 낯설어졌기에, 이를 더 상세하게 살펴보아야 한다.[19]

근대의 도덕 이론은 '선은 오직 선한 의지일 뿐이다.'라는 칸트의 문장에서 가장 순수한 형태로 정점을 찍는다. 좀 더 명확하게 말하자면, 선은 선한 심성일 뿐이다. 이에 따르면 도덕적 타당성은 구체적인 행위와 살아 있는 대상 같은 실재에는 적용되지 않는다. 도덕

---

[19] 6장과 7~9장은 아우구스티노의 근본 견해 중 일부를 다루고 있다. 본문을 통해 이를 구체적으로 발전시키려면 한 권의 책이 필요하기 때문에 독자들의 인내심을 기대하며 본문의 주요 사상을 직접 발전시켜 나가겠다.

적 타당성은 자신의 영역, 곧 '타당한 것'의 범주에 남아 있다. 두 영역 사이의 관계는 그 자체로는 고유한 특성이 없지만 존재와 심성을 모두 지니는 주체를 통해서만 성립된다. 정신적이고 육체적인 실재로서 인간은 '선'이 아니다. 선 또는 악은 그의 태도가 지닌 가치적 특성일 뿐이다. 그러나 주체는 두 영역을 하나로 결합하며, 이러한 하나 됨에 대한 정확하고 완전한 개념은 존재하지 않는다.

이러한 조건 아래서는 '덕', '행복', '보상'과 같은 개념은 그와 관련된 가치를 평가하는 감정과 태도와 더불어 모든 진정한 의미를 상실한다. 이러한 개념들은 도덕적 의식과 언어적 사용에서 사라져 버린다. 그럼에도 개념들이 계속해서 존재한다면, 모호한 성격을 띠게 된다. 반대로 생각해 볼 수도 있다. 이 개념들이 의심스러운 가치로만 인식되는 경우에, 예를 들어 계몽주의 이후 '덕'이라는 말이 지니는 부정적인 뉘앙스나, 행복 또는 특히 도덕적 동기로 등장하는 보상의 개념에 붙는 열등한 가치의 성격을 생각해 본다면, 이 개념들은 도덕적 사유에서 배제되어야 한다. 이제 엄격한 의미에서 의심스럽지 않은 도덕적 태도는 윤리적 특성을 심성에만 두고 존재와 구체적인 삶의 현실과의 어떤 관련성도 배제하는 것을 의미하게 된다.

여기서 뭔가 특별한 일이 일어났다. 예를 들어 칸트의 《실천이성비판》을 아리스토텔레스의 《니코마코스 윤리학》이나 토마스 아퀴나스의 《신학대전》 '2권 2부 Secunda Secundae'와 비교하면 이것이 무엇인지 분명해진다. 인간 존재감과 교육 의지를 결정하는 태도를 표현하는 결정적인 범주, 곧 완전성이 사라졌다.

　완전성은 그리스어 개념인 '아레테ἀρετή'의 기반이 된다. 이 고대 개념의 정확한 의미에서 볼 때, 무엇보다도 제대로 잘 구성된 존재, 의로운 행위와 고귀한 성향, 자연적으로 작용하는 본성으로 전환된 올바른 원칙들, 그로부터 육체와 영혼의 건강과 아름다움, 하는 일과 전체 인간 현존재의 모습이 성취될 수 있는, 도덕 법칙을 따르는 삶의 방식을 말할 수 있다. '완전성'은 이 모든 것의 전체를 지향하며, 타당성과 현실, 관념과 살아 있는 존재의 질서가 본질적으로 서로 관련되어 있다는 것을 전제한다. 이러한 것들은 같은 특성이 없는 '주체'의 동일한 종에만 속할 뿐만 아니라, 올바른 인간의 살아 있는 단일성과 결합되어 있다. 왜냐하면 도덕적인 타당성은 올바르게 구성된 존재로, 고귀한 존재는 올바른 태도로 전환될 수 있고 그렇게 되어야 하기 때문이다.

　고대 그리스의 '아레테'라는 용어처럼, 로마 세계에서는 이 용어가 남성적이고 개성적이며, 현실적이고 정치적인 의미로 발전해서 '비르투스virtus'라는 이름으로 불리게 된다. 중세 시대에 이 용어는 '덕'과 '품성'이라는 의미로 쓰였다. 여기서 태도는 죄와 구원에 대한 새로운 인식에 의해 흔들린다. 그리고 인간 존재에 대한 의식은 그리스도에 대한 상像을 통해서, 초자연과 은총에 대한 믿음을 통해서 직접적인 세계 연관성으로부터 자유롭게 되고 이러한 연관성과 긴장 관계에 놓인다. 그럼에도 이 중세의 개념은 우리가 '완전성'

이라고 부르는 범주에서 고대의 견해와 일치한다. 고대와 중세라는 두 세계 모두 그 본래적인 의미에서 '덕'을 알고 있다. 이 두 세계는 덕으로부터 비롯되고 도덕적 가치로서 인정받는 의미 충만함을 누리는 '에우다이모니아Eudaimonia', 곧 '행복'을 알고 있으며, 이러한 전제로부터 비로소 순수하게 이해될 수 있는 '보상' 개념도 알고 있다.

여기에는 더 깊은 차원이 놓여 있다. 그리스 세계에서 전체적으로 없지 않았던 온갖 이원론적 경향에도 불구하고, 고대 시대뿐만 아니라 중세 시대에서도 전체 인간은 의미 실현을 위한 근본 형태를 형성한다. 이 전체 인간은 분리된 정신이나 단순히 생기 있는 활력이 아니다. 이는 정신적 영혼이 자신을 표현하고, 육체가 세계를 매개하는 육체적 기관으로 그 영혼에게 작용하는 인간이다. 내면적인 것은 외부적인 것에서 자신을 드러내고, 외부적인 것은 내면적인 것에 적합하게 자신의 것으로 형성된다. 그 때문에 상징이 존재한다. 표현의 관계는 가까운 주변 세계에서 광범위한 포괄적인 세계로 확장되고 문화는 형태들의 세계로 존재한다. 태도는 행위로 나타나고 가치는 존재 안에서 구현된다. 이상적인 것은 단순히 의도된 의미에서 존재자를 넘어서 있을 뿐만 아니라, 실재 자체가 되고 실제적인 것은 그 자체로 타당성을 지니게 된다.

이러한 근본적인 관점은 중세 시대 말기에 사라진다. 인간이 존재와 사유의 근본 형태를 자신의 정신적·물질적, 영혼적·육체적 단일성에서 지니는 것은 더 이상 유효하지 않다.

그리스도께서는 본성의 몰락에서 정신을 자유롭게 하셨다. 그분을 따르면서 성취되는 이 자유는 은총과 믿음에 의해 지지되는 정신적인 자유였다. 그러나 이 자유는 내면 세계적인 것 안으로, 심리적인 것 안으로 계속해서 이어진다. 이렇게 해서 서양의 정신은 새로운 내면성과 독립성을 얻게 되었다. 이 정신은 성숙해져서, 이전에는 상상할 수 없었지만, 본성의 속박에서 벗어나 자기 자신을 기반으로 삼아서 자신의 고유한 계획과 성취에 따라 인간 존재를 이끌게 되었다. 본성적으로 태어난 인간에서 자유로 모험을 강행하는 인간으로 새로 탄생한 것이다.

그러나 중세 시대에도 인간은 인간 전체 현존재의 질서로 해석되는 신앙의 질서를 통해 보호받았다. 인간의 삶은 정신적으로 모험적이며 신적으로 보장받는다. 르네상스 시대가 시작되면서 신앙이 인간 존재의 보편적인 형태를 결정하는 것을 멈추게 되었다. 믿지 않는 것이 완전한 가치를 가진 것으로, 심지어 더 높고 대담한 가능성으로 간주되었다. 동시에 수천 년 동안 이어져 온 신앙의 영향에 의해 여전히 뒷받침되는 정신은 자신도 모르는 사이에 본성과의 연관성으로부터 계속해서 분리된다. 인간은 사유하고 계획하며 구성하는 데 있어서 더욱 결정적으로 자기 자신에게 의존하며, 본성, 생명, 영혼에 주어진 것을 스스로 결정하고 자유롭게 설계된 인간 현존재의 모습을 구축하기 위한 재료로 삼는다. 그 때문에 과학적 인식에 바탕을 둔 근대의 '순수한' 정신성이 탄생한다. 이러한 정신성은 곧바로 순수한 개념성이 된다. 결과적으로 고립된 내면성이 생기게 된다. 여기서 이러한 내면성이 과연 전적으로 표현될 수 있는지, 그리고 어느 정도까지 표현될 수 있는지에 대한 물음이 제기된다. 상징을 알아보고 성취하고 존재하게 하는 상징의 힘은 무너진다. 근대의 개인주의는 개별 인간이 혁명적으로 자기 자신을 통제하고 자신을 개별적인 것으로 부각시키는 가운데 형성되었다. 그러나 동시에 개인주의는 공동체적 삶의 다양한 형태와 그 안에서 자신을 직접적으로 성취하는 힘을 상실하기 때문에 고독해진다. 개인은 자신이 다른 개인과 관계가 없다고 느낀다. 거부하고 이해하지 못하며 합의하지 못하는 근대의 다양한 위기가 불거진다. 공동체와 질서는 불확실하게 된다. 이와 동시에 삶의 모든 영역에서 포괄적인 독립화의 과정이 시작된다. 과학, 예술, 정치, 경제, 교육 등 가치에 따라 결정되는 각 문화적 영역은 자신의 원리와 방법에 따라서 비판적인 독립성을 주장하며, 스스로를 자신 안에 둠으로써 전체로부터 자신을 분리시킨다. 이 모든 것의 결과로 특정 분야에서는 최고의 성과를 내지만, 인간과 세계의 전체 모습은 상실하는 인간의 현존재가 부각되게 된다.[20]

---

[20] 여기서 매우 중요한 점이 간략하게나마 언급되어야 한다. 인간적이고 사회적이며 문화적인 구조와 과정, 질서 아래 그리고 그 안에 자리 잡고 있는 종교적인 원초적 체험은 상실되고 있다. 인간의 현존재는 '마법에서 풀려났을'(베버의 이 개념은 너무 단순화되었다.) 뿐만 아니라 신성에서도 풀려나 버렸다. 이러한 과정의 파급력을 결코 과소평가할 수 없

이러한 분열은 우리가 말하는 단순한 심성의 윤리에도 영향을 미친다. 타당성의 영역들을 자율적이게 만들려는 의지, 그리고 이 영역 각각을 '비판적으로 순수하게' 자신 안에 설정하려는 노력은 '순수한' 윤리를 위한 노력이 된다. 윤리는 오직 윤리적이어야 하며, 구체적인 인간 존재에서의 모든 영향에서 멀어져야 한다. 따라서 윤리는 교회적인 것과 종교적인 것으로부터 물러난다. 그다음에는 공공의 안녕과 사회적 또는 경제적 복지의 과제로부터도 물러나며, 마지막으로 모든 형태의 교육적인 형태로부터 물러난다. 윤리는 완전성의 범주를 포기하고, 태도의 순수한 지향성에만 제한된다. 마침내 윤리는 단순한 의무와 순수한 형태의 윤리 체계가 될 수밖에 없다. 왜냐하면 윤리는 태도와 존재, 타당성과 현실의 관련성을 포기함으로써 도덕적인 당위에서 나오는 세계의 내용적 충만함, 사물들의 본질, 과정도 상실하기 때문이다. 도덕적으로 요구되는 것을 더 이상 사물의 질서에서, 내용적인 가치의 세계에서 발견할 수 없

다. 이는 삶이 초월성을 상실하고, 합리주의와 계산적 이익만 고려하게 될 뿐만 아니라, 인간 존재의 근본적 원천이 말라 버리는 것을 의미한다. 모든 것을 관통하고 운반하며 흐르던 것이 사라진다. 그 안에서 모든 '이것'이 감싸져 있고 광범위하게 온전하게 되는 '타자'가 사라지는 것이다. 모든 곳에 만연하고 표현할 수 없지만 가장 내밀하게 친숙한, 사실적이지 않은 것이 사라진다. 이 사실적이지 않은 것은 모든 물음에 마지막 '왜'를, 모든 모험에 가장 내적인 지지를, 모든 행위에 궁극적인 의미 내용을 부여한다. 이로부터 근대적 상황이 비로소 발생하게 된다. 이와 같은 인식 속에서 본질적인 절망감과 함께 '문제'가 드러난다. 이 문제는 선험적으로 해명될 수 없으며 답을 찾고자 하는 추구의 이념은 이에 대해 위로하는 신화를 제시할 뿐이다.

다면, 추상적인 의무만 남는다. 구체적인 인간 존재는 이 의무에 의해 결정되는 물질로 전락한다.[21] 고대의 가치와 실재의 윤리의 자리에 형식적인 의무 윤리가 들어섬으로써 세계의 내용은 텅 비게 되고 현실적인 것과의 관계는 더 이상 들어설 자리가 없게 된다.[22]

전통적인 윤리학의 역사에 따르면, 아우구스티노는 행복주의자 Eudaimonist이다. 이는 매우 부정적인 의미의 뉘앙스를 지니고 있다. 행복주의자는 삶의 의미가 '행복'을 추구하는 데 있다고 주장한다.

---

21 이와 관련하여 개신교의 내적 구조는 동일한 접근 방식에 따라 계시와 세계 현실, 은총과 자연, 신앙과 이성, 내면성과 가시적 형태, 종교적 삶과 상징을 분리한다. 개신교가 이러한 관계의 파괴를 그리스도교적인 것이라고, 심지어 본래 그리스도교적인 것이라고 생각한다면, 이는 잘못 생각하는 것이다. 이는 근대적인 사고 방식이다. 칸트가 아무 이유도 없이 개신교 철학자라고 끊임없이 불려온 것이 아니다. 그러나 오늘날의 위기는 상당 부분 '근대의' 구조가 해체되기 시작한 것에서 비롯되는 것 같다.

22 이렇게 해서 과연 어떤 결과를 초래했는지 보여 주는 것이 중요하다. 말하자면 도덕적 의식이 얼마나 황량해졌는지, 윤리적 가치의 충만함에 대한 민감성이 얼마나 둔해졌는지, 발견의 힘이 얼마나 약화되었는지, 도덕적 창조력이 얼마나 빈약해졌는지, 도덕적 영역 전체가 얼마나 단조롭고 지루한 것이 되었는지를 보여 주는 것이다. 막스 쉘러와 니콜라이 하르트만, 그리고 이들보다 앞서 프리드리히 니체는 이러한 과제를 해결하기 위해 이미 많은 노력을 기울였다. '비판적으로 순수한' 윤리에서 무미건조한 윤리가 되었다. 한 가지 예만 보아도, 엄청나게 변화한 세계 앞에서 이러한 윤리가 얼마나 무력한지 알 수 있다. 권력은 그것이 인격체의 손에 쥐어졌을 때에만 인간적으로 통제될 수 있다. 권력은 그에 상응하는, 심지어 그것을 능가하는 지혜, 책임, 자기 절제에 의해 통제되는 한에서만 긍정적이다. 르네상스 시대 이후로 인간의 권력은 폭발적으로 증가했다. 그러나 이러한 가공할 권력을 위해 스스로를 교육해야 하고, 이러한 권력의 성장에 권력에 대한 책임의 윤리, 지배와 계획의 교육학이 부합해야 한다는 것을 얼마나 적게 의식하는가를 보는 것은 끔찍한 동시에 이해할 수 없는 일이다. 이에 대해서는 로마노 과르디니, 《*Das Ende der Neuzeit · Die Macht*》 참조.

반면에 윤리적으로 올바른 생각을 지닌 사람은 그 의미를, 그 자체를 위해 추구되어야 하는 선을 위한 노력에서 찾아야 한다. 그렇다면 이러한 이해도 의심스럽다. 이러한 노력은 그 자체를 위해 의무를 다하려는 의지에 있다고 일컬어지기 때문이다.

하지만 '행복'을 '즐거움'과 동일시하지 않고서, 첫 번째로 정당하게 인정되고 경험될 수 있는 행복은 무엇인가? 그것은 얻어진 가치를 느끼는 것이다. 그것은 삶 속으로, 존재 안으로 들어갈 때 얻어진다. 그렇다면 이에 반대되는 견해가 타당하겠는가? 무디거나 보잘것없거나 비열한 사람이 아니라, 직관과 감성의 능력을 지니고 의지와 대담함이 있으며, 사물의 내적 질서에 대해 아는 깨어 있고 훌륭한 성품을 지닌 사람이라면 두 번째로 정당하게 인정되고 경험될 수 있는 행복을 지니지 않겠는가?[23]

이런 사람은 광범위한 서열 질서를 이루는 풍부한 가치를 본다. 동시에 깊이, 강도, 순수성, 섬세함의 끝없는 단계 또는 '가치 내의 가치' 같은 다양한 기준들이 있을 수 있다. 그의 양심은 모든 가치가 그 자체로 유효하지만, 그렇다고 해서 의무로 부과되지는 않는다는 것을 알고 있다. 의무로 요구되는 것은 구체적인 인간 존재의

---

[23] 윤리적 범주를 추상적으로 생각해서는 안 된다. 윤리적 범주가 인간에게만, 그것도 올바르게 창조된 인간과 관련해서만 생각될 때, 이러한 반론이 제기된다. 따라서 올바르게 창조된 인간과 관련되지 않는다면 모든 범주는 뒤바뀔 것이다. 예를 들어 편협하거나 독선적인 본성에서 '의무'가 되는 것은 무엇이겠는가?

질서에서 주어진 올바른 가치뿐이다. 이에 따라서 행복에도 주어진 가치를 획득함으로써 경험되는 올바른 행복이 있으며, 할당되지 않은 가치를 부당하게 요구하거나 낮은 가치로 전락함으로써 경험되는 그릇된 행복도 있다. 동일한 양심은 가치를 부당하게 요구하는 것이 그 타당성이 확인될 때에만 가능하다는 것을 알고 있다. 따라서 그러한 가치는 기꺼이 사용되는 것이 아니라 기여될 수 있을 뿐이다. 여기서 양심은 오류가 없는 법칙이 지배한다는 것을 알고 있다. 그러니까 가치가 실현되고 자신의 것으로 획득되는 것은 정신이 가치를 심각하게 존중하는 정도에 정확하게 비례한다. 하지만 정신이 가치를 올바르지 않게 행하는 만큼 많은 것은 실현되지 않은 채로 사라진다. 따라서 윤리적으로 중요한 '행복'은 엄격한 조건 아래에 있다.

이제 본래의 가치는 절대적이다. 최고의 가치가 아니라 단순한 가치 그 자체이다. 이 가치는 다른 가치들을 대체하는 것이 아니라, 모든 가치 안에서 드러나고 그것들을 근거 지으며 그것들과 관계를 맺는 지점을 만들고 그것들의 척도가 된다. 따라서 이러한 가치를 자신의 것으로 획득함으로써 본래적이고 진정한 의미의 '행복', 곧 궁극적인 의미의 '복된 삶'이 나오게 된다. 그러나 이러한 획득에서 요구되는 '순수성'은 절대적 가치가 '진리', 곧 사랑 안에서만 파악될 수 있는 진리로 불린다는 사실에서 명확해진다.

이 모든 것에 대해 제기되는 반론은 무엇인가? 이러한 반론은 가까이서 살펴보면 해소되는 듯하다. 이는 결코 진정하고 사실적인 이의 제기가 아니라, 다른 사유 방식에 대해 역사적 또는 심리적으로 제한된 사유 방식이 저항하는 것으로 보인다. 사실 이러한 비판은 비판을 제기하는 사람의 마음의 상처를 드러냄으로써 그 사람에게 부메랑처럼 되돌아오는 경향이 있다. '행복'을 위해서 의지적으로 노력하는 것을 이러한 비판의 원인으로 이해한다면, 이 비판자는 행복을 어떻게 이해해야 하는가?

고귀한 사람이 말하는 행복은 궁극적인 의미를 지니고 최고의 지위를 점한다. 행복은 자기 경험에 있어서 고전적인 '아레테'와 다르지 않다. 행복은 가치의 수만큼 많은 특성을 지니며, 이러한 가치가 자신의 것으로 획득되어 살아 있는 완전성으로 이전될 만큼 많은 단계와 수준을 지닌다.

7
에로스와 마음

아우구스티노의 글을 조금만 읽어 보아도 그에게 진리는 궁극적인 의미와 매우 엄격한 의무라는 것을 알 수 있다. 진리는 그 자체로 객관적인 타당성을 지니고 있으며, 어떤 종류의 목적에 대한 구속에서도 자유롭다. 플라톤적으로 진리를 추구하려는 의지의 힘과 숭고함이 여기에 고스란히 살아 있다.

이 진리는 인식의 영역에 국한되지 않고 존재를 결정한다. 정확히 보자면, 심지어 '진리'는 근본적으로 존재의 규정이다. 존재자와 그 규범인 이데아의 관계는 참 또는 참이 아닌 것의 성격을 지닌다. 이와 달리 인식은 정신의 내면성에서 되새김질하여 존재를 이해하고, 세계와 그 충만한 의미를 정신의 삶으로 소환함으로써 삶의 내용이 되게 하며, 보이고 평가되는 특성을 지닌다. 그러므로 진리는 인식을 규정하는, 인식의 목표이다.

  이 인식은 근대에서 보는 방식과는 다르다. 근대의 인식 개념은 도덕 개념이 '순전히 윤리적'이기에 사물의 질서에서 분리된다. 이는 모든 존재에서 최대한 분리될 때까지 '순전히 정신적인 것'으로 향한다. 그러나 아우구스티노의 인식 개념은 중세의 인식 개념처럼 존재와 관련된다.

  아우구스티노에게 '이데아'는 창조주 하느님께서 유한한 존재 안에 당신의 실재와 충만한 의미를 드러내는 방식을 의미한다. 하느님께서는 항상 사유된 것의 영역에 갇혀 있는 유한한 사유의 무력함이 아니라, 실재를 정립하는 창조적이고 절대적인 사유의 전능함으로 당신 자신을 인식한다. 그리고 침묵으로 남아 있는 '내적인' 사유의 고립이 아니라, 내면성을 드러낼 수 있는 말씀의 형태로 만드는 구체적인 사유의 완전함에서 당신 자신을 인식하신다. 이로써 하느님께서는 말씀하시는 분λέγων이시자 말씀으로 발설된 분λόγος이시다. 그러나 하느님께서는 영원한 말씀의 형태로 당신의 충만함을 발설하심으로써, 존재하시는 분이시자 주님이신 당신께서 절대적으로 발설하는 내용, 곧 거룩한 진리라는 것을 드러내신다. 바로 여기서 하느님께서는 유한한 의미 형태의 모든 가능성도 발설하며, 그 진리와 가치를 근거 짓는다. 이데아는 이에 대한 표현이다.

  정신이 스스로를 정립할 수 있는 가장 아름다운 과제 중 하나는 플라톤의 이데아에서 요한 복음의 로고스를 거쳐서 아우구스티노의 이데아론으로 이어지는 길을 따라가는 것이다. 아우구스티노에게 이데아는 하느님의 창조적 인식으로 발설된, 의미 있는 유한한 존재의 영원한 규범이다. 유한한 존재는 이 규범을 토대로 삼아서 유한한 존재는 하느님을 반영하고, 하느님 안에 영원한 자리를 차지함으로써 의미 있게 된다. 그러나 이데아들의 통일성은 하느님 자신의 살아 있는 말씀이자 이데아인 로고스 안에 있다. 따라서 로고스는 모든 유한한 존재의 영원한 자리이다. 이 모든 것은 존재의 진리뿐만 아니라 인식의 진리라는 개념의 배후에 있다. 이미 살펴본 것처럼, 정신이 사물에 주의를 돌려서 그 본질을 이해하게 될 때, 동일한 이데아들이 정신 안에서 발산한다. 이로써 이데아는 유한한 인식의 영원한 자리를 만들어 낸다.

도덕적 명령에 대해서도 마찬가지로 비슷하게 말할 수 있다. 아우구스티노의 작품 속 몇 구절만 보더라도, 그가 강압적이고 충동적이며 지배적인 욕구에서 벗어나 도덕적 명령의 절대성에 도달하기 위해, 이를 그 순수한 타당성에서 파악하는 동시에 자유 의지와 그 결정에 있어 의무의 반대 극을 찾기 위해서 얼마나 고군분투했는지 알 수 있다. 아우구스티노의 내면의 역사를 따라가 보면 이러한 노력을 발견할 수 있다.

그러나 우리가 보았던 것처럼 이러한 도덕적 명령은 '윤리적'이고 '존재론적'이다. 도덕적 행위의 대상으로서는 윤리적이며, '덕'에서 살아 있는 인간 완전성의 규범을 형성하는 점에서는 존재론적이다. 둘 다 이데아로 되돌려 이끌어진다. 윤리적인 행위는 '이데아가 움직이고' 이데아가 존재로 침투한다는 것을 의미한다.

이로써 우리는 더 깊이 들어가게 된다. 참된 것과 좋은 것은 '규범'일 뿐만 아니라 '가치'이기도 하다. '타당성'라는 상위 개념을 사용한다면, '규범'은 개인을 구속하는 '타당성'의 한 측면이다. 규범은 '타당성'이 억압에 의해 구분되는 강요를 통해서가 아니라 자신을 규정하는 자유 앞에서 유효한 것의 의미가 지니는 위엄을 통해서 적용된다. 자유는 그것이 복종이든 반항이든 간에 규범을 통해서 의무를 느끼게 된다. 반면에 '가치'는 타당함의 한 측면이고, 이를 통해 타당함은 개인에게 소중한 것으로 보이게 된다. 다시 말하자면, 가치는 강압이 아니라 타당함 자체의 내적인 훌륭함을 통해서 드러난다. 이 내적인 훌륭함은 개인의 해당 능력에서도 드러나는데, 우리는 이러한 능력을 평가의 자유라고 부른다. 더 넓은 의미에서 '규범'은 영원히 옳고 고귀한 것으로서 정적인 어떤 것을 갖는다. 양심에서 정의의 존엄함이 발휘되기 때문에, 인간이 규범과 맺는 관계는 다소 멀리 떨어져 있다.

규범과 가치, 순종과 평가의 분리는 앞서 언급한 근대 시대에 분열된 것의 일부이다. 따라서 한편으로는 단순한 명령, 한갓 의무, 그 자체를 위한 규범적 정의가 있고, 다른 한편으로는 비도덕적인 것을 향한 열망, 강한 것, 진정한 것, 고귀한 것의 에토스Ethos가 있

다. 칸트에 대한 니체의 항변에서 이러한 대조가 잘 드러난다.[24]

우리가 '평가'라고 부르던 것에 이제 적합한 이름을 붙여야 한다. 그 이름은 에로스이다. '양심'과 '에로스'는 주체 안에서 '규범'과 '가치'라는 두 가지 근본 형태의 타당성에 해당하는 두 가지 근본 형태를 불러낼 수 있다. 살아 있는 사람에게 이 둘은 하나이다. 그러나 이 통합에 대해서는 어떤 적합한 이름도 없는 것처럼 보인다. '양심'은 내적인 것이 규범의 요구를 올바르게 느낄 수 있고 그렇게 느껴야 함을 의미한다. '에로스'는 살아 있는 본질적 근거가 가치로 지향되어 있으며, 평가하려는 열정과 참여하려는 노력으로 존재의 귀중함이 메아리치는 것에 응답할 준비가 되어 있음을 의미한다.

인간 전체의 기관이자 영역으로서 가치에 응답하는 내면성을 '마음'이라고 부른다. 이것은 정신과 대조되는 감정의 삶을 의미하지 않는다. 마음은 그 자체로는 정신이지만, 규범에 순종하는 정신과는 대조적으로 가치를 평가한다. 가치로부터 힘을 얻고 가치를 향해 움직이는 정신이다. 이는 에로스를 품고 있는 정신을 의미한다. 또한 이 마음은 자연에서든 사람에서든 또는 예술 작품에서든 아름다움과도 본질적인 관계를 맺고 있다. 예를 들어 플라톤이나

---

24 이러한 관점에서만 근대의 비도덕주의 또는 심미주의를 이해할 수 있다. 이는 의무적으로 경직된 규범적 영역에서 '자유로운' 본성 또는 정신적 가치의 영역에 도달하려는 시도이다. 다시 말해, 생물학적으로 또는 예술적으로 아름다운 것에 토대를 둠으로써 '자유'가 확보된다고 이해하는 것이다.

단테에게 "이것은 아름답구나."라는 문장이 어떤 의미인지를 이해한다면 의미가 분명하게 드러난다. 이 문장은 규범이 아닌 가치로서의 타당성을 표현한다. 이러한 타당성은 유희적이거나 향유적인 방식이 아니라 엄격한 의무로, 완전함에 대한 요구로 나타난다. 이것이 바로 아름다움, 곧 가치의 영역에서 엄격함이다. 아름다움은 평가하고 아름다움을 느끼면서 신체와 관련된 정신의 운동으로서 에로스의 출구이자 전달자이다. 그 안에서 에로스가 상태이자 기관이자 존재인, 살아 있는 사람 안에 있는 영역이 바로 마음이다.[25]

아우구스티노는 그리스도교 미술에서 심장을 손에 들고 있는 모습으로 묘사된다. 이는 그의 본질을 잘 나타내 준다. 그는 자신을 사랑했고 자신의 삶을 사랑의 힘 아래에 두었을 뿐만 아니라, 사랑을 전적으로 인간 존재를, 특히 그리스도교적 인간 존재를 규정하는 요소로 이해하려고 했다. 더 나아가서 그는 사랑을 마음의 영역에서 생각했으며, 마음의 영역에서만 이해될 수 있는 인간 존재상을 창조했다. 이러한 의미의 본질을 설명하기 쉽지 않다. 나는 이 점을 독특한 힘과 명료함으로 드러내는 단테라는 서양 역사의 한 인물에게서 볼 수 있기를 바란다.

그러한 본질에는 무엇보다도 인간 존재의 한 요소를 다른 요소

---

25 또 다른 맥락에서 나는 마음-현상의 심리적이고 관념적인 구조를 발전시키려고 했다. 이에 대해서는 《*Madeleine Semer*》(1927)와 《*Der Mensch und der Glaube*》 279쪽 이하, 《그리스도인의 의식*Christliches Bewußtsein*》, 155쪽 이하를 참조.

와 연관시켜서 결정하는 경향이 있다. 우리는 이미 아우구스티노에게서 육체가 정신적인 영혼으로부터 자신의 생명, 의미, 규정을 어떻게 얻는가를 살펴보았다. 이 정신적인 영혼은 다시 이러한 것들을 성령이신 하느님께로부터 얻는다. 개인은 공동체 안에, 몸corpus 안에 있으며, 전체 안에서 구성되는 '지체'로 규정된다. 이 전체는 다시 지체를 구성하는 개별적 구성원들 각자가 "하느님과 나의 영혼 외에 다른 것은 없다."라고 말할 수 있다는 사실에 의해 특징지어진다. 인간 존재의 온전한 의미는 지복beatitudo에 있다. 지복은 귀중한 것과 가치 있는 것을 소유함으로써, 진리의 의무 아래 객관적인 엄격함을 지닌다는 점에서 중요성과 존엄성을 얻는다. 진리는 다시 본질의 법칙이자 의미의 형태로서 가치에 의해, 진리가 삶을 충만하게 하는 귀중한 것이라는 점에 의해 특징지어진다. 이러한 관계는 계속해서 확장될 수 있다. 개별 요소는 항상 다른 요소'로 향하고' 다른 요소'로부터' 나온다. 개별 요소는 자신을 넘어서 다른 요소와 관련된다. 하지만 동시에 그렇게 함으로써 개별 요소는 자신의 완전한 특별함에 이르게 된다. 따라서 아우구스티노의 세계에서는 순간적인 고유성을 넘어서 다른 것에게 끊임없이 나아가는 사건이 벌어지지만, 이렇게 넘어 나아감에서 진정으로 고유한 것에 도달하게 된다. 이는 단순히 주어진 것이 아니라 변증법적인 운동의 결과물이다.

    존재의 움직임은 더 나아간 관계에서 발생한다. 이는 모상과 표현의 관계이다. 모든 것은 원상들의 모상들이다. 각 존재자는 자신을 '넘어서' 자신의 의미를 지닌다. 존재자는 자신을 반영하는 이데아로부터 의미를 자신 안으로 가져온다. 이는 곧 무한한 신의 단순한 온갖 충만함이 유한한 것에 모사될 수 있는 방식이다. 이데아는 자신의 편에서 유한한 것 속으로 '발산'하며, 유한한 것 속에 자신을 표현하고, 유한한 것을 자신에게, 그리고 자신을 넘어서 신에게로 끌어올린다. 여기에도 끊임없는 움직임이 있다. 창조하고 의미를 전달하는 움직임이며, 정신적 생명에서 의미를 실현하고 하느님께 되돌아가는 움직임이다. 이는 하느님의 모든 단순한 충만함으로부터 그분께서 생각하는 이데아로, 이데아로부터 이데아를 모사하는 피조물로, 피조물로부터 피조물 자신의 고유한 의미를 발견하는 이데아로 가는 움직임이다. 그런데 이데아는 로고스 안에 있으며, 로고스는 하느님이시다.[26] 더욱이 이러한 움직임은 행위의 움직임이다. 말하자면 하느님께서는 생각하며, 생각하면서 이데아를 설정한다. 그분은 창조하며, 창조하면서 이데아를 모사하는 사물을 실제로 존재하게 한다. 반면에 인간은 사유하면서 생각하고 평가하면서 의미를 찾으며, 사물을 거쳐서 이데아에 이르게 되며, 이데아를 거쳐서 하느님께 이르고, 바로 그때 자기 자신에게 도달하게 된다. 그

---

26 이것은 유한한 것에서 절대적인 것으로, 심지어 세속적인 것에서 은총의 영역으로 나아가는 진보를 의미하지 않는다. 이에 대해서는 이 책의 전체 문맥, 특히 **154쪽**과 제 **11장** '창조와 섭리'를 참조.

런데 이 운동은 존재의 운동이기도 하다. 말하자면 이는 사물의 표현으로 이데아가 침투하는 것이며, 사물이 자신의 이데아에 참여하고 이데아를 완전하게 표현하기 위해서 애쓰는 것이다. 육체와 영혼의 관계에서도 이와 같은 움직임이 있는데, 여기서 내적인 것과 그 의미 형태로부터 외적으로 표현하는 것으로, 외적인 것으로부터 그 의미를 파악하는 내적인 것으로 가는 길이 끊임없이 체험된다. 이 움직임은 성사에서도 영적인 실재와 지각할 수 있는 형태의 관계에서 유사하게 적용된다.

그런데 이렇게 지속적으로 자신을 개방하고, 뛰어넘으며, 넘어서고, 다른 것에 도달하며 그 안에서 자기 자신을 발견하는 것은 한 가지를 전제하고 있다. 그것은 모든 존재의 본래적인 친밀함으로서 모든 낯섦, 온갖 모순, 심지어 존재하지 말아야 할 모든 것도 넘어서는 근본적인 조화이다. 특히 모든 인간 존재는 하느님께로부터 비롯되며, 그분의 모상성에 의해 두루 스며들어 있고, 그분의 사랑으로 관통된다. 인간 존재는 그 어디에도 완전히 고립된 외부에 버려지지 않고, 오히려 전체로서 객관적인 내면성 안에 있다. 인간 존재는 의미와 사랑의 공간으로 둘러싸여 있다. 이 공간은 객관적인 의미에서 인간 존재의 보호자이고, 세계의 특성으로서 '마음'이다. 이 공간에서 모든 창조가 나오고 [인간 존재는] 그 안에서 모든 피조물이 보존되는 '하느님의 마음'이라는 개념으로 인도된다. 이것은 계시의 역사에서 점진적으로 드러나고 하느님의 부성, 우리의 자녀

됨, 하느님의 섭리에서 결정적인 표현을 얻게 된다.

인간의 마음은 이 모든 것에 응답하는 공간, 상태, 내면의 영역이다. 그런데 우리가 주제로 삼고 있는 움직임이 찾는 타자는 '저 위에'뿐만 아니라 '이 안에'도 있다. 이렇게 움직임은 상호 침투적인 특성을 얻게 된다. 정신은 육체를 넘어서 있을 뿐만 아니라 육체 안에도 있으며, 육체는 정신 아래에 또는 정신이 거주하는 곳이자 활동하는 곳으로서뿐만 아니라 정신 안에도 있다. 그러나 이 '안'은 고유한 무언가를 의미한다. 이는 몸이 육체이고 정신은 영혼이라는 두 가지 관련된 계기를 넘어서는 세 번째 계기이다. 이데아는 사물 안에 있으며, 사물은 이데아에 참여한다. 이로써 사물은 영원한 것에 귀속되어 있으며, 이데아에는 역사가 있다. 진리와 가치는 서로 스며들기에 진리는 빛나고 가치는 밝아진다. 여기서도 움직임이 있지만, 이는 내면성의 움직임이다. 그것은 인간 존재의 친밀함으로써 존재에 있어 진동하고 침투하는 것이고, 진리의 값진 차원이며 가치의 빛나는 자유이다. 또한 인간 안에서 이와 관련된 것으로서 이러한 친밀함에 대한 내적인 접촉 가능성, 행복하고 고통스러운 체험의 깊이이다. 그리고 바로 이것이 마음이다.

인간 존재 움직임의 특성을 가장 대담하게 표현한 것은 실제적인 것 자체가 움직이고 있다는 것이다. 실재는 더하거나 덜한 정도로 존재한다. 그러나 척도는 해당되는 존재자에서 실현되는 가치의 등급과 이러한 가치가 실현되는 정도에 있다. 따라서 존재자는 자신의 실재 안에서 오르락내리락 움직이고 있다. 여기에는 존재 자체에서 이루어지는 움직임, 실재 또는 그와 유사한 것의 어느 정도에서 어느 정도까지의 움직임이 있다. 그러나 이 운동은 냉정하게 단순한 측정과 법칙에 의존하지 않는다. 이는 가치와 존재적 따뜻함과 관련되어 있으며, 그 때문에 마음을 움직이는 마음의 가장 깊은 생명이다. 이 생명은 이러한 존재의 움직임에 대해, 선과 가치의 성취에 의존하는 실재의 상승과 하강이라는 파동에 대해 가장 깊숙이 알고, 이에 대해 걱정하며 여기서 비롯되는 생기는 행복과 고난을 느낀다. 여기에는 또 다른 것이 포함되어 있는 것 같다. 그것은 변화에 대한 충동이다. 변화하려는 것은 인간상의 가장 깊은 본질에 속하며, 사물과 세계도 이렇게 변화하려는 방향으로 향한다는 것을 느낀다. 이러한 변형은 다른 것으로 즉각적으로 옮겨지는 마법을 의미하지 않는다. 모든 마법은 전적으로 본질적인 것에 대해 오해하며, 권력과 즐거움을 오용하려는 시도이다. 합리주의 역시 본질적인 것을 부정하거나 심리적이고 이상적인 것으로 바꿈으로써 이를 위조한다. 진정한 변화는 더 높고, 더 내면적이고 더 고귀하고, 더 참되고, 더 실제적인 세계로 넘어서는 것으로서, 그 자신의 희생을 통해 선을 위한 몰락에서 일어난다. 그러나 이것은 단순히 '도덕적인' 행위가 아니라 존재 전체로 무언가가 일어나는 것이다. 말하자면 존재 전체가 변화된다. 이 사건의 본래적인 의미는 자연적인 인간 존재만으로는 명확해지지 않는 오직 은총의 계시만이 이 사건을 구체적으로 보여 준다. 그것은 그리스도의 부활과 변모, 그리고 죽은 이들이 부활하고 하느님의 자녀들의 영광이 드러나며 새 하늘과 새 땅에서 새로운 사람이 일어날 것이라는 보장된 약속이다. 이것이 우리가 말한 충동이 지향하는 목표이다. 그러나 충동이 실현되는 공간은 마음, 곧 요한의 첫 번째 편지와 바오로 서간의 내면성에서 말하는 그 변화된 마음이다.

아마도 의미된 것은 다음과 같이 표현할 수 있다. 구원받아서 순수하고 자유롭게 된 마음의 공간에서는 동일률과 모순률에 따른 명제 사이의 엄격한 배제가 무효화된다. 자신만의 자아 안에 차갑게 갇힌 상태, 자아와 타자 사이의 메마른 양자택일, 더 정확하게는 나와 너 사이의 올바른 양자택일은 여기서 극복된다. 혼합이나 모호함, 마술이나 속임수를 통해서가 아니라, 사람이 되신 하느님인 그리스도의 인간 존재 안에서, 그분의 사랑의 태도에서 우리에게 드러나는 생명의 창조적인 신비를 통해서 극복된다. '마음의 철학'의 진정한 개요는 마음의 영역에 의해 결정된 인간 존재의 다양한 특징을 전부 모아서 질서를 명확하게 만들고, 주요한 범주를 발전시키며, 범주가 전체와 개별적인 것에 어떻게 스며드는지를 보여 주어야 한다. 더욱이 주장된 것은 그리스도인의 구체적인 인간 실존에서 입증되어야 한다. 여기에 제시된 것은 대략적인 윤곽에도 미치지 못한다. 그러나 이러한 밑그림은 아우구스티노의 내면 세계에 있어 매우 중요한 연관성을 주목하기에는 충분하다.

8
지혜

아우구스티노가 이해하는 것처럼, 사유의 과제는 진리뿐만 아니라 더 나아가서 지혜를 찾는 것이다. 다시 말해 인간의 사유는 인간 존재의 의미에 기여하는 한에서 진리를 추구한다. 그때 진리는 이성으로 인식하고 마음으로 느끼며, 올바르게 평가하며 참되게 판단할 수 있다. 진리는 본질적인 목표를 이해하고 삶을 이러한 목표로 향하게 하며 올바른 질서를 이해하고 질서에 따라 인간 존재를 형성한다. 이러한 지혜에 대한 사랑을 통해서 진리를 추구하고 성취하는 것은 바로 '복된 삶'이다. 이러한 삶은 그 자체로 진정한 가치를 볼 뿐만 아니라, 물음을 던지는 사람에게서도 올바른 가치를 본다. 이 가치는 삶을 존재의 실재로 전환함으로써 완전함에 도달하게 하고 행복하게 만든다. 이 모든 것을 통해 인간과 그 현존재 전체를 전제하는 인식의 목적이 확립된다. 말하자면 정신과 육체, 타당성과 실재, 규범과 가치는 완전함의 전형 안에 모인다. 여기서 '우선순위'가 분명해진다. 인간과 그 현존재 전체에서 특정 요소가 주도한다. 범주로서 이 요소는 가치이다. 힘으로서는 에로스이다. 인간 안의 영역으로서는 마음이다. 특성으로서는 아름다움이다. 그러나 이 모든 것은 진지하게 연결되어 있다. 얼마나 그러한지는 아우구스티노의 삶의 흐름에서 분명하게 드러난다. 이 흐름은 감각적이고 심미적인 향유의 태도에서, 개인의 도덕적 책임에서 선과 악의 구별로, 그리고 인식된 선을 실현하는 수단으로서 희생과 훈련에 이르기까지 피할 수 없는 일관성으로 이어진다. 그러나 아우구스티노에게 있어서 '지혜'는 본성적인 인간 교육이나 내면세계 문화와 같은 단순한 철학적 형태에서 발견되지 않는다. [지혜는] 항상 그리스도교적 인간 존재의 맥락에서 통합된다. 여기서드 아우구스티노는 전체를 원한다. 그는 전체로부터, 전체를 향해서 생각하는 것 말고 다른 방식으로는 생각조차 하지 않는다. 전체는 죄로 인해 창조주로부터 멀어졌지만, 그리스도를 통해 하느님께, 은총의 공동체를 향해서 돌아오는 하느님께서 창조하신 인간이다. 아우구스티노에게 '인간'은 하느님께서 원하신 존재이다. 따라서 인간은 본성적이거나 문화적이거나 철학적인 인간이 아니라, 은총으로 하느님과 연결된, 더욱이 계시의 하느님과 연결된 인간이다.

　《고백록》 10권 20장 시작부에서 아우구스티노는 "제 몸은 제 영혼으로 살고, 제 영혼은 당신으로 삽니다."라고 말한다. 그가 말을 건네는 하느님께서는 예수 그리스도의 하느님이시지, 철학에서 말하는 절대적인 존재가 아니다. 따라서 영혼이 그분으로부터 얻는 생명은 은총, 믿음, 사랑, 거룩함을 만개시킨다. 그러나 인용된 문장에서는 생명이, 영혼으로부터 몸이 얻는 그러한 생명, 곧 자연적인 활력 또는 생명력과 나란히 배치된다. 정확한 신학적 비판은 이와같은 배치에 이의를 제기할 것이며, 그러한 관점에서는 당연히 그러하다. 그러나 아우구스티노라면 이러한 반론에 놀라면서 함께 속해 있는 것을 찢어 버리라고 설명할 것이다. 아우구스티노는 계시의 세계에서 분리되어 비판적인 물음의 대상으로 제기된 인간에 대해 관심을 갖지 않는다. 그가 의미하는 것은 하느님께서 뜻하셨고 뜻하신 대로 되어야 할 인간, 그러니까 이 인간의 전체이다. 그러나 이 전체는 돌이킬 수 없이 하느님께로부터, 그리고 하느님을 향해 지어졌다. 따라서 아우구스티노에게 단지 '본성적'이기만 한 인간은 의미 있게 존재하지 않는다. 하느님에 대한 믿음과 순종 밖에 서 있는 사람은 '본성적으로', 말하자면 내면세계에 갇혀 있고 자족적으로 의미 있는 인간 존재가 아니라, 하느님의 뜻을 거스르고 하느님께로부터 떨어져 있다. 따라서 그의 인간 존재는 부정적으로만 '초자연적'이다.

이로부터 아우구스티노를 이해할 수 있는 매우 중요한 결과가 생겨난다. 말하자면 비판적인 방법론의 입장에서 볼 때 그는 '철학적'으로도 '신학적'으로도 생각하지 않는다. 비판적인 의미에서 그의 생각 속에는 철학이 있고, 신학도 있지만 이는 숨겨져 있다. 이를 보려는 사람은 먼저 이를 찾아야 하지만, 이것은 결코 쉬운 일이 아니다. 많은 불행한 오해를 피하려면, 이러한 점을 고려하여 아우구스티노의 사상을 토마스 아퀴나스의 사상이나 19세기 신학자의 것과 방식으로 취급하지 않아야 한다. 아우구스티노의 사상은 철학과 신학이 구분되기 이전에 있었다. 그는 실존적 인간에 대해 생각하는 그리스도교적 인간이다. 그러나 이러한 인간 실존은 그 자체로 하느님에 의해 부름받은 참된 모습의 인간이다.

앞서 언급된 문장에 따르면, 몸이 영혼으로부터 얻는 '생명'은 처음부터 단순한 생물학적 실재가 아니라 정신적으로 결정된 실재인 참된 몸의 생명이다. 반면에 정신적인 영혼은 생각하고 평가하며 활동하는 영혼이다. 그러나 정신적 영혼은 처음부터 단순한 영적 실재가 아니라 정신적으로 규정된 실재를 나타낸다. 왜냐하면 살아 있는 인간 정신은 하느님께로부터 부름받고 이 부름에 순종하거나 불순종하는 방식 외에는 다르게 존재하지 않기 때문이다. 따라서 인간 정신은 성령에 의해, 몸은 정신적으로 규정된 인간 정신에 의해 결정된다. 이것이 바로 참으로 존재하는 인간의 실존적 존재이며, 아우구스티노적 사유의 기반이 된다. 그는 다른 모든 것이 방법론적 의미를 지닐 뿐만 아니라 실존적인 의미를 지닌 분리된 것이라고 간주했다. 왜냐하면 방법론적인 문제는 항상 동시에 인간 존재의 문제이지만, 종종 잊히는 특정한 조건 아래에서만 그러하기 때문이다.

아우구스티노의 사유는 심지어 키르케고르에게서 엄밀한 의미로 사용되는 '실존적인' 의미를 띠는 경향이 있다. 물론 그는 이론적 주체가 대상을 바라보고 검토하고 서술하는, 순수하게 대상적인 고찰 방식도 알고 그것을 적용하기 때문에, 기억에 대한 그의 고찰을 생각해 볼 수 있다. 그러나 그는 항상 사유를 다른 형태로 전환한다. 그것은 사유하는 사람이 인간 존재 전체로부터, 그 안에 서서, 그 자체와 함께 존재하면서, 그리고 자신의 사유로 함께 인식하면서 이러한 인간 존재 전체를 파악하고자 하는 형태의 사유이다. 경향은 중요한 구절에서 아주 분명하게 드러난다(이에 대해 다음에 이어지는 '인간 존재에 대한 경탄'을 참조하기 바란다). 일단 이 경향을 이해하면, 아우구스티노의 사유 전체에서 이러한 경향이 어떻게 작용하는지 쉽게 알 수 있다. 그러나 여기서 다루는 전체, 인간 존재와 그 성취는 그리스도교적이다. 이 모든 것을 통해 아우구스티노의 사유와 진술은 포괄적이고 긴밀하게 짜인 무언가를 얻게 된다. 이것은 항상 한 계기를 다른 계기에서, 개별 계기를 전체로부터 규정하려는 경향을 보인다. 이로써 풍부한 상호 관계와 변증법적 움직임을 얻게 되는데, 이는 개별적으로는 정확히 파악하기 어렵고 부유한다는 인상을 주지만, 의미는 매우 정확하다. 신학의 전체 역사는 아우구스티노의 비옥하면서도 동시에 혼란스러운 힘을 입증한다.

9
복된 삶과 하느님의 현존

앞 장에서 이미 여러 차례 다양한 출발점에서 복된 삶에 대해 말했지만, 그 궁극적인 의미는 아직 결정되지 않았다.

이미 살펴본 바와 같이 자유로운 행위와 관련된 가치와 무가치를 먼저 구분해야 한다. 그런 다음 적절하게 부여된 올바른 가치와 부적절하게 부여된 잘못된 가치를 구분해야 한다. 여기서 올바른 가치는 주어진 상황, 다시 말해서 '소명', '역사', '순간'에서 시급하게 요청되는 것을 말하며, 잘못된 가치는 이러한 상황에 반하는 가치이다.[27]

---

[27] '소명', '역사', '순간'은 행위하는 인간에게 존재하는, 내적이고 외적이며 자신에게 고유한, 주변 환경적인 그때마다의 실재를 표현하는 것으로서 그 전체 깊이에서 받아들여진다. 이러한 상황은 다양하게 얽힌 맥락에서 발생하며 그 맥락은 개인적이고 전체적이다.

더 나아가서 다른 가치들과 병행하지 않는 고유하게 존재하는 가치가 있다. 그것은 절대적인 가치 또는 하느님의 가치, 곧 영원한 진리, 선성, 아름다움, 살아 있는 거룩함이다. 고대 철학에서는 이를 '최고선'이라고 부르는데, 이는 단순히 '선'이라고 일컬어지는 플라톤 용어의 의미를 강조한 것이다. 그 때문에 플라톤이 최상위 단계의 가치를 형성한다는 인상을 주지만 플라톤은 이미 이와 관련된 특별한 변증법을 알고 있었다. 모든 특별한 가치들은 일반적인 가치로서 선에 참여하는 관계를 지니며, 가치의 위계가 항상 더 충만한 가치로의 상승을 나타내는 한, 가장 낮은 가치에서 더 높은 가치를 거쳐 선, 곧 절대적 가치로 연속해서 이어진다. 그러나 이 모든 '가치'가 플라톤이 말하는 이데아라면, 선 자체는 절대적인 이데아가 아니라 모든 이데아의 특성 또는 가치의 특성을 전적으로 확립한다. 따라서 선은 모든 가치의 '최상단'에 있는 것이 아니라, 전체로서 이러한 가치 질서를 가로지르며, 그 안의 각 단계에 직접적으로 관련된다. 선은 가치 세계의 모든 지점을 근거 지으면서 거기에 현재한다. 그러므로 어떤 가치를 그 자체로 실제적인 것으로 파악하려면, 그 가치는 선 자체와의 관계에서 보아야 한다.

인간의 본질과 변화하는 요소와 함께 개별 존재와 시간에 의존하는 요소들로 이루어진 이 상황은 높이와 깊이에 따라 근본적으로 구분할 수 없는 단계로 발생한다. 그리고 하느님께서 상황의 일부라는 것, 말하자면 하느님께서 소명, 역사, 순간이 요소를 형성하는 섭리의 주님으로서 상황을 전적으로 그리스도교적으로 결정하신다는 것이다.

최고선 또는 선 자체는 가치 의식의 단순한 범주가 아니며, 그 외의 모든 것을 지탱하는 존재의 궁극적인 질서도 아니다. 오히려 선 자체는 절대적인 존재, 더 정확하게는 신神이다. 플라톤은 이 선을 간결하고 엄격하게, 가능한 신성을 배제하고 규정한다. 심지어 선이 절대적 존재라는 결론은 《국가》 6권의 마지막 긴 구절에서 더 많은 내용이 준비되었지만, 실제로 그렇게 도출되지는 않는다. 하지만 이러한 결론은 특별히 매우 정확하고 강력한 힘으로 준비되었기 때문에, 사유의 과정에서 필연적으로 도출될 수밖에 없었다. 선은 이데아들에게 본연의 특성을 부여하여 이데아들의 타당성을 근거 짓고, 사물의 의미를 확립한다. 즉 선은 사물을 본질적이고 사유할 수 있게 만든다. 더 나아가서 선은 사물의 실재성을 근거 짓고, 그 실재성에 의해 이데아들은 사물의 실재성을 근거 지음으로써 사물은 가상적인 것이 아니라 본질, 능력, 저항성을 자신 안에 지니게 된다. 따라서 선은 모든 타당성과 존재의 궁극적인 토대이다. 이는 이데아들 안에서뿐만 아니라 이데아들로부터 파생된 사물 자체에서도 그러하다. 모든 타당성과 실재성은 선에 의해 본래적으로 형성되고 선에 의해 작용하며, 동시에 모든 이해와 명명을 뛰어넘는다. 그러므로 사유는 이렇게 규정된 선에서 절대적 본질을 인식하는 단계를 피할 수 없다. 그 사이에 절대성이 물질과 시간에 대해 어떻게 근거가 될 수 있는가라는 물음이 여전히 남아 있다. 플라톤은 선이 '신'이라는 두 번째 결론을 유보하며 신적인 것을 명시적인 규정에서 배제한다. 그러나 이 신적인 것은 다른 곳에서 유입된다. 태양의 비유, 전체의 신비로운 특성, 장면과 말이 불러일으키는 감동에서 이러한 점이 나타난다. 여기에서 모든 것이 준비된다. 이에 해당되는 종교적 체험과 철학적 동기가 결합하는 순간, 결론이 도출된다. 말하자면 최고선이라는 개념이 가리키는 철학적으로 궁극적인 것은 동시에 그리스-헬레니즘적 경험의 발전에서 비롯된 종교적으로 궁극적인 것, 곧 가장 높고 단순하며 모든 것을 근거 짓고 모든 것을 포괄하는 신성이다. 최고선의 개념은 스토아주의와 신플라톤주의의 종교적 체험에서 경험한 신적인 실재의 이론적인 해석이 된다.

이제 우리는 '복된 삶'의 진정한 규정 앞에 직면해 있다. 이는 최고선에 참여하는 복된 삶을 말한다. 최고선은 절대적인 존재이다. '역사', '소명', '순간'이 세계의 인간 존재에 부여하는 가치를 발견할 수 있을 때까지, 인간 존재의 의미에 대한 유한한 가치를 파악하는 것은 근대의 몫으로 남아 있다. 헬레니즘과 로마 후기 사상에서는 특히 절대적 가치, 선, 존재자 자체가 중요하며, 이것들은 영원한 진리, 선성, 아름다움으로 향하는 삶으로서 '복된 삶'을 규정한다.

이 개념적 구조에 종교적 요소가 들어선다. '복된 삶'은 선한 것, 참된 것, 존재하는 것의 개념이 개념적 해석을 서술하는 신성한 실재에 참여하는 것이다. 이처럼 가장 강력하고 유익한 형태에서 돌

아보고 내면화하고 참여하는 행위는 신비적 체험의 특성을 띤다.[28]

쇠퇴하는 고대의 모든 것들 안에서 인간 존재의 덧없음, 죽음, 유한한 것의 불충분함에 대해 항상 더 강력해지는 느낌은 특별한 의미를 얻게 된다. 이러한 영향 아래서 지속적이고 불멸하고 영원히 살아 있는 것에 대한 갈망은 항상 더 강해지고, 종교적으로 이해되는 절대자에 대한 수용성은 항상 더 커진다. 여기서 '복된 삶'은 지상의 덧없음에서 벗어나고 영원히 신적인 것을 향하는 현존재가 된다. 플라톤은 이에 대해도 이미 결정적인 예비적 밑그림을 제시했는데, 이는 《파이돈》과 《국가》에서 보여 주는 진정한 철학의 모습에서 나타난다. 사유적이고 행위적인 결론은 이미 근거가 있으며, 필요한 것은 단지 그에 상응하는 현존재의 경험과 종교적인 내면화와 유한한 것에서 벗어난 금욕주의와 함께하는 '복된 삶'에 대한 추구이다.

'복된 삶'에 대한 아우구스티노의 생각은 영혼적이고 정신적인 그의 고유한 성향에 의해 받아들여진 시대의 분위기, 정신사적이고 문학적인 전통과 같은 이러한 모든 동기들이 계속해서 작용한다. 그러나 결정적인 것은 그리스도교 계시의 의미 맥락으로 이끌려서 이 계시에 의해 변형된다.

---

28 그러나 이 점은 플라톤과 이데아의 관계에서 이미 드러난다는 점이 강조되어야 한다. 이에 대해서는 파울 프리들랜더Paul Friedländer의 《Platon: Eidos, Paideia, Dialogos》 (Berlin u. Leipzig 1928), 특히 '다이몬과 말할 수 없음Daimon und Arrheton'에 대한 장을 참조.

이데아의 개념과 그와 관련된 유한성을 통해서, 본질과 가치, 존재 간의 특별한 관계를 통해서, 에로스와 인식과의 관계를 통해서 규정되는 '복된 삶'이라는 개념으로 향하는 모든 맥락은 플라톤이 확립하고 신플라톤주의에서 문제시되고 끝까지 사유되는 인간 존재에 대한 고전적인 해석 중 하나이다. 이는 하나의 해석일 뿐이며 다른 해석도 있다. 예를 들어 아리스토텔레스가 이론적으로 근거를 지은 것, 또는 헤라클레이토스가 의미한 것으로 보이며 근대 사상에 와서야만 비로소 관계와 기능에 대한 지배, 그리고 유한성에 대한 의식과 자기 지배 의식의 독특한 결합으로 도출되는 것이 그것이다. 이러한 해석 각각은 진리와 오류의 가능성이 있으며 이는 역사, 소명과 순간, 상황과 과제라는 불리는 전체에 속한다. 중요한 것은 그 가능성과 한계에 대한 우리의 의식이 얼마나 분명한지, 봉사와 자기 극복에 대한 준비가 얼마나 순수한가이다.

그리스도인으로서의 존재는 단지 인간 존재에 대한 하나의 해석이 아니다. 그리스도인으로서의 존재는 인간 존재 그 자체이다. 그 인간 존재는 그리스도 안에서 하느님께 부름받고 파악된다. 인간 존재가 시간 속에서 전개되는 즉시 그것은 역사, 소명, 순간으로 들어가서, 대상과 행위, 느낌, 의지, 인식과 형성된 것, 개별적 삶과 전체적 삶 등 세계의 인간 현존재에 주어진 재료들을 자신의 봉사를 위해 받아들인다. 이러한 재료들은 고유한 자신의 존재를 이해하고 자신의 힘을 발휘하기 위해 사용된다. 그러나 이 모든 것은 비판을 받고 타락성을 드러냄으로써, 이를 정화하고 변형시키는 회개 metanoia로 이끈다. 이 과정에서 물론 그리스도교 자체가 다양한 유혹의 위험에 처하게 된다.[29] 이는 역사 안에서 이루어진 정신적 작업에서 유래한 인간 존재에 대한 위대한 해석들에서 나타난다. 이러한 해석자들은 "영혼을 포기해야 영혼이 찾을 수 있다."는 회심으로 부름을 받았다. 이런 영혼은 자신의 자율성을 희생하고 자신의 특정한 상실을 표현하는 주장을 포기한다. 말하자면 진리가 존재한다는 주장의 진정성, 또는 진리가 존재하지 않는다는 반대 주장의 허무함을 설득력 있게 드러내는 주장을 포기하는 것이다. 이 영혼은 믿음의 권위에 복종함으로써 단절시키고 변화시키는 그리스도의 모습에 사로잡히게 된다.

이것이 바로 앞서 언급된 인간 존재에 대한 해석에서 일어난 일이다. 이처럼 그리스도교 요소의 획득에 있어서 고전적인 과정을 혼합주의로 단정하는 것은 비종교적일 뿐만 아니라 다소 성급한 생각이다. 사실 가장 풍부하게 그리스도교적으로 실현된 것은 여기서처럼 사유의 의도와 형태, 평가와 해석, 인간 실존의 체험뿐만 아니라 그 모습의 형성이 '포기'된 다음에 '재발견'되고 '성취'되는 방식이다. 많이 회자되는 '역사성'이 어떻게 다르게 나타날 수 있겠는

---

29 나는 1935년 마인츠에서 출간된 논문 모음집 《*Unterscheidung des Christlichen*》의 다양한 기고문에서 그리스도교에 관한 세계의 다양한 유혹을 서술하려고 노력했다. 이와 관련해서 《*Hölderlin: Weltbild und Frömmigkeit*》를 참조.

가? '순수한 원시 그리스도교성'의 보존으로서 이러한 역사성은 오히려 내용이 없는 빈껍데기를 의미하지 않는가? 요한이 '진리', '빛', '사랑'으로서, 태도와 존재의 '완전함'으로서, 가치와 행복으로서, 그리스도 안에서 은총과 과제로서 우리에게 주어진 '생명'에 대한 이해는 그리스도교적으로 주어진 '복된 삶'이다. 여기서는 관련 요소들의 동시적 진행과 변형을 입증할 여유는 없다. 아마도 독자들은 이러한 점을 염두에 두고 요한 복음서와 요한의 첫째 서간을 살펴보는 멋진 과제에 도전할 수 있다. 그렇게 한다면 아우구스티스에 대한 이해뿐만 아니라 그리스도교적 인식에 있어서도 많은 것을 얻을 수 있다.

아우구스티노가 그리스도교적인 인간 실존의 발견자인 바오로와 깊은 관련이 있음에도 불구하고, 요한은 그의 진정한 스승이다. 요한에 대한 논고들, 《삼위일체론》, 그의 모든 작품에서 수많은 구절들은 이러한 점을 입증한다. 특히 그의 작품들은 요한의 정신이 도처에 깊고 분명하게 스며들어 있음을 보여 준다. 아우구스티노는 요한을 통해 신약 성경에서 자신의 존재 방식과 사유 방식을 본래적으로 발견한 모범적인 인물이다.

계시를 통해서 세상으로 나오는 것은 '가치'가 아니라 이미 말했듯이 살아 있는 하느님과 모든 것을 변화시키는 의지이다. 성경에서 재차 강조하듯이, 이렇게 세상에 나오는 것은 가치적 성격을 지니며, 더욱이 절대적이다. 하느님의 나라는 절대적인 가치를 주장하면서 그에 상응하는 가치의 힘으로 인간에게 다가온다. 세상의 가치를 포기함으로써 얻을 수 있는 '진주'와 '보물'은 '많은 것'이 아니라 '모든 것'이다. 그 가치는 더 높을 뿐만 아니라 세상에서 있는 모든 가치와 다르다. 그 가치는 세상의 가치를 전도시킨다. 산상설교는 이러한 가치 판단에 대한 재평가를 가장 순수하게 표현한 다. 하지만 세상과의 관계가 세상과 무관하지 않다. 왜냐하면 상과 벌이 있으며, 그에 대한 잣대인 심판도 있고, 은총의 새로운 인간 존재 안에 지상적인 것의 구원과 완성이 있기 때문이다. 그 밖에도 많은 것을 말할 수 있을 것이다.

공관 복음 사가들은 더 넓은 세상과 인간 존재의 접촉과 대립 이전 최초의 모습으로 새로운 점을 보여 준다. 이들은 이에 대해 보도한다. 그러나 바오로와 요한은 다르다. 이들에게서 그리스도교적인 침투와 개방은 세상과의 투쟁에서 이미 시작되었다. 특히 요한은 앞서 언급한 동일한 인간 존재에 대한 해석의 체계를 사용한다.

아우구스티노는 이러한 의미에서 '복된 삶'에 대한 고유한 작품을 썼다. 그것은 《행복한 삶 De beata vita》라는 작품이다. 아우구스티노가 세례받기 바로 직전에 카시키아쿰에서 저술한 이 작품은 이미 모든 본질적인 내용을 담고 있다. 《고백록》에서도 이에 대해 더 상세하게 언급한다. 《고백록》 10권 20장에서는 기억, 곧 의식적 내면성에 대해 이미 여러 번 언급된 서술과 관련해 복된 삶이라는 표상은 어디에서 비롯되었는가라는 물음이 시작부에서 제기된다.

"주님, 그러면 제가 어떻게 당신을 찾습니까? 저의 하느님이신 당신을 찾을 때 저는 복된 삶을 찾기 때문입니다. 제 영혼이 살 수 있도록 당신을 찾고 싶습니다. 제 육신은 제 영혼으로 살고, 제 영혼은 당신으로 살기 때문입니다. 그렇다면 저는 어떻게 복된 삶을 찾을 수 있습니까? 제가 [내면의 통찰로] '그것으로 족하다. 바로 여기 있다!'라고 말할 수 없는 한 제게는 복된 삶이 없기 때문입니다."(10,20,29)

이 구절에는 많은 것이 표현되어 있다. 여기에는 인격성의 본질적 중심에서 솟아나고 그것과 관련된 가치를 통해 최고의 지위를 갖는 복된 삶에 대한 추구, 이러한 가치와 그와 관련된 삶에 범주적 존엄성을 부여하는 진리의 타당성의 특성, 그리고 최고의 가치가 하느님, 더욱이 살아 있는 계시의 하느님이시라는 것, 그분에게서 영혼으로, 영혼에서 몸으로 이끄는 근본적인 관계 등이 속한다. 이러한 점들에 대한 사유는 다음의 인용에서 이어진다.

"주님, 당신께 고백하는 당신 종의 마음에서 그런 생각을 멀리 하소서. 제가 어떤 기쁨으로 기뻐하든지 그것으로 제가 복되다고 믿는 것에서 멀게 하소서. [참된 기쁨은] 믿음이 없는 사람들에게 주어지지 않고, 당신 때문에 당신을 섬기는 이들에게 주어지는 기쁨으로서 그들의 기쁨은 당신 자신입니다. 당신 곁에서, 당신을 위해, 당신 때문에 기뻐하는 것만이 복된 삶입니다. 그것 말고 다른 복된 삶은 없습니다. 하지만 다른 것이 있다고 생각하는 사람들은 다른 기쁨을 좇아가고 참된 기쁨은 좇지 않습니다. 그렇더라도 그들의 의지는 기쁨에 대한 어떤 상에서도 벗어나지 않습니다."(10,22,32)

이 구절에도 풍부함과 정확함이 있다. '기쁨'은 그것이 지향하는 가치에 따라서 구분된다. '복된 삶'을 형성하는 본래적인 기쁨은 하느님 곁에서의 기쁨으로서, 거룩한 하느님의 가치에 대한 참여로서 규정된다. 이 기쁨은 무언가 때문에 '행복한' 것이 아니라 범주적인 엄밀함에서 보자면 '그 자체를 위해' 나타난다. 이 기쁨은 '최고의 가치'를 긍정함으로써 실현되지 않고, 살아 있는 하느님과 인격적으로 만남으로써, 곧 부르심, 섬김, 사랑으로 실현된다.

20장과 23장 사이에는 '복된 삶' 개념의 범주적 특성에 대한 물음이 더 자세히 논의된다. 복된 삶의 표상은 절대적으로 유효하다. 희미하더라도 누구나 이 표상을 지니고 있다. 그렇다면 개인은 어디서 이 표상을 얻게 되는가? 그가 결코 복된 삶 자체와 만나지 않고 항상 유한한 형태의 행복만을 만나며, 그것도 대략적으로만 접근한다는 것이 분명하다면 어떻게 되는가? 더 나아가서 모든 사람이 '복된 삶'을 완전하게 행복이 충만한 상태라는 의미로 원하지만, 개별적으로는 행복이 그야말로 다양한 방향에서 찾는 것도 분명하다면 어떻게 되는가? 행복을 찾지 못했을 뿐만 아니라 찾을 수 있는 희망이 사라졌을 때에도 찾음이 계속되어야 하는가? 이러한 논의는 놀라울 정도로 생기가 넘친다. 아우구스티노가 이 문제를 얼마나 면밀하게 파악하고 있는지, 그리고 논리적 측면에서나 심리적 측면에서 이 문제를 얼마나 유익하게 다루고 있는지는 다음 구절에서 나타난다.

"저는 여기서 제가 어떻게 [복된 삶을] 찾는지 말해야 하겠습니다. 마치 제가 그것을 잊어버렸지만 잊었다는 사실을 여전히 간직하는 기억을 통해서입니까? 아니면 결코 그것을 알지 못하는 것처럼 미지의 것을 알려는 열망을 통해서입니까? 하지만 제가 그것을 완전히 잊어버려서 그것을 잊었다는 사실조차도 기억하지 못할 수도 있습니다. 복된 삶은 모든 사람이 원하는 것이며, 결코 그것을 원하지 않는 사람이 없지 않습니까? 그렇다면 그들은 복된 삶을 원한다는 것을 어디서 알게 되었습니까? 그들이 복된 삶을 어디서 보았기에 그토록 좋아하게 되었습니까?

저는 어떻게 해서인지는 모르지만 저희는 분명히 복된 삶을 갖고 있습니다. 누구나 복된 삶을 가질 때 그 행복의 양상은 다릅니다. 심지어 복된 삶을 희망하면서 행복하다는 사람들도 있습니다. 이들은 이미 실제로 행복한 사람들에 비하면 덜하게 복된 삶을 지니지만, 그럼에도 그들은 실제로도 희망으로 행복하지 못한 사람들보다는 더 나은 셈입니다. 하지만 그들도 어떤 식으로든지 복된 삶을 지니지 못했다면, [불확실함에도 불구하고] 그렇게 [필연적이고 간절하게] 행복하려고 원하지 않았을 것입니다. 그러나 그들이 복된 삶을 원한다는 것은 아주 확실합니다.

저는 그들이 [복된 삶을] 어떻게 알게 되었는지 몰랐지만, 그들은 제가 모르는 지식으로 복된 삶을 알았기에, 이 지식이 과연 기억 속에 존재하는지를 확인하려고 노력하고 있습니다. 이 지식이 기억 속에 있다면, 저희도 이미 언젠가는 행복한 적이 있었다는 의미가 되기 때문입니다. 모든 사람들이 개별적으로 행복했는지, 아니면 [모든 사람들이] 최초로 죄를 범하고 저희 모두도 죽은 그 사람 안에서, 그 사람으로 인해 모두가 불행하게 된 그 사람 안에서 행복했는지는 지금은 묻지 않습니다. 제가 지금 묻는 것은 복된 삶이 기억 속에 있느냐는 것입니다. 저희가 복된 삶을 알지 못한다면 그것을 사랑하지 못할 것입니다. 저희는 복된 삶이라는 말을 듣고서, [즉시] 저희 모두가 그것을 갈망한다고 인정합니다. 그 말의 소리만으로 기뻐하는 것은 아닙니다. 그리스인이 그 말을 라틴어로 듣는다면, 그는 그것이 무슨 말인지 모르기 때문에 기뻐하지 않습니다. 그가 그리스어로 그 말을 들을 때 [기뻐하는] 그런 것처럼 그렇게 저희는 기뻐합니다. 그 자체는 그리스어도 라틴어도 아니지만, 그리스 사람과 라틴 사람이 갈망하는 것이며, 다른 언어를 사용하는 모든 사람들도 마찬가지입니다. 따라서 복된 삶은 모두에게 알려져 있습니다. 그들이 행복해지고 싶냐고 [모두가 이해하는] 한마디 말로 물을 수 있다면, 그들은 서슴없이 그러고 싶다고 대답할 것입니다. 하지만 복된 삶이라는 말을 나타내는 어떤 것 자체가 그들의 기억 속에 간직되지 않았다면 그런 일은 일어나지 않을 것입니다."(10,20,29)

개념의 '선험적' 특성과 그에 의해 규정되는 태도에 대한 물음은 참신한 경험에서 제기되는 동시에 방법론적으로 매우 명확하다. 아우구스티노의 대답은 이데아와 그 조명에 대한 자신의 이론에 있다. 복된 삶의 이데아가 있다. 나는 이 이데아의 관념 아래에 살고 있다. 내가 어떤 식으로 생각하고 판단하고 행위하는 순간, 말하자면 정신적으로 사는 순간, 이 이데아는 이미 그 안에 나타난다. 이데아는 유효한 기준으로 느껴지고, 진정한 것을 찾아가게 하며, 다른 것이 성취되는 것처럼 보이는 것을 용납하지 않고, 올바른 인식과 가치 판단에서 스스로를 입증하며, 최종적으로 가치가 충만하다는 의식에서 행복하게 살아 있음을 불러일으킨다.

그렇다면 이것은 어떤 종류의 '선험적인 것'인가? 이데아는 어떤 존재와 관련이 있는가? 단순히 본성적인 것과 관련된 것은 아니다. 그것은 내면 세계의 완전성의 규범이 아니며, 본성적 의식의 구조에 속하는 올바른 판단의 형태가 아니다. '복된 삶'은 그리스도 안에서 성령을 통해 당신 자신을 계시하시는 하느님의 생명에 참여하는 것이다. 따라서 우리는 '복된 삶'의 이데아에서 계시에서 처음으로 등장하는 하느님께서 뜻하신 인간의 이데아, 은총에 해당하는 범주, 또한 그렇게 말할 수 있다면, '초자연적인 이성'과 하느님과 만나는 마음의 선험적인 것을 알아볼 때, 아우구스티노를 제대로 이해할 수 있다. 23장에서는 마침내 진정한 '복된 삶'의 범주적인 특성과 인간의 실제적인 무지와 잘못된 길 사이에 있는 모순을 살펴본다.

"모든 사람이 행복하기를 원하는지는 확실하지 않습니다. 왜냐하면 유일한 복된 삶인 당신으로 기쁨을 누리려고 하지 않는 사람들은 복된 삶도 바라지 않을 것이기 때문입니다. 아니면 모두가 행복해지려고 바랍니까? 오히려 '육이 욕망하는 것은 성령을 거스르고, 성령께서 바라시는 것은 육을 거스릅니다. 이 둘은 서로 반대되기 때문에 여러분은 자기가 원하는 것을 할 수 없게 됩니다.'[갈라 5,17] 그래서 자신들이 할 수 있는 것에만 빠져들어서 그것에 만족하고서, 자신들이 할 수 없는 것은 [그럼에도] 그것을 할 수 있기 위해서 필요한 만큼 욕심을 내지 않으려는 것이 아닙니까?

그렇다면 제가 모든 사람이 거짓보다 진리를 두고 더 기뻐하고 싶은지 묻는다면, 그들은 행복해지고 싶다는 말을 주저 없이 하듯이, 진리를 더 원한다는 말을 주저 없이 합니다. 그러니 복된 삶은 진리에 대해 기뻐하는 것입니다. 이는 '진리'이시며, 오 하느님, '저를 비추시는 분, 제 얼굴을 살려 주시는 분, 저의 하느님'이신 당신께 대한 기쁨이기 때문입니다.

이 복된 삶을 모두가 원합니다. 유일하게 행복한 이 삶을 모두가 원합니다. 모두가 진리에 대한 기쁨을 원합니다. 남을 속이는 사람은 많이 보았지만, 속고 싶어하는 사람은 보지 못했습니다. 그렇기 때문에 진리를 알게 된 곳이 아니라면, 이 거룩한 삶을 어디서 알게 되었겠습니까? 사람들은 속고 싶어 하지 않기 때문에 이 진리를 사랑하고, 진리에 대한 기쁨과 다르지 않는 복된 삶을 사랑한다면, 진리 자체 또한 무조건 사랑하는 것입니다. 하지만 사람들의 기억 속에 진리에 대한 어떤 앎도 없었다면, 진리를 사랑하지 못할 것입니다.

그렇다면 사람들은 왜 진리에서 기쁨을 얻지 못하는 것입니까? 사람들이 왜 행복하지 못할까요? 그것은 사람들이 희미하게나마 기억하는 행복한 것보다 사람을 더 불행하게 만드는 다른 것에 더 강하게 사로잡혀 있기 때문입니다. 그래도 사람들 안에는 '잠시 동안이지만 빛이 존재'합니다. 그러기에 '어둠이 그들을 덮치지 않도록'[요한 12,35 참조] 걸어가야 합니다.

그렇다면 왜 '진리가 미움을 낳고' 진리를 선포하다가 그들에게 원수가 된 것입니까? 복된 삶이 사랑받고, 복된 삶 자체는 진리에 대한 기쁨 외에 다른 것이 아닌데도 말입니다.

모두가 자신들이 사랑하는 것은 무엇이든지 진리로 여겨서 그런 진리를 사랑하기 때문에, 그리고 속고 싶지 않기 때문에 그렇다면, 그들은 왜 자신들이 잘못되었다는 사실을 시인하지 않으려고 그렇게 한다는 것입니까? 따라서 그들은 [잘못되게] 진리로 사랑하는 그것 때문에 [참된] 진리를 미워하는 것입니다. 그들은 진리가 빛을 발할 때는 사랑하지만, 진리의 심판은 미워합니다. 말하자면 그들은 속지 않으려고 하지만 스스로를 속이려고 하기 때문에, 그들[사람들]은 진리가 스스로를 드러낼 때는 진리를 사랑하지만, 진리가 자신들[사람들]을 드러낼 때는 미워합니다.

진리에 의해 드러나지 않으려는 사람들에게 그들의 의지에 반해서 이렇게 되갚음으로써, 진리는 그들이 싫어해도 드러나지만 진리 자체는 그들에게 드러나지 않습니다. 이다지도 인간 정신은 악착같이 눈멀고 병들고 음흉하고 사악하게 자신을 숨기고 싶어 합니다. 하지만 자신에게 무언가가 숨겨지는 것은 원하지 않습니다. 그러나 그 반대의 일이 일어납니다. 자신은 진리 앞에 숨겨져 있지 못하고, 오히려 진리가 그에게 숨겨지게 됩니다. 그렇지만 비참한 처지에서도 인간은 거짓에서보다 참된 것에서 기쁨을 누리려고 합니다. 진리에 번거롭게 방해하는 것이 끼어들지 않는다면, 행복할 것이고, 모든 것을 참되게 만드는 진리만으로 기쁨을 누릴 것입니다."(10,23,33과 34.)

10
인간 존재에 대한 경탄

아우구스티노의 《고백록》에는 인간 존재의 불투명한 본질에 대한 매우 원천적인 의식이 드러난다. 이러한 불투명한 모호함은 자신의 고유한 삶의 오류와 일탈을 되돌아볼 때 분명하게 드러나는 인상적인 종교적 느낌일 뿐만 아니라 이론적인 물음을 제기하게 한다. 그렇다고 아우구스티노가 인간을 과소평가한 것은 아닐 것이다. 그는 인간의 곤경, 한계, 실수, 악을 강력하게 경험함에도 불구하고, 인간을 위대하고 풍부한 의미를 지닌 존재로 바라보는 것을 멈추지 않는다.[30]

---

30 이 점에 대해서는 로마노 과르디니, 《그리스도인의 의식 Christliches Bewußtsein》, 126쪽 이하와 172쪽 이하 참조.

아우구스티노는 사물과 인간, 그리고 존재 전체의 아름다움을 매우 생생하게 느낀다.

"이 땅에 살고 있는 우리의 삶은 고유한 아름다움 때문에, 이 땅의 모든 아름다운 것과의 조화로움 때문에 매력을 지닙니다."(2,5,10)

아름다움에 대한 느낌은 아우구스티노가 사물들의 유혹적인 매력에 대해 말하는 《고백록》 10권 전체에서 특히 강하게 표현된다(34장). 앞서 언급한 2권 5장에서처럼 그것이 존재하는 한에서 모든 것, 심지어 악행과 악인도 가치 있고 아름답다고 언급하는 구절에서 이러한 생각을 극단적으로 전개한다. 아우구스티노에게 정신의 힘은 의심할 여지 없이 위대하다. 기억에 대해 다루는 10권은 진정한 찬가이다. 특히 8장은 이를 훌륭하게 표현한다. 아우구스티노는 전반적으로 인간 정신의 힘뿐만 아니라 그 자신의 고유한 능력, 곧 자신 안에서 가득히 끓어넘치고 급박하게 재촉하는 창조적인 힘도 느낀다. 이에 대해서는 II부에서 더 자세히 다룰 것이다.

･ ･ ✦ ･ ･

그는 한결같이 독특한 인격의 가치와 그 존재를 감지한다. 우리는 이를 종교적인 감탄에서 듣게 된다.

"오, 선하시고 전능하신 당신, 당신께서는 우리 한 사람 한 사람을 마치 한 사람뿐인 것처럼 돌보시며, 저희 모두를 마치 항상 한 사람의 개별자인 것처럼 돌보십니다."(3,11,19)

사물의 가치, 존재하는 것의 의미, 사건이 밀접하게 얽혀 있는 의미는 어디서나 그의 감정 속으로 끊임없이 파고든다. 존재하는 모든 것은 영원한 형태로 가득 차 있기 때문에, 아우구스티노가 자신을 발견하는 세계는 어디에서나 충만한 의미를 갖는다. 이데아 이론으로 추상적으로만 사유하는 사람은 지상적인 것에 대해 무관심해질 수 있지만, 이데아 이론으로 구체적으로 살며 바라보는 사람은 그렇지 않다. 후자는 존재하는 것의 충만한 의미를 느낀다는 점에서 이데아를 정확하게 파악한다. 그에게 이데아에 참여하는 경험은 소중하며 실현해야 할 과제이다. 그렇기 때문에 형이상학적 상승을 위해서 세상을 떠났던 플라톤이 인간을 형성하기 위해 다시 세상으로 돌아오는 것이다. 플라톤주의자가 그리스도인이 된다면, 그는 유한한 것이 하느님에 의해 창조되고 구원됨을 알기 때문에, 이를 새롭게 사랑해야 한다. 하느님의 아들인 거룩한 로고스 자신이 사람이 되셔서, 역사 속에 서서 지상의 실재를 거룩하게 만들었다. 아우구스티노는 유한한 것의 의미에 대해 이러한 느낌과 생각으로 가득 차 있다. 이렇게 아우구스티노가 발견한 세계는 거대하다. 이러한 의식의 밑바닥에서야 이 의문스러운 세계에 대한 체험이 그 본래적인 특성을 얻게 된다. 이러한 체험은 이미 인간 존재의 특별함에 대해 항상 반복적인 감정에서 나타난다.

《고백록》 1권에서 아우구스티노는 청소년의 교육에 대해 말하면서, 선생과 학생이라는 교육하는 관계가 얼마나 모순적인 것인지 놀라움을 금치 못한다. 교육자들은 자신들의 품위와 권리를 내세우지만, 그들 스스로는 교육받지 못했다. 아이들에게 요구하는 것을 그들 자신은 행하지 않는다. 아이들을 질책하는 내용들은 모두 어른들에게서 발견할 수 있다. 그들은 단지 발뺌하고 지칭을 달리 할 뿐이다. 그래서 화자는 어른들에 맞서서 아이들의 편에 선다. 그의 아이러니하고 동시에 연민 어린 시선은, 이 특별한 경우에 일반적인 인간의 비참함과 오만함을 직시하며, 그의 마음은 깊은 곳에서 알고 사랑하면서 이 모든 복잡한 문제를 하느님 앞으로 가져간다. 그러나 또한 아우구스티노는 항상 인간 마음의 이해할 수 없는 면, 모순, 어리석음, 그리고 의미와 무의미, 쾌락과 고통, 선과 악의 얽힘을 재차 맞닥뜨린다. 이 책의 II부에서는 종종 이러한 문제를 함께 살펴볼 것이다. 이러한 일반적인 인상은 특별한 형태로 집중된다. 여기에는 자신의 인간 존재에 대한 놀라움이 나타난다.

아우구스티노는 자신이 시작되었다는 점에 대해 경탄한다.

"제가 달리 무엇을 말씀드리겠습니까? 제가 어디로부터 여기로 왔는지도 모르는데, 그러니까 죽을 생명이라고 해야 할지 산 죽음이라

고 해야 할지를 제가 모르는데도 말입니다."(1,6,7)

이 물음은 '인간'이 어떻게 생기게 되었는지에 대한 것이 아니라, 아우구스티노 자신이 어떻게 되었는지에 대한 것이다. 호모 사피엔스라는 종의 유래와 개인의 역사를 묻는 것, '인간'이라는 생명체의 유래와, '나는 어디에서 왔는가?'를 묻는 것은 전혀 다른 문제이다. 전자는 일반적인 자연 과학적 문제이고, 후자는 나의 유일회적인 인간 존재의 무게 전체를 짓누르는 실존적인 물음이다. 내가 그런 질문을 하고 내가 나에 대해 물어보는 것 자체가 이미 이상하지 않은가? 내가 나 자신을 이해하지 못한다는 것이 깊은 의문을 불러일으키지 않는가?

자신의 시작이 지닌 경이로움은 자신의 삶의 모든 기억에 들어 있다. 이는 모든 자서전의 첫 장을 장식하는 신비로운 매력이다.

'제가 달리 무엇을 말씀드리겠습니까? 제가 어디로부터 여기로 왔는지도 모르는데, 그러니까 죽을 생명이라고 해야 할지 산 죽음이라고 해야 할지를 제가 모르는데도 말입니다.'

이렇게 앞에서 인용한 두 번째 문장은 첫 번째 문장 안에 물음 자체로 들어가 있다. 나는 이것이 첫 번째 문장이 의문을 야기할 여지를 만들어서 독자의 호기심을 자극하는 것이라고 말하고 싶다.

하지만 아우구스티노는 이 구절 바로 앞에서 이미 이러한 물음의 성격을 설명하고 있다.

> "그럼에도 흙이자 재인 제가 당신의 자비에 대해 말하게 해 주십시오. 보십시오. 제가 말하는 것은 저를 비웃는 인간이 아니라 당신의 자비입니다. 아마 당신마저도 저를 비웃으실지 모르겠지만, '저를 돌아보시어 자비를 베푸소서.'[시편 86(85),16]"

인간은 최종적인 물음, 곧 자기 자신에 대한 물음에서는 홀로 있다. 그가 자기 자신에게 돌아오자마자 답을 찾지 못한다는 것은 그가 유한한 존재일 뿐이라는 것을 나타내는 표현이다. 그러나 바로 이것이 이 물음을 어둡고 무겁게 만들 뿐만 아니라 매우 이상하고 독특하게 만든다. 만일 인간만 존재하고 물음이 향하는 인간 주위의 공간이 오직 인간의 공간, 세계의 공간이라면, 형이상학적으로 우스꽝스러울 정도로 이상하다.[31] 그러나 하느님께서는 거기에 계

---

[31] 그리스도인은 이러한 끔찍한 형이상학적 우스꽝스러움을 니체의 작품 속에서 전체적으로 서서히 성장하는 근대의 유한주의에서 감지한다. 도스토옙스키가 한갓된 유한성의 예언자인 키릴로프를 결국 광기에 빠져 꼭두각시 인형처럼 얼어붙게 만들거나, 호두까기 인형으로 만들어 버린다면, 그것은 감추어진 힘을 드러내는 통찰이다(로마노 과르디니 《도스토옙프스키의 작품에서 종교적 인물들 Religiöse Gestalten in Dostojewskijs Werk》, 245쪽 이하 참조). 이는 일반적으로 웃음과 조롱의 기괴한 현상이다! 이에 대해 에르네스트 헬로Ernest Hello는 자신의 작품 《인간 L'Homme》에서 매우 깊이 있게 말했다.

신다. 그분은 우리가 "그분 안에서 살고 움직이며 존재"[사도 17,28 참조]하는 공간 자체이며, 사랑이시다. 따라서 하느님께서는 어디서나 듣고 계신다. 어떤 곳에서, 어느 시간에 말하든, 각각의 말은 그것을 온전히 듣는 분의 귀를 찾으며, 자신의 인간 존재에 대한 두려운 질문을 나무나 세상의 물체에게 물어보는 말도 안 되는 무의미함의 공포에 굴복하지 않는다는 것은 얼마나 놀라운 일인가! 그럼에도 자신의 시작에 대해 알지 못해서 자기 자신에 대해 묻는 유한한 존재의 특별함은 너무 엄청나서 "아마 당신마저도 저를 비웃으실지 모르겠지만"이라고 말한다. 하지만 하느님께서는 다시 '몸을 돌리셔서 가엾게 여기시는' 분이시다. 유한성의 끔찍한 희극은 사랑에 의해 받아들여진다.

아우구스티노는 그다음 구절에서 다음과 같이 말한다.

"육신의 부모에게 듣기로는, 당신 자비로부터 오는 위안으로 저를 받아 주셨다는 것입니다. 그[부모] 안에서 당신께서는 저를 시간 안에 빚으셨습니다. 하지만 저는 그것을 기억하지 못합니다."

이는 의식하지 못하는 자기 생각의 고유한 크기에 대한 놀라운 예로서 하느님의 사랑하는 모든 실재를 통해서 갓 태어난 아기를 둘러싼 구체적인 보살핌으로 이어진다. 그러나 시작에 대한 경이로움의 반대편에서, 곧 마지막의 전율과 그것을 넘어서 시작도 끝도 없는 하느님의 위엄에 압도되어 다음과 같은 물음이 제기된다.

"제 어린 시절은 죽었지만 저는 살아 있습니다.
그러나 주님, 당신께서는 항상 살아 계시고 당신 안에서 어떤 것도 죽지 않습니다. 그것은 이전이라고 부를 수 있는 모든 시간의 시작 이전에, 당신께서는 그 이전에 계셨고, 당신께서는 창조하신 모든 것의 하느님이시자 주님이시기 때문입니다. 당신께는 변덕스러운 모든 것들의 원인들이 있고, 변하는 모든 것들의 변하지 않는 원천들이 있으며, 이성이 없고 시간적인 모든 것들의 영원한 이성적 형상들이 당신께 살아 있습니다. 주님, 당신께 도움을 간청하는 저에게 말씀해 주십시오. 자비로우신 당신, 당신께 속하는 자비를 필요로 하는 저에게 저의 어린 시절이 과연 제 인생의 다른 시간이 이미 지나가 버린 후에 따라오게 되었는지 말씀해 주십시오. 아니면 제가 제 어머니의 태중에서 보냈던 것이 그 시간입니까? 그런 시간에 대해서는 많은 이들이 말했고, 저 자신은 임신한 여성들을 보기도 했습니다.

하지만 저의 감미로움이신 당신, 저의 하느님, 그런 시간 이전에는 무엇이 있었습니까? 제가 그때 다른 곳에, 누군가로 있었습니까? 아무도 저에게 이런 이야기를 해 줄 사람이 없었습니다. 아버지도 어머니도, 다른 사람의 경험이나 저 자신의 기억도 소용이 없었습니다. 혹시 제가 이런 것을 여쭈어 비웃으십니까? 제가 알고 있는 것에 대해 당신을 찬양하고 당신 앞에 고백하도록 요구하시는 건가요? 그래서 하늘과 땅의 주님, 당신께 고백합니다. 제가 기억도 못하는 저의 시작과 갓난아이 시절에 대해 당신을 찬양합니다."(1,6,9과 10 앞부분)

다른 한편으로는 덧없음에 대한 체험이 인간 실존의 뿌리까지 도달한다. 이는 고대적인 힘으로 아우구스티노의 감정에 깊게 파고든다. 그는 젊은 친구의 죽음을 개인적 운명으로 체험하며, 이를 4권에서 말하고 있다. 우리는 이것이 아우구스티노의 가장 깊은 마음의 체험임을 알 수 있다. 그러나 이 개인적인 체험에서 고대적 인간을 사로잡았던 덧없음에 대한 일반적인 감정이 생겨난다.

"인간의 영혼이 어디를 향하든, 당신 안에서가 아니라면 어디서든지 고통에 사로잡히게 됩니다. 비록 영혼이 당신 밖에, 영혼 자신의 밖에 있는 아름다운 것들에 매달린다고 하더라도 말입니다. 그것들이 당신을 통하지 않는다면 아무것도 아닐 것입니다. 그것들은 생겨났다가 사라집니다.

그것들은 생겨나면서 어떤 식으로든 존재하기 시작하고, 완성되면 낡아서 소멸합니다. 모든 것이 낡는 것은 아니지만 모든 것은 결국 소멸합니다. 그러므로 생겨나서 존재하려고 하는 것은 그만큼 **빨리** 성장할수록, 더 이상 존재하지 않음을 향해서 **빠르게** 진행합니다. 이것이 사물의 법칙입니다.

사물들은 더 이상 존재하지 않기 위해 자신들이 가던 곳을 향해서

가기 마련이기에, 파괴적인 욕망으로 [영혼을] 갈기갈기 찢어 버립니다. 영혼은 자신이 사랑하는 것에서 존재하고 안식을 누리고 싶어 함으로써 그것을 사랑하기 때문입니다.

하지만 그런 것들 안에는 안주할 만한 곳이 없습니다. 그것들이 달아나는데, 누가 육체적인 감각으로 그것들을 따라잡을 수 있겠습니까? 설령 그것들이 눈앞에 있다고 하더라도 누가 그것들을 움켜잡을 수 있겠습니까?"(4,10,15)

모든 것은 생겨났다가 소멸되고, 왔다가 사라진다. 우리와 접촉하고 욕망을 일깨우며, 우리에게서 벗어난다. 영혼은 그것과 함께 살지만, 그것이 사라지면서 영혼 자신은 공허함에 빠져 버린다. 아우구스티노는 시간의 현상을 깊이 체험했다. 《고백록》 11권에는 이에 대한 유명한 설명이 담겨 있지만, 안타깝게도 이것을 더 자세히 이해하는 것은 다음으로 미룰 수밖에 없다. 유한한 것은 시간의 형태로 존재한다. 그것은 그릇 안에 있는 것처럼 시간 안에 있는 것이 아니라, 연속적으로 이어져서 지나가는 동안에 존재한다. 아우구스티노는 사물이 실재하는 방식에 대해 심오한 심상을 필요로 했다. 이 심상은 너무 깊어서 더 깊이 파고들수록 더 많은 것을 발견하게 된다. 그것은 수사학자인 아우구스티노에게 친숙한 인간의 말의 심상이다.

"보십시오, 저희의 말도 음성 기호로 표현됩니다. 한 단어가 그 부분이 발성되는 동안 다른 단어가 뒤따라오기 위해서 사라지지 않는다면 그 말 전체가 완성되지 않을 것이기 때문입니다."(4,10,15)

말이 사라진다는 점에서 말은 전체로 성립된다. 말하자면 어떤 단어가 사라지고 다른 단어가 울린다는 점에서 말이 되는 것이다. 사라지는 것은 그 말이 존재하고, 의미를 지니며, 아름다워지고, 슬퍼지는 조건이다. 여기서 존재가 말로 불린다는 점에 주목해야 한다. 여기서 말의 존재는 음이 소거된 존재의 덩어리나 맹목적인 기계적 과정이 아니라, 의미로 가득 찬 '말들'의 연속적인 형태이다. 사물과 사건은 시간 속에서 지나가는 말들이지만, 결국에는 모든 시간을 넘어서 영원히 발설된, 말씀하시는 하느님에 의해 발설된 하느님으로서 말씀에서 비롯된다. 이러한 심상은 아우구스티노가 역사에 적용하고, 중세에 깊은 인상을 남길 다른 심상에서도 계속 이어진다. 그에게 있어 역사는 이 심상 안에서 '시간을 관통해서 흐르는 놀라운 노래'로 나타난다. 모든 유한한 것에서도 같은 생각이 적용된다.

"보라, 저것들[사물들]이 물러가고 다른 것이 따라 나오며, 그 모든 부분들로 지상 전체가 구성된다."(4,11,16)
"그렇게 당신께서는 그것들을 정해 주셨는데, 그것은 그것들이 사물들의 [전체의] 부분이며, 모두 동시에 존재하는 것이 아니라 모두 함께 사라지면서 그 뒤를 이어서 세계 전체가 작용하고, 전체의 부분들이 되기 때문입니다."(4,10,15)

그러나 인간에 대해, 존재의 말이 사라지면서만 전개된다면, 인간이 다가오는 단어를 이해하려고 한다면, 앞서간 단어를 내어 주어야 한다는 것도 맞다. 그러나 이 과정에서 단어들은 사라질 뿐만 아니라 그 단어들을 듣는 사람도 사라진다. 왜냐하면 아우구스티노가 말하듯이, 듣는 사람은 그 단어들 안에 살기 때문이다. 사물들이 그 의미를 펼침으로써 그것들은 소멸하고, 그것들과 함께 의미를 펼친 것을 이해하고 그 안에서 자신의 고유한 인간 존재를 성취하는 인간 자신도 함께 사라진다. 하지만 이 점은 이해될 수 있는가? 존재의 깊이를 상실하게 되는 대상적인 이해가 아니라, 자신의 고유한 인간 실존에서 본다면 어떤가? '사물들'과 '인간의 인식'이 사라지는 것이 아니라, 내 삶의 내용을 이루는 그런 것들, 그리고 그것들과 함께 그 안에서 사는 내가 사라지는 것인가? 어떻게 내가 존재하면서 사라질 수 있는가? 그런 존재는 무엇인가?

인간이 자신을 이해하지 못하는 체험이 드러나며, 이는 아마도 이전에 논의된 것보다 더 근원적으로 '나는 어떻게 존재하는가?', '내가 존재한다는 것은 어떻게 생겨나는가?'라는 더 나아간 물음에서 드러난다. 그리고 인간 존재 문제에 대한 심오한 진리로 가득 찬 놀라운 문장들이 쏟아져 나오는 《고백록》의 시작 부분에서 전적으로 제기된다. 이 물음은 인류가 자신의 입으로 잃어버리지 않으려고 계속해서 되새길 정도로 아름답다. 이 물음은 다음과 같은 종교적 물음으로 둘러싸여 있다. '하느님 앞에서 나의 존재는 무엇인가?' 하느님을 부르는 것이 모든 것을 이끌어 내는 것이며, 무엇보다 앞서 등장한다.

"저의 하느님, 저의 주님, 제 하느님을 어떻게 불러야 합니까?
그것은 제가 그분을 부르는 순간, 그분을 제 안으로 불러오는 것이 확실하기 때문입니다. 하지만 제 하느님께서 제 안으로 오시는 공간이 어디에 있습니까? '하늘과 땅을 창조하신' 하느님께서 제 안 어디에 오신다는 것입니까?
그런데도 주님, 저의 하느님, 정말로 제 안에 당신을 담을 수 있는 어떤 것이 있기나 합니까? 당신께서 창조하시고 그 안에 저를 넣어서 창조하신 하늘과 땅이 당신을 담겠습니까? 아니면 존재하는 것은 무엇이든 당신 없이는 존재하지 못할 것이라는 사실이, 존재하는 모든 것이 당신을 담아야 한다는 것으로 귀결되는 것입니까?
저 역시 엄연히 존재하는데, 당신께서 제 안에 계시지 않는다면,

저는 존재하지도 못할 것인데, 당신께서 제 안으로 오시도록 청하는 이유는 무엇입니까? 그래서 저는 존재하지 못할 것입니다. 당신께서 제 안에 계시지 않는다면, 저는 결코 존재하지 않을 것입니다. 더 정확하게 말하자면, 제가 당신 안에 있지 않다면, 저는 존재하지 않을 것이 아닙니까? '우리는 그분[당신] 안에서 살고 움직이며 존재'[사도 17,28 참조]하기 때문입니다. 그렇습니다, 주님, 바로 그렇습니다!

그렇더라도 제가 당신 안에 있는데 어디로 당신을 불러야 합니까? 아니면 당신께서 제 안으로 오신다는 말입니까? '내가 하늘과 땅을 가득 채우고 있지 않느냐?'[예레 23,24]라고 말씀하신 나의 하느님께서 이곳으로부터 제 안에 오시도록 하늘과 땅 바깥으로 제가 물러나야 한다는 말입니까?"(1,2,2)

아우구스티노의 인간 존재가 신과 어떤 관계를 맺고 있는지에 대한 물음이 전면에 등장한다. 그러나 이 물음의 배후에는 유한한 존재가 경험되는 방식에서 비롯되는, 유한한 존재 일반의 질문 가능성이 제기된다. 나라는 존재는 나 자신으로만 존재하는가, 아니면 다른 무언가도 함께 존재하는가? 존재하는 내가 내 안에 홀로 존재하지 않는다면, 나는 다른 어떤 것 안에 존재하는가, 아니면 내 안에 다른 것이 있는가? 내가 존재함으로써, 나의 존재는 나 자신에 의존하는가, 아니면 다른 것에 의존하는가? 다른 것에 의존한다면, 나 자신은 어떻게 자신으로 존재하는가? 그렇다면 나는 과연 존재하는 것인가? 하지만 나 자신에게 의존한다면, 나는 어떻게 이런 질문을 하게 되는가? 불확실하게 떠다니는 느낌, 매달려 있는 것 같은 두려움, 지지할 곳을 찾는 마음은 어디에서 오는 것인가? 하지만 이미 떠다니고 있다면, 도대체 무엇에 의해 떠다니는 것인가?

이 모든 것은 다음 장에서 더욱 뚜렷하게 드러난다. 여기서 아우구스티노는 하느님께서 어떻게 존재하는지 명확하게 표현한다.

"하늘과 땅이 당신을 담고 있는 것은, 당신께서 하늘과 땅을 채우기 때문입니까? 아니면 하늘과 땅이 당신을 다 담지 못하기에, 당신께서 그것을 채우시고도 남는 것이 있습니까?

당신께서 하늘과 땅을 다 채우시고도 당신께 남는 것은 어디에다 쏟아붓습니까? 아니면 모든 것을 담고 계신 당신께서는, 당신께서 채우시는 것은 당신께서 담고 있는 것을 통해서 채우시기에, 그 어떤 것에 의해서도 함께 담겨 있을 필요가 없지 않습니까?

당신으로 가득 찬 그릇들이 당신을 지지해 주는 것은 아니기에, 그 그릇들이 깨지더라도 당신께서는 쏟아지지 않을 것입니다. 그러나 당신께서 정말로 은총으로 우리 위에 흘러넘친다면, 당신께서는 넘어져 계신 것이 아니라, 오히려 우리를 일으켜 세우시며, 당신께서 흩어지시는 것이 아니라, 오히려 우리를 한데 모으십니다. 그러나 당신께서 채우시는 모든 것을 당신께서는 당신의 온 존재로 채우십니다. 아니면 만물이 당신을 담을 수가 없어서, 당신의 한 부분을 담고,

[그런 다음] 모든 것[개별적으로 존재하는 것들]이 같은 부분을 담고 있는 것입니까? 아니면 개별 존재들이 그때마다 개별적인 것들을 담고, [심지어] 큰 것들은 더 큰 것을 담고, 작은 것들은 더 작은 것들을 담는다는 말입니까?

그렇다면 당신의 어떤 부분은 더 크고 어떤 부분은 더 작다는 것입니까? 아니면 당신께서는 어디서나 전체로 계시지만, 그 어떤 것도 당신을 온전히 담지 못하는 것입니까?"(1,3,3)

존재의 경험에서 순진하고 독창적인 방식으로 물음들이 제기된다. 이 물음들은 하느님께서 존재와 의미에 있어서 순수하게 자신을 근거 짓는 분으로 살아 있다는 인식으로 이끈다. 동시에 인간에게는 의미 있는 존재와 실재하는 존재가 얼마나 완전히 다른지, 이와 관련된 어떤 물음도 인간 자신에게서는 답을 찾을 수 없는지, 인간 존재가 신 안에서 자신의 근거를 찾지 못한다면, 인간 존재의 낯섦은 얼마나 참을 수 없게 되는지가 분명해진다. 사실 인간이 자신의 독립성을 포기하고 자신을 하느님 안에 둠으로써, 자신을 다른 것에게 내맡기지 않는다는 결정적인 인식이 준비된다. 하느님께서는 피조물에게 '다른 것'이 아니라 그의 창조주인 하느님이시기 때문이다. 그분은 피조물을 더욱 순수하게 자신의 고유한 존재로 이끌어 낼수록, 존재 안에서 더 강하게 효력을 발휘하신다. 피조물의 자기 존재는 본질적으로 하느님을 통한 존재이기 때문이다.

마지막으로 인간 존재에 대한 의문은 두 가지 특별한 현상에서 표현된다.

첫 번째는 아우구스티노가 진리 경험과 가치 경험의 밑바닥에서 발견한 불일치에 있다. 진리는 어디에서 '진리'인가? 그것은 진리가 그 독특한 형태에서 필연적으로 유효하다는 점에서 그러하다. 말하자면 진리는 더 이상 거슬러 올라갈 수 없는 원형적 현상이기 때문에, 같은 것을 통해 같은 것을 표현함으로써 규정하는 것도 그렇게 이루어져야 한다. 이러한 사태는 진리가 의식으로 들어오는 경험에서, 곧 통찰력에서도 표현된다. 인식한다는 것은 진리가 궁극적이고 그 자체로 타당한 것으로서 정신에 나타나는 자기 확신을 내면적으로 이해하는 것을 의미한다.

하지만 이러한 통찰을 하고서도 여전히 의문을 품는 정신적인 성향을 지닌 사람들이 있다. 이러한 성향을 지닌 사람들은 진리를 궁극적인 것으로 파악하면서도, 여전히 계속해서 질문을 던진다. 아우구스티노도 그러한 성향을 가진 사람들 중의 하나이다. 그는 진리가 하느님을 통해서만 가능하다고 거듭 생각한다. 이런 생각은 예컨대 10권 23장에서 잘 나타나는데, 11권 8장에서는 이 점이 잘 보완된다.

"이렇게 [영원한 말씀께서는] 복음서에서 [그분 인성의] 육신을 통해 말씀하셨고, [가르침이] 사람들의 귀에 들리도록 바깥으로 소리를 내셨습니다. 그래서 선하고 유일한 스승이 모든 제자들을 가르치는 영원한 진리 안에서 사람들이 그분을 믿고 내적으로 찾으며 발견하게 됩니다.

주님, 거기서 저는 저희를 [진정으로] 가르치시는 분이 우리에게 말씀하신다고 저에게 알려 주시는 당신의 음성을 듣습니다. 그러나 저희를 [진정으로] 가르치지 않는 사람은 비록 그가 말하더라도 우리에게 말하는 것이 아닙니다. 그렇기 때문에 확실한 진리 자체가 아니라면, 누가 저희를 [진정으로] 가르치겠습니까? 비록 저희가 가변적인 피조물을 통해서 가르침을 받는다고 하더라도, 저희는 그러한 인간의 가르침을 넘어서는 영원한 말씀을 통해서 확실한 진리로 인도됩니다. 거기서 저희는 확고하게 그분의 말씀을 듣고, '그[신랑]의 목소리를 듣게 되면 크게 기뻐'[요한 3,29 참조]하게 되며, 이로써 저희가 유래하는 곳으로 저희 자신을 되돌린다면 저희는 진정으로 배우는 자입니다. 그래서 그분은 시작이신데, 그것은 저희가 헤맬 때 그분이 그 자리에 계시지 않았다면, 돌아갈 곳이 없었기 때문입니다. 그러나 저희가 헤매다가 돌아올 때, 저희는 [진리를] 인식함으로써 반드시 돌아가게 됩니다. 저희가 인식할 수 있도록 그분이 가르치십니다. '그분은 시작이시며 우리에게 말씀하시기' 때문입니다."(11,8,10)

이러한 생각은 다른 구절에서 개인적인 행위와 관련된 것으로 전환된다.

"저는 당신의 영감으로부터 참된 것을 말하고 싶습니다. 당신께서는 제가 [당신께서 성경에서 말씀하시는] 그 말씀으로 말하기를 원하셨기 때문입니다. 당신께서는 '진리이시지만 모든 사람은 거짓'[로마 3,4 참조]이기 때문에 저는 당신 외에는 다른 영감으로 참된 것을 말할 수는 없다고 믿습니다. '거짓말을 하는 사람은 자신의 것에서'[요한 12,35 참조] 말하는 것입니다. 따라서 저는 참된 것을 말하기 위해서 당신의 것에서 말하는 것입니다."

여기서 논의되는 진리는 무엇보다도 그리스도교적 진리, 곧 여기에 구원이 있다는 확신만을 주는 계시 진리이다. 그럼에도 진리는 진리이다. 그리고 여기에서도 아우구스티노에게 있어 어디에서나 그렇듯이, 계시를 통해서 본성적인 존재의 해당 요소를 배제하지 않고 포괄한다. 곳곳에 불확실함이 있고 구원을 가져다주는 확신은 오직 계시에만 있다는 문장은 모든 진리, 심지어 자연적인 진리조차도 하느님 안에서만 보증될 수 있다는 다른 문장을 포괄한다. 이로써 이 진리의 무조건적인 타당성이 침해되지는 않지만, 무조건성이 갖는 특별한 특성을 보여 준다. 그것은 바로 무조건성에 대한 통찰이 더 나아간 물음의 가능성을 쇠진시키지 않는다는 것이다. "필연적으로 그렇다."는 인식은 "정말로 그러한가? 어떻게 그것이 필연적으로 그렇게 되는가? 이 필연성은 무엇을 통해서 필연적인가?"라는 더 나아간 물음을 제기하는 것을 불가능하게 만들지 않는다.[32] 이는 진리의 자명하지 않은 특성에 대한 수수께끼 같은 현상이다. 이를 인정하는 것은 특정한 정신을 지닌 사람들에게는 진리를 이해함으로써 이에 대한 물음의 가능성, 그러니까 물음을 넘어서 또는 물음의 배후에 필연성을 남겨 둔다. 이는 진리 밖에서 그것을 진리로 근거 짓는 어떤 것을 찾는 것이 아니라, 인간적인 진리를 넘어서 신적인 진리를 찾는 것이다. 신적인 진리는 인간적인 진리 안에 계시되고, 이 진리에 최종적으로 유효하고 모든 물음을 침묵하게 하는 충만한 의미를 부여한다.

이 현상을 다시 한번 살펴보자. 2 곱하기 2는 4이다. 이러한 경우는 분명하다. 증명될 수 있는 모든 것이 증명되었고, 해결되지 않은 문제가 더 이상 남아 있지 않아서 모든 것이 완결되었다고 생각할 수 있겠는가?

그러나 물음은 남아 있다. 물음은 가능할 뿐만 아니라 존재에 의해 뒷받침되기 때문에 의미가 있다. '왜 그렇게 되어야 하는가? 이것은 무슨 의미인가?'라는 물음이 이에 해당된다. 통찰은 인식된 대상적 사태의 진리가 구체적인 행위, 곧 인식에서 실현되는 것을 의미한다. 이제 '참된 사태'는 참된 것으로서 무조건적이다.

반면에 무조건성을 인식하는 행위는 그렇지 않으며 인간적으로 제한된다. 따라서 단순한 사유적 노력으로는 극복할 수 없는 간극

---

32 이와 비교해서 《고백록》의 다음 구절도 참조(7,17,23).

이 생긴다. 이러한 간극을 넘어서는 유일한 방법은 사유 밖의 행위인 '판단'을 통해서만 가능하다. 판단은 사태를 확정할 뿐만 아니라 의문을 제기하려는 충동을 멈추게도 한다. 따라서 판단의 행위는 진리의 문제에서 판단하는 사람 개인의 명예가 걸려 있다. 왜냐하면 오류를 주장하는 것은 명예를 훼손하는 것이기 때문이다. 나의 주장대로 사태가 그대로라면, 개인적인 의미에 위협이 가해진다. 이렇게 설명된 간극은 보통 사람들에게는 의식되지 않는데, 그들은 이에 대해 충분히 주목하지 않기 때문이다. 특정한 본성들은 높은 지적 수준에 있는 사람들이라 하더라도, 그들의 통찰 경험이 직접적이고 강력하기 때문에 감지되는 나머지 물음의 흔적을 없애 버린다. 그러나 다른 사람들은 나머지 물음의 흔적을 느끼고, 그것도 항상 그렇다. 그들은 판단의 결정성을 특히 분명하게 경험하지만, 결정성은 판단이 이루어진 후에도 불확실하게 갉아먹는 느낌에 의해 위협받는다. 여기에 진정한 회의주의의 근원 중 하나가 있다.[33]

    이와 함께 통찰이 진리의 대상적 타당성에 상응하는 명료함으로 이해되기를 바라는 원의와 연결된다. 그것은 통찰이 행위의 특성으로서 진리의 이상적인 절대적 성격에 상응하는 힘으로 이루어지기

---

33 이 현상은 도덕적으로 상응하는 양심적인 가책을 의미한다. 이는 도덕적 판단에서 지금 여기서 구체적으로 해야 하는 것의 무조건성을 수행하지 못하는 최종적인 무능력을 의미한다. 따라서 양심의 가책을 극복하는 기술에서 사유 밖 수련의 요소들인 결단력, 일관성, 명령 및 복종 등도 중요한 역할을 한다.

를 원한다. 하지만 이를 더 자세히 살펴보면, 그것이 종교적인 것으로부터 진리를 받아들이는 방향으로 향해 있음이 드러난다.

아우구스티노의 진리 경험은 이러한 종류의 것으로 보인다. 절대적인 타당성을 성취하는 것은 인식의 의미이다. 그러나 유한한 행위에서의 성취는 절대성에 대한 요구를 충분히 만족시킬 수 없다. 유한한 인식의 본질에는 이러한 인식이 스스로를 진정으로 충족시키기 위해 어떻게 이루어져야 하는지를 알지만 그러한 수준에 도달할 수 없다는 것이 내포되어 있다. 유한한 존재의 인식은 자신의 요구로 인해 자신의 능력을 넘어선다. 인식의 행위를 의식적으로 된 요구의 무게 전체에 짓눌려 수행해야 하는 순간, 자신 위에 있는 어떤 것을 예감하며 그것에 의존함으로써만, 자신의 고유한 가능성을 뛰어넘을 수 있다. 하지만 이러한 인식은 진리에 대한 성취가 순수하게 자신 안에만 머물지 않기 때문에, 결코 최종적으로 진정될 수 없다. 이러한 인식은 완전하지 않고, 자신을 넘어서 나아가려고 한다. 따라서 이러한 인식은 여전히 최종적인 확신을 요구하는 불안이 뒤따르며, 직접적인 통찰의 체험을 넘어서 하느님 안에서 충족되는 의미로 나아가도록 강요한다. 인식은 자신이 통찰한 진리를 하느님께로부터 받기를 원한다. 하느님만이 인식에 있어서 왜 진리가 '진리'인지에 대한 궁극적인 근거이다. 그것은 진리가 그분 안에 '주어졌을' 뿐만 아니라 '완성되기' 때문이다.

여기서는 믿음을 지닌 정신적 존재의 최종적인 정식이 있다. 정신이 찾아야 하고, 그 안에 정신의 삶의 내용이 있는 진리는 이미 그 뿌리와 충만함 속에서 인식된다. 인식되지 않는 진리는 없다. 우리가 '존재하는 모든 것'이라는 정의할 수 없는 개념을 하느님과 연관 지으려는 난센스를 잠시 허용한다면, 전체로서의 존재, 곧 이러한 존재는 아직 발견되지 않은 '숨겨진 진리'를 향하지 않고, '한 처음에' 진리의 충만함으로 인식되며, 심지어 '말씀'으로서, 발설하시는 하느님에 의해 발설된 하느님으로서 말로 표현된다. 여기서 인식은 동시에 평화인데, 인식의 내용의 타당성을 성취하는 힘이 평화와 동등하기 때문이다. 그리고 이 문장은 유한한 것에서 나온 것이기 때문에 거짓이다. 오히려 요한이 "하느님께서는 진리이십니다."라고 선언할 때 말하는 것처럼, 진리의 내용과 그 성취는 하나이다. 그러나 이것은 철학적인 명제가 아니라 신학적인 명제이다. 요한의 의미에서 하느님께서는 절대적인 존재이기 때문이 아니라, 살아 계신 분이시며 그분의 생명이 거룩하기 때문에 '진리'이시다. 절대적 존재의 일반적인 완전함의 특성이 하느님의 실존적 진리를 지니는 것이 아니라, 하느님께서 당신 자신으로 존재하시기에 어떤 개념으로부터도 추론되지 않고, 그분의 생생한 오심과 말씀하심과 마주함으로만 이러한 진리를 지닌다. 같은 하느님에 대해 우리는 그분이 '사랑'이시라고 듣는다. 여기에 본질적인 진리에 대한 문장에서처럼 상응하는 연결이 표현된다. 그것은 하느님께서 창조된 정신이 당신의 생명에, 심지어 진리의 생명에도 참여할 수 있도록 능력과 의지를 주신다는 것을 의미한다. 이러한 참여를 선사하는 것을 은총이라고 부른다. 모든 인식에 남아 있는 불안이 향하는 곳은 은총이다. 모든 유한한 인식의 관점에서 하느님 자신인 다른 인식이 소환되고, 인간에게 "당신의 빛 안에서 [저희는] 빛을"[시편 36(35),10 참조] 바라보게 허락함으로써 인간은 은총 안에서 그 인식에 참여할 수 있다. 이는 믿음에서 시작해서 그것이 전개되면서, 특히 신비적으로 발전하면서 영원한 생명에서 완성된다. 따라서 우리가 말하는 인식 체험 본래적인 의미에 도달하자마자, 이 체험은 모든 것을 하느님 안에서, 하느님을 모든 것 안에서 인식하려고 한다. 이는 신비적이고 상징적인 인식론에 관련되며, 사유적인 표현은 이미 설명된 조명론이다. 반면에 체험적인 근본 내용은 7권 10장의 설명과 유사한 경험에서 펼쳐진다. 그밖에 동일한 사태는 가치와의 관계에서도 나타난다.

가치는 왜 타당한가? 그것이 유효하기 때문이다. 가치 자체가 분명해지면, 가치가 그 자체로 존재한다는 것도 분명해진다. 가치는 증명될 수 없고, 마주할 수만 있다. 가치를 마주하고 받아들인다면, 가치는 자신의 고유한 타당성을 통해 입증된다. 진정한 가치 경험은 필연성에 대한 체험도 포함한다.

그러나 바로 이 지점에서 진리에 대해 언급했던 것과 동일한 간극이 벌어진다. 가치의 무조건적인 타당성은 유한한 힘에 의해서만 주관적으로 실현되기 때문이다. 행위로서 가치 경험은 결코 무조건적이지 않다. 더 정확하게 말하자면, 무조건적인 타당성이 존재한 다는 것을 경험하지만, 이러한 타당성은 가치를 감지하는 기관인 마음의 요구만을 충족시키고 안식을 줄 수 있는 동등한 실행으로는 전환되지 않는다. 항상 불확실성의 흔적, 곧 가치 회의론의 가능성이 남아 있다. 이러한 가능성이 사라지려면, 각각의 가치 배후에 있는 다른 어떤 것이 분명해져야 한다. 이로부터 가치와 마음의 긴장은 강력하고 충만한 체험의 일치로 결합된다. 4권 12장에서는 참된 사랑에 대해 말한다.

"[물질적 세계와 정신적 세계의 가치에 대해 말했다.] 너희가 사랑하는 선은 그분에게서 유래한다. 그러나 그 선은 그분과 관련되는 한에서만 좋고 감미롭다. 반면에 선은 당연히 [선이 부당하게 사랑받는다면] 선에 의해 [창조된] 존재하는 모든 것은 그분이 버림받게 됨으로써 부당하게 사랑받게 된다. [이는 실제로 일어난다.]"(4,12,18)

여기서는 진리 문제와 정확하게 상응한다. 그곳에서 참된 것은 하느님께서 그 배후에 서 계심으로써 참으로 보장되며, 진리에 대한 본래적인 통찰은 하느님께서 진리를 깨닫게 만드신다는 점에 있다. 선은 하느님 안에 뿌리를 두고 있다. 가치는 자신의 무조건적인 특성을 하느님께부터 부여받는다. 남아 있는 모든 것을 상쇄할 정도로 유효한 가치를 자신 앞에 지니는 경험은 이러한 가치의 배후에 하느님께서 당신의 가치로 명백해질 때에만 이루어진다. 각각의 개별 가치가 하느님의 거룩한 생명력의 상징이 될 때, 생명력은 상징을 통해서 공명한다. 이러한 사실은 가치 문제에 대한 철학적 성찰이 시작될 때 이미 확인되었으며, 플라톤의 《국가》 6권의 마지막 부분에서 이를 살펴볼 수 있다. 우리가 논의하고 있는 것과 연관해서 '가치' 또는 '가치 형태'로 대체할 수 있는 이데아들은 선을 통해 유효하다. 선은 그 가치의 특성을 근거 짓는다. 그러나 선은 가치를 보는 눈도 근거 짓는다. 선은 이데아를 보는 눈을 만들어 줌으로써, 그 조건이 되는 통찰의 경험에 자격을 부여한다. 플라톤에게 선이 자리하는 곳에, 아우구스티노에게는 하느님께서 있으시다.

진리와 가치인 이데아에 대해 철학적으로는 더 깊이 물어볼 수 없다. 이데아는 논리가 인식하는 정신의 범주적 구조로서 그 자체로 존재하듯이, 필연적으로 그 자체로 존재한다. 그럼에도 객관적인 타당성뿐 아니라 주관적으로 사유하고 평가할 필요성은 의심을 해소하는 진정한 의미의 깊이, 내용과 실현의 고요한 일치에 도달하게 되는데, 이는 사유와 가치 평가에서 최고선, 곧 살아 계신 하느님께서 드러나실 때에, 그러니까 그분의 본질적인 거룩함의 계시로서 진리와 가치가 체험될 때 비로소 가능하다.

"의심의 여지 없는 뚜렷한 의식으로 주님, 당신을 찬양합니다. 당신의 말씀으로 저의 마음을 흔들어 놓으셨기에, 당신께 대한 사랑이

제 안에서 깨어났습니다. 하지만 하늘도 땅도 그 안에 있는 모든 것도 제가 당신을 사랑하라고 말하며, 모든 사람들에게 [그들이 듣지 않고 따르지 않을 때] '변명의 여지가 없도록' 그렇게 말하는 것을 멈추지 않습니다. [하지만 듣는 것은 은총의 선물입니다. 그래서] 당신께서는 불쌍히 여기시려는 자를 더 깊이 불쌍히 여기시며, 자비로이 대하시려는 자에게 자비를 베푸십니다. 그렇지 않다면 하늘과 땅이 귀머거리들에게 당신의 찬미를 전하는 셈이 될 것입니다."(10,6,8)

그런 다음 하느님의 가치에 대한 첫 번째 경험을 서술하는 놀라운 구절이 뒤따른다. 이는 7권 10장[34]에서 확신을 주는 하느님의 빛에 대해 말하는 구절에 해당한다.

"제가 당신을 사랑할 때 무엇을 사랑하는 것입니까? 몸의 자태도 아니고 시간의 아름다운 질서도 아닙니다. 눈에 친숙한 빛의 선명함도 아니고, 온갖 다양한 방식의 달콤한 선율도 아닙니다. 꽃과 향유와 향수의 사랑스러운 향기도 아닙니다. 만나와 꿀도 아니고, 몸을 안아서 느끼는 지체도 아닙니다. 제가 하느님을 사랑할 때 이런 것을 사랑하는 것이 아닙니다. 그래도 제가 저의 하느님을 사랑할 때, 저는 어떤 빛, 어떤 목소리, 어떤 향기, 어떤 음식, 어떤 포옹을 사랑합

---

34 이에 대해서는 이 책의 II부 307쪽 이하를 참조.

니다. 저의 내면의 인간의 빛, 목소리, 향기, 음식, 포옹을 사랑합니다. 거기서는 어떤 곳도 담지 못하는 것을 제 영혼에 빛을 비추며, 시간이 취하지 못하는 것이 소리를 내고, 바람의 숨결이 흩어버리지 못하는 것이 향기를 풍기고, 아무리 많이 먹어도 질리지 않는 것이 맛을 내며, 만족감이 저절로 사라지지 않는 것이 부드럽게 다가옵니다. 이것이 제가 저의 하느님을 사랑할 때 사랑하는 것입니다."(10,6,8)

이러한 전체 직관이 얼마나 생명력이 넘치며, 그 뒤에 어떤 진리가 있는지는 분명하다. 그러나 이러한 직관이 어떤 위험을 내포하는지도 분명하다. 직관은 인간 존재를 지탱하는 인식, 가치 판단, 도덕적 판단의 행위를 취하는 독립적인 척도를 박탈하려는 경향이 있다. 이러한 독립적인 척도 없이는 인간 존재가 유지될 수 없다. 이로써 종교적인 것이 단락되고, 종교적으로 무조건적인 것으로부터 유한한 것을 무력화시킬 위협이 우려된다. 이에 대항하기 위해서 그리스도교 사상은 아우구스티노를 내적인 성소의 수호자로는 삼았지만, 아우구스티노가 아니라 토마스 아퀴나스를 지도자로 선택함으로써 자신을 보호했다.

아우구스티노에게 인간 존재에 대한 의문이 표현되는 다른 현상은 그가 존재 자체를 체험하는 방식이다. 인간은 자신을 존재자로 부르지만, 과연 그것은 진정한 존재인가? 그의 존재는 진짜인가? 그의 존재는 어떻게 구성되는가?

"당신 아래에 있는 나머지 것을 바라보았는데, 그것은 완전히 있는 것도 아니고, 전혀 없는 것도 아니었습니다. 당신을 통해서 존재하지만, 당신께서 존재하는 그대로 있지 않기 때문에 존재하지 않습니다. 변하지 않고 남아 있는 것은 참으로 존재하기 때문입니다. '저는, 하느님께 가까이 있음이 저에게는 좋습니다.'[시편 73(72),28 참조] 제가 그분 안에 머무르지 않으면, 저는 제 [자신] 안에도 머무를 수 없기 때문입니다. 그러나 그분께서는 '자신 안에 머무르시면서 모든 것을 새롭게 하십니다. 저의 주님, 당신께서는 존재하십니다. 당신께서는 저의 선들을 필요로 하지 않으시기 때문입니다.'"(7,11,17)

아우구스티노는 인간의 존재를 이중적으로 본다. 인간의 존재는 존재하지만, 어떤 면에서는 존재하지 않는다. 참으로 존재하는 것은 불변하는 것, 곧 무조건적인 것뿐이다. 반면에 일시적인 것, 곧 조건적인 것은 존재하지만, 어떤 면에서는 존재하지 않는 이중적 실재이다. 우리는 이미 아우구스티노의 시간 경험에 대해, 변화와 소멸의 경험에 대해 언급했다. 이에 대한 그의 생각은 또한 그가 일반적으로 유한한 존재를 경험하는 방식을 드러낸다. 인간은 자신이 느끼는 대로 존재하지만, 동시에 자신의 존재가 완전하고 고유한 것이 아니라고 느낀다. 따라서 인간은 자신 안에 척도를 지니고 있다. 이 척도로부터 자신이 실제로 어떻게 존재하는지, 동시에 자신이 어떻게 존재해야 하는지를 볼 수 있다.

여기에는 앞에서 논의한 진리 경험, 가치 경험과 정확하게 상응하는 것이 있다. 만일 온전히 진리가 실현된다면, 모든 것이 있는 그대로 존재해야 한다는 것을 인간은 알지만, 현실에서는 모든 것이 그렇게 존재하지 않으며, 자신의 능력으로는 그러한 진리의 실현에 도달할 수 없다는 것도 안다. 인간은 인식하면서도, 어떤 면에서는 인식하지 못한다. 그는 참된 인식의 기준을 자신 안에 지니고, 그러한 인식을 실현하고자 갈망한다는 점에서, 자신의 능력을 넘어서 나아간다. 마찬가지로 인간은 자신이 가치의 힘과 가치의 충만함에 걸맞는 방식으로 평가하고 사랑할 때, 모든 것이 있는 그대로 존재해야 한다는 것을 알지만, 동시에 그렇게 평가하고 사랑하지 못하며, 자신의 힘으로는 그러한 수준에 도달할 수 없다는 것도 안다. 따라서 그는 사랑의 척도와 사랑에 대한 갈망을 자신 안에 지니고 자신의 능력을 능가한다. 여기서도 마찬가지이다. 인간은 자신이 참되게 존재할 때, 있는 그대로 존재해야 하는 것이 어떤지를 알고 있다. 이러한 앎에 있어 자신에게 참된 존재가 없다는 것을 깨닫는다. 그러나 깨달음 속에서 그는 자기 자신보다 더하게 존재하며, 완전한 것을 향해서 자신을 초월하게 된다.

하느님께서는 마치 스스로 진정한 진리와 가치의 능력으로 존재하는 것처럼 참으로 존재하신다. 그분께서는 어떤 것에도 얽매이지 않은 대상으로서 당신 자신을 그렇게 동일하게 인식하는 능력으로 파악하며, 어떤 것에도 얽매이지 않은 가치인 당신 자신을 그렇게 동일하게 평가하는 능력으로 측정하신다. 이것이 그분의 생명의 내용이다. 사실 그분의 인식은 인식되는 것 자체이며, 그분의 평가는 평가되는 것 자체이다. 인식과 진리, 평가와 가치로 분리되는 것은 우리의 인간적인 유한한 존재를 표현하는 것이다. 하느님께서는 이러한 분리에 대한 사유를 초월하는 단일성이다. 이는 단순한 '종합'이 아니다. 우리는 그분 안에서 본질적으로 하나이다. 우리는 성경에서 "하느님께서는 사랑이시다."[1요한 4,8 참조], "하느님께서는 생명이시다."[요한 11,25; 14,6 참조], "하느님께서는 빛이시다."[1요한 1,5 참조]라는 표현을 발견할 수 있고 분리되는 것에서 살고 있는 유한한 존재들이다.

분리 또는 균열은 하느님 안에는 존재하지 않는다. 만일 인간이 어떠한 혼합도 없이 그분의 진리 인식과 가치 평가에 참여하는 상태에 도달할 수 있다면, 그 사람의 정신의 삶에서 균열은 사라질 것이다. 이것은 믿음에 기초한 은총의 공동체의 체험을 통해 일어날 수 있다. 이때 자연적인 '정신의 빛'은 초자연적인 '은총의 빛'에 의해 자유로워지고 채워지는 직접적인 경험으로 들어서게 된다. 이는 요한 복음을 관통하는 진리 체험이다.[35] 체험이 일어나면, 유한한 정신의 균열이 사라지고 하나[일자]가 지배하게 된다.

---

35 이러한 경험에는 정신의 빛lux mentis을 비추는 은총의 빛lux gratiae에 대한 예감과 갈망을 불러일으키는, 일종의 선천적으로 상응하는 것이 있어야 한다. 이는 플라톤 철학의 근간이 되는 진리 체험이다.

이러한 체험의 가능성에 대한 의식은 아우구스티노의 정신적 삶 전체를 관통한다. 인식뿐만 아니라 가치 평가에 대한 그의 가르침은 궁극적으로 이러한 체험으로 향한다. 물론 이 가르침은 인간적 인식과 가치 평가에 대한 가르침으로서, 철학과 가치 실현에 대한 가르침으로서 이와 같은 체험으로부터 위협받기도 한다. 왜냐하면 이러한 관점에서는 항상 절대적인 것 안의 유한한 것, 초자연적인 것 안의 자연적인 것, 단순한 '정신의 빛'의 범주적 특성의 형이상학적이고 종교적인 표현은 하느님의 자유로운 선물에서 오는 '은총의 빛'에서 재차 자신을 잃어버릴 위험이 있기 때문이다. 그러나 이로써 자연의 진리뿐만 아니라 초자연의 순수성도 위태롭게 하는 초자연주의로 빠질 위험도 있다.

진리를 본래적으로 깨닫는 것이 진리가 하느님 안에 근거된 것으로 이해되는 데 있는 것처럼, 가치가 본래적으로 평가되는 것은 가치가 신적인 가치 충만함의 반영으로 체험되는 것에 있는 것처럼, 실재에 대한 자기 확신은 실재가 하느님 안에 어떻게 놓여 있는지가 분명하게 된다는 점에 있다. 하느님께서만 참으로 존재하신다. 하느님의 실재는 이미 그분의 본질을 통해서 표현된다. 아우구스티노가 하느님을 체험하는 특별한 방식으로서 아우구스티노적인 하느님 개념이 여기에 뿌리를 두고 있다.[36] "그분은 누구인가?"라는

---

36 그 밖에도 말하자면, '또 다른' 아우구스티노라고 할 수 있는 캔터베리의 안셀무스의 특

물음에 대해 다른 모든 존재에게서 '이러저러한 것'이 있다는 대답을 찾을 수 있지만, 실제로도 거기 존재하는지는 말할 수 없다. 이러한 물음에 대한 하느님의 대답은 '거기에 계신 분'이다. 이는 성경에서는 모세의 질문에 대한 하느님의 대답으로서 "나는 나로 존재하는 나다."(탈출 3,14 이하)로 표현된다. 아우구스티노적 인간은 그가 자신을 사랑하는 하느님의 초월적 실재를 깨닫게 되었을 때 비로소 마침내 실재하고 자신의 고유한 실재에 대한 확신을 얻게 된다. 그럴 때 균열은 사라진다. 아울러 "존재자는 정말로 존재하는 것인가? 실재는 실제로 존재하는가? 나는 실제로 존재하는가? 나는 나로 존재하는 나인가?"와 같은 물음도 소멸된다. 나의 고유한 존재의 실재, 그 실재 안에 놓여 있는 필연적인 요소들[37]뿐만 아니라 그 실재의 사실성을 동등한 힘으로 인식하지 못하는 궁극적인 무능력은 내가 나 자신의 이데아를 동등한 힘으로 깨닫지 못한다는 점에 있다. 나는 나의 이데아가 아니라 그 이데아에 참여한다. 이러한 가장 내적인 어려움은 내 안에 계신 하느님을 의식하는 순간 해소된

별한 신 체험도 여기에 뿌리를 두고 있다. 그리고 많이 논의되지만 드물게 이해되는 '존재론적 신 존재 증명'은 그의 신 개념이나 그가 하느님의 실재를 체험하는 방식을 전개한 것이다. 이에 대해서는 로마노 과르디니, 《그리스도인의 의식 Christliches Bewußtsein》, 188쪽 이하 참조.

37 사실적인 것의 정확한 불변성이 필연적이라는 점에 대해서는 로마노 과르디니, 《Unterscheidung des Christlichen》(1935), 133쪽 이하 참조.

다. 이는 바오로 사도가 "이제는 내가 사는 것이 아니라 그리스도께서 내 안에 사시는 것입니다."(갈라 2,20)라고 말한 것에 해당된다. 나는 존재하지만, 내 안에서 나를 사랑하시는 '존재하시는 분'이 내 안에 존재함으로써 내가 실제로 존재한다. 그리고 나는 본래적으로 존재하시는 분, 그분의 존재를 깨달음으로써, 곧 믿고 사랑하고 희망하며 깨달음으로써 나는 이러한 나의 존재를 깨닫는다.

그러나 문제는 더 깊이 나아간다. 존재를 경험하는 방식은 다양하다. 그중 하나는 어디에서나 동일하고 사실적으로 있는 것과는 무관한 속성 없는 결정으로서 존재를 감지하는 것과 같다. 그렇다면 '존재'는 가장 적은 내용과 가장 일반적인 범위의 가장 단순한 특징을 의미하며, 이는 모든 특별한 본질 내용에 동일한 방식으로 부가되어, 모든 곳에서 동일한 것, 그러니까 이 존재가 거기에 '있지 않은' 것이 아니라 '있다'는 것을 말한다. 그러나 또 다른 경험 방식도 있다. 여기서 존재는 속성적인 어떤 것인 동시에 그것을 실행하는 방식으로서 파악될 수 있다. 그렇다면 '존재'는 행위인 동시에 그 결과도 의미한다. 이는 추상적으로, '표징'으로서 파악될 수 있는 것이 아니라, 특정한 존재자가 존재 안에서 자신을 주장한다는 사실과, 동시에 이것이 이루어지는 힘을 의미한다. 그러나 이러한 실재의 힘은 거기에 실제적으로 있는 것에 따라 그때마다 다르다. 존재자가 무로부터 자신을 유지하고 다른 존재와 구별하며 자신 안에서 스스로를 명확하게 하는 행위의 그때마다 다른 힘은 그것이 관계되는 것이 수정인지, 식물인지, 동물인지, 육체인지, 정신인지에 따라 매번 달라진다. 그리고 힘의 정도뿐만 아니라 그 종류와 속성에서도 다르다. 존재하는 것의 '무엇'인 본질은 자신의 존재의 '그것임'에서, 자신의 실재의 사실에서 나타난다.

    이러한 관점에 따르면, 마음이라는 개념과 관련해서 이미 언급되었던 것처럼, 실재의 단계들이 존재한다. 특히 각 단계를 결정하는 것은 한편으로는 실현된 본질의 정도이다. 말하자면 존재자의 가치가 높을수록, 그 실재 행위는 더 강력해지고, 그 실재가 더 강해진다. 식물은 수정보다 더 실제적이며, 동물은 나무보다 더 실제적이고, 사람은 동물보다 더 실제적이며, 영혼은 육체보다 더 실제적이다. 두 번째 수준의 질서는 개별 존재 자체의 영역에서 진행된다. 이러한 질서는 해당 존재자에서 실현되는 정도에 따라서 결정된다. 말하자면 존재자가 자신의 본질, 플라톤적으로 말하자면 자신의 이데아가 더 완전할수록, 그것은 더 실제적이다. 따라서 고귀한 동물은 천한 동물보다 더 실제적이며, 참되게 교육받은 인간은 교육받지 못한 인간보다 더 실제적이며, 선한 일은 나쁜 일보다 더 실제적이고, 순수한 영혼은 불순한 영혼보다 더 실제적이다. 본질적으로 이러한 관점이 낯선 사람들에게는 아마도 이상하게 여겨질 수 있겠지만, 이러한 관점을 가진 사람들에게는 즉시 명백해진다.

내가 착각하지 않는다면, 아우구스티노는 후자이다.[38] 그는 《고백록》 3권에서 인간 존재의 실재에 대한 물음, 그러니까 삶이 언제 실재에 기반하고 언제 가상에 기반하는가를 말한다. 그는 결론을 다음과 같은 문장으로 요약한다.

"저는 당시에 그렇게 공허한 상들로 연명했지만, 영양을 공급받지는 못했습니다. 그러나 당신께서는 저의 사랑이십니다. 제가 강해지기 위해서 그 사랑 앞에서 저는 약해집니다. 당신께서는 저희가 하늘 어딘가에 있는 것으로 보는 그런 물체도 아니시며, 그렇다고 하늘에서 저희가 보지 못하는 그런 것도 아니십니다. 왜냐하면 당신께서 그것들을 창조하셨고, 그것들을 당신의 가장 높은 피조물들로 여기시지도 않으시기 때문입니다. 그렇다면 당신께서는 저의 환영, 존재하지 않는 물체들의 환영과는 얼마나 멀리 떨어져 계시겠습니까![39] 존재하지도 않는 물체들의 환영들에 비하면 존재하는 물체들에 대한 환영의 상들이 더 확실하고, 이러한 상들보다는 물체 자체가 더 확실하지만, 당신께서는 이런 것들이 아니십니다. 그렇다고 당신께서는 육체의 생명인 영혼도 아니십니다. 육체의 생명이 [물질적 토대에 있

---

[38] 플라톤은 이러한 관점에 속했다. 이에 대해는 《국가》 5권의 마지막 부분에서 실재들의 단계를 참조하라. 유한한 것과 이데아, 그리고 그 위에 구축된 덕 이론과 참된 철학자의 본질적인 모습과 관련해서 존재에 대한 그의 전체 이론도 참조하라.

[39] 켄타우로스와 유사한 신화적 생물을 의미한다.

는] 육체보다 더 낫고 확실하더라도 말입니다. 오히려 당신께서는 영혼들의 생명이시며, 생명들의 생명이시고, 당신 자신으로부터 살아 계시며, 변함이 없으시고, 제 영혼의 생명이십니다."(3,6,10)

이 구절은 어떤 이론적 의도를 가지고 쓰인 것은 아니다. 그러나 《고백록》의 다른 많은 문장들이 이 구절의 의미, 그러니까 일련의 확실성certitudo의 단계, 실재의 농도를 명확하게 드러내는 것 같다. 이는 더 나은 존재, 본질의 정도, 가치의 정도에 기반한다. 그러나 마지막에 대상적인 논의가 개인적으로 관련된 논의로 이어지는 방식은 지극히 아우구스티노적이다.

존재자가 지닌 실재의 척도에 대한 아우구스티노의 생각은 악의 본질에 대한 그의 견해에서 더 명확해진다. 그는 《고백록》 7권에서 존재하는 모든 것이 선하다고 말한다. 악은 가치의 부재이며, 동시에 이를 통해 사물들의 실재가 의문에 처해진다. 어떤 존재자가 가치가 없어지면, 그 존재자는 실재성을 상실한다.

"모든 가치를 박탈당하면, 아예 아무 존재도 아닐 것입니다. 따라서 그것은 존재하는 한 [그리고 존재하는 만큼] 선합니다."(7,12,18)

실재하는 존재의 척도는 가치이다. 가치가 높을수록 더 실제적이다. 가치가 완전히 사라진다면, 소멸한다. 그러나 인간이 이렇게 되는 것은 불가능하다. 인간은 가치를 배신하고 그것으로부터 멀리 떨어질 수는 있지만, 자신의 존재에서 가치를 완전히 상실해서 이를 파괴할 수는 없다. 인간은 자신을 창조하지 않았기 때문에 하느님을 닮은 것은 죄를 통해서도 취소될 수 없고 단지 훼손될 뿐이다. 죄는 가치에서 멀어지는 것을 의미한다. 정확하게 말하자면 이미 발전된 의미에서, 최고의 선에서 순전한 무가치로, 더 정확하게는 완전히 하느님께서 없는 상태 또는 하느님과 대립된 상태로 떨어지는 것을 의미한다. 하지만 인간은 이러한 상태에 결코 도달할 수 없기에, 절망의 개념에는 무가치함으로 굳어져 성취될 수 없는 소멸에 대한 갈망이 포함된다.

정신의 삶에 대한 이러한 관점은 특별한 의미를 얻는다. 아우구스티노는 《고백록》 13권에서 창조와 "하느님의 영이 물 위를 감돌고 있는 것"[창세 1,2 참조]에 대해 언급하면서 다음과 같이 말한다.

> "당신의 손상되지 않고 변하지 않는 의지는 스스로 자체에 만족하면서 당신께서 창조하신 생명 위에 감돌고 있었습니다. 이 생명에게는 '살아 있음'이 '복된 삶'과 같은 의미는 아닙니다. 그것은 이 생명이 자신의 어둠 속에 떠돌더라도 살아 있기 때문입니다. 이 생명에게는 자신을 창조하신 분께로 돌아서서, 생명의 근원에서 점점 더 생생하게 되고, '당신 빛으로 저희는 빛을'[시편 36(35),10 참조] 보며 완전해지고 빛을 받아서 복되게 되는 것 외에는 남아 있지 않습니다."(13,4,5)

하느님께서는 온전히 살아 계시며 복되시다. 그분은 존재로서, 그리고 가치로서 실재하시며, 실재로 존재이고, 이로써 가치이기 때문이다. 피조물 안에는 균열이 있다. 유한한 것은 고유한 존재, 그 존재의 이데아를 소유하지 않고 이에 대한 몫만을 지닌다. 유한한 것은 이러한 존재를 향해 가는 길에 있으며, 따라서 고유한 실재를 향해, 고유한 지복을 향해 있다. 그것의 본질은 하느님 안에 원형적으로 있기에, 그분을 향해 나아가야 한다. 그분께서 떨어져 나가서 헛된 것으로 떨어졌기 때문에, 그분께로 '돌아서야' 한다. 이러한 돌아섬, 회심은 하느님께 더 가까워질수록 항상 더 실제적이고 본질적으로 더 생생하고 완전하게 더 복되다. 이는 일련의 인간 존재의 결정들에 의해 이루어진다.

다음 장에서는 천사들에 대해 다음과 같이 말한다. 천사들은 "그로부터 모든 것이 유래하는 그분에게로 돌아서지 않았다면, 그리고 [그분의] 비추임을 통해 아름다운 생명체로, '하늘의 하늘'로 되지 않았다면, 형태가 없는 흐물거리는 상태로 어두운 혼돈으로 남아 있었을 것이다."(13,5,6) "빛이 생겨라."[창세 1,3]는 창세기 해석에서 이러한 생각은 다시 한번 강조된다.

"우리 안에서 저희가 '어둠'이 되었던 것과 '빛'이 되는 것은 시간적으로 구분됩니다. 그러나 천사의 세계와 관련해서 이 천사의 세계가 [은총의 빛과 신적인 공동체를 통해서] 조명되지 않았다면, 무엇이 되었을지 말해 줍니다. 이는 마치 천사의 세계가 처음에는 흘러내리면서 어두웠던 것처럼 말하는데,[40] 이로써 그것을 통해 다르게 존재했던 것으로, 말하자면 천사의 세계가 '불멸의 빛'으로 돌아가서 스스로 빛이 되는 일이 발생하는 원인이 분명합니다."(13,10,11)

마침내 인간의 영혼에 대해 다음과 같이 말한다.

"오만의 불순함, [무절제한] 관능의 욕망, 호기심의 독은 죽은 영혼의 움직임입니다. 영혼은 이런 모든 움직임을 상실함으로써 죽지 않고, 오히려 생명의 근원에서 멀어져서 지나가 버리는 세상에 사로잡혀 이 세상에 동화됨으로써 죽습니다."(13,21,30)

그러나 악한 삶에서 죽어 가는 이러한 성향이 사랑에 의해 하느님께로 돌아간다면, "영혼은 선하게 살아감으로써 [진정으로] 살아나기 시작한다."

정신적 존재의 실재는 존재가 어떻게 살고, 그 존재의 어떤 내용이 수행되는지, 그 존재가 어떤 태도를 가지고 있는지에 상관없이 고정되지 않는다. 오히려 이 실재는 존재의 태도의 순수성과 그 존

---

[40] 창세기 첫 구절에 대한 우의적 설명에 해당한다. 이에 따르면 '첫 번째 하늘'과 '첫 번째 땅'은 천사의 세계를 의미한다. 여기서 우리에게 중요한 것은 아우구스티노와 관련된 사상뿐이다.

재에 의해 이루어진 가치 내용들에 따라 상승하고 하강한다. 아우구스티노에게 창조 행위에서 직접적으로 나오는 정신의 첫 번째 존재는 여전히 불안정하고 온전히 실제적이지 않다.[41] 그는 가치의 충만함, '최고선'인 하느님께 가까이 다가갈 임무를 지니고 있다. 그렇게 하는 만큼 그에게 실재가 증가한다. 정신은 바로 하느님을 내용으로 얻을 수 있는 능력과 결정력을 지닌 '하느님을 포괄하는 존재 Capax Dei'인 존재자다. 하느님께 가까이 다가감으로부터 생기고 믿음과 사랑을 통해 실현되는 실재는 진정하고 거룩하다. 아우구스티노가 정신이 그 자체로 불멸하는 것이 아니라 믿음과 사랑으로 하느님께 다가갈 때만 비로소 불멸한다고 설명할 때, 이 개념은 가장 강력하게 표현된다. 물론 그는 정신이 해체되거나 사라질 수 있다고 말하지 않는다. 그는 정신의 본질에서 나오는 이 첫 번째 파괴할 수 없는 것에 대해 조금도 의문을 제기하지 않는다. 그러나 이것은 아직 그가 중요하게 생각하는 불멸성, 곧 생명의 실재는 아니다. 계시의 불멸성, 영원한 생명이 아니다. 여기서 '영원한'은 '파괴 가능한'과 대비되지 않고, 은총 안에서 신의 거룩한 실재에 대해 참여하는 것을 의미한다. 인간이 하느님께로부터 멀어진다고 해서 무가 되지 않는다. 창조 행위 자체로 인간의 본질 안에서 가치들이 작용

---

41 《신국론》은 가장 높은 그리스도교적 존재인 천사에 대한 언급을 통해 이러한 사유를 확장한다.

하기 때문에, 이런 일은 일어날 수 없다. 이 가치들은 창조된 의지에 의해 영향을 받을 수는 있지만 폐기되지 않는다. 왜냐하면 인간은 인식, 자유, 창조의 가능성으로 존립하는 하느님과 닮은 형상이기 때문이다. 그러나 인간은 무를 향해 움직인다. 악해지는 것은 무한하게 무를 향해 접근해 가는 것을 의미한다.[42]

여기에 '죄'와 '죽음'의 개념이 공통적인 뿌리를 내리고 있다. 가치와 선은 존재와는 아무런 관련이 없고 성향에 속하는 순전한 의도의 지향이 아니다. 오히려 가치와 선은 존재의 특징이자 전제이다. 존재하는 것은 가치가 있는 만큼 실제로 존재한다. 자유롭지 못한 존재는 본질에 의해 자신의 가치가 확정적으로 측정된다. 그러

---

[42] 이러한 생각의 위험이 어디에 있는지는 쉽게 알 수 있다. 철학적으로는 역동주의에 있다. [역동주의는] 형태의 고정성을 해체하고, '본질'을 '가치'로 되돌리고, '존재'를 '생성'으로 만들고, 악을 원하는 실질적인 피조물의 비극을 흐르게 만든다. 그리고 신학적으로는 초자연주의에 있다. [초자연주의는] 피조물의 본성, 그 본질과 존재를 은총에 의존하게 만들고, 계시와 신앙의 영역에서만 자유를 보며, 불멸을 구원에 근거한다. 내가 올바르게 이해한다면, 이는 개신교에서 종종 도출되는 것이다.
하지만 아우구스티노 자신은 이런 결론을 내리지 않는다. 그러나 이러한 점 외에도 그가 그러한 결론에 도달하는 생각의 틀에서 사유하지 않는다는 것을 명심해야 한다. 그에게 중요한 것은 체계가 아니라 하느님께서 의도하시는 인간이다. 이를 위해서 그 자신은 특정한 출발점에서 진술을 하고, 그다음에는 다른 출발점에서 다른 진술을 하고, 그다음에는 또 다른 진술을 이어 나간다. 각 진술은 다른 진술과 전체 진술에 의해 함께 결정되는데, 그것은 진술의 의도가 그 자체로 이러한 전체와 그 전체 안의 다양한 다른 계기들로 향하기 때문이다. 아우구스티노의 사상은 이러한 생생한 상호 얽힘으로부터 벗어나서 체계로 가공될 때 위험해진다. 그렇게 된다면 더 이상 아우구스티노가 말하는 것이 아니라, 루터나 칼뱅 또는 얀세니우스가 말하는 것이 된다.

한 존재는 있는 그대로 필연적이며 변화되지 않는다. 반면에 자유로운 존재자인 정신은 가치를 원하거나 원하지 않는다. 정신은 가치를 더하거나 덜한 정도로 순수하고 완전하게 원할 수 있다. 그럼으로써 정신은 더욱 존재하거나 덜 존재하게 된다. 정신이 가치를 원하거나 원하지 않는 것, 긍정하거나 부정하는 것, 받아들이거나 거부하는 것은 정신의 삶이다. 정신은 인식하고 사랑함으로써 살아간다. 하지만 그는 자신의 고유한 실재도 염두에 두고 있다. 살아가면서 그는 존재 안에서 지속적으로 자신을 규정한다. 때로는 상승하면서 때로는 하강하면서 더하거나 덜한 정도로 실재한다. 살아가면서 그는 끊임없이 자신의 고유한 실재의 정도를 규정한다. 잘못된 삶을 살아감으로써, 그는 죽음에 가까워진다. 이 죽음은 본성적인 정신성의 참된 생명이 그것에 의해 침해되지 않은 채로 계속해서 존립할 수 있도록 은총의 죽음에 이를 뿐만 아니라, 그러한 은총의 죽음은 이 세상의 삶에까지 영향을 미친다. 이 죽음은 삶을 없앨 수 없지만, 결코 도달하지 못하면서도 무로부터 가장 깊은 곳에 이르기까지 죽음을 규정하게 하는, 무를 향한 움직임으로 이끈다.

　이러한 사유 과정을 통해서 '덕'과 '복된 삶'이라는 개념은 새로운 깊이를 얻게 된다. 마음에 대한 표상도 더 풍부하고 강력해진다. 무엇보다도 이 장의 출발점으로 돌아가서 보자면, 이러한 개념들은 인간 존재와 아우구스티노의 관계에 있어서 중요하다. 그는 형이상학적 체계를 구축하기 위해 추상적으로 생각한 것이 아니라, 그 안에서 자기 자신을 이해하기 위해서 구체적으로 생각했다. 이로써 그는 존재를 경험하는 방식을 드러내었다. 그는 이를 통해 인간 존재가 끊임없이 변화하는 모습을 표현하려고 했다. 자신의 확실하지 않은 의지와 열망에 의존하면서, 많은 것을 요구하지만 동시에 나약하며, 경이로운 동시에 의심스러운 인간 존재가 얼마나 불확실한 처지에 놓여 있는가를 말이다.

11
창조와 섭리

아우구스티노에게 인간은 위대하고 의미 있는 존재이지만, 이러한 위대함과 의미는 그 자체에서 기인하지 않는다.

여기에는 자율성이라는 타고난 태도가 있다. 자율성은 인간이 자신을 자신 안에서 발견하고, 자기 존재의 주인이며, 자신이 사물과 타당성에 대해 지니는 관계를 확신하는 특정한 자기 체험을 전제한다. 이러한 태도가 진정하다면, 그것은 그리스도인뿐만 아니라 비그리스도인에게도 해당될 수 있는 본래적인 기질을 만들며, [인간은] 이 안에서만 자신의 궁극적인 목적을 얻게 된다. 이러한 태도와 대조되는 태도가 있는데, 그것을 이 용어가 지니는 경멸적인 성격을 피하기 위해서 '헤테로놈'(heteronom, 타율적)이라는 말 대신에 '알로놈'(allonom, 타자와 관련된)이라는 말로 칭할 것이다. 이러한 두 태도는 노예와 자유의 관계처럼 도덕적인 해석 방식으로 설명되는 것이 아니라, 본성적인 이타주의가 이기주의와 관련이 있는 것처럼, 두 용어는 순전히 심리학적으로 이해되어야 한다. 이 가운데 한 태도는 자신 안에 직접적인 중심과 결정 지점이 있지만, 다른 태도는 타자 안에 있다. 따라서 '알로놈'은 무의식적으로 타자를 의식하는 경향이며, 이는 자연스럽게 전체의 일부로, 권력의 표현이자 기관으로, 모든 사건의 부분으로 자신을 경험한다. 이것 역시 그리스도인뿐만 아니라 비그리스도인에게도 해당되며, 그 안에서 궁극적인 목적을 찾을 수 있다.

아우구스티노의 인간은 관계에서 결정되고 관계로 향하는 알로놈이다. 그것은 약하거나 비겁하거나 자기를 비하하기 때문이 아니다. 오히려 그것은 자신의 힘, 용기, 자아감이 그 중심을 개별적인 것에 두는 것이 아니라 존재의 사건의 맥락에 둔다.

이에 따라서 그는 하느님께서 본래적으로 계신 분이지만, 자신은 하느님을 통해서만 존재하고 의미가 있다는 의식으로 가득 차 있다. 그가 소유한 모든 것은 창조주께 직접 받았으며, 존재와 의미는 그분으로부터 끊임없이 어떤 장애 없이 그에게 온다. 이로써 그가 믿음이 있고 하느님께 순종한다고 말하는 것은 아니다. 왜냐하면 믿음과 순종은 기질의 문제가 아니라 인격적인 결정의 문제이기 때문이다. 선천적으로 '자율적인' 사람도 믿음이 있고 하느님께 순종할 수 있다. 근대뿐만 아니라 초기 그리스도교의 위대한 인물들도 이를 증언하고 있다. 오히려 아우구스티노의 의식 속에는 하느님께서 직접 행동하시고 의미를 부여하시는 분이라는 의미가 들어있다. 그가 우선적으로 느끼는 바에 의하면, '두 번째 원인', 곧 인간의 존재와 의지가 '첫 번째 원인', 곧 하느님의 존재와 작용 뒤로 물러난다.

전체 관계는 하느님의 창조성을 생생하게 의식함으로써 확립된다. 예를 들어 《고백록》 10권의 6장을 참조할 수 있다. 이는 "제가 하느님을 사랑할 때 제가 사랑하는 바가 바로 이것입니다."라고 함으로써 하느님의 가치에 대해 다룬 첫 번째 부분을 마무리한다. 그런 다음에 다음과 같이 말한다.

"그러면 이것은 무엇입니까? 이렇게 땅에게 묻자 다음과 같이 답합니다. '나는 아무것도 아니다.' 그리고 그 안에 있는 모든 것도 똑같이 고백했습니다.

그래서 바다와 심연, 그곳에서 기어다니는 생명체에게 물었더니 다음과 같이 대답했습니다. '우리는 너의 하느님이 아니다. 우리 위에서 찾아라.' 산들바람에게 물었더니 대기권 전체가 그 안에 사는 거주자들과 함께 대답했습니다. '아낙시메네스가 틀렸다. 나는 하느님이 아니다.' 하늘, 태양, 달, 별에게 물었더니, '우리도 네가 찾는 하느님이 아니다.'라고 대답했습니다.

제 육신의 출입문 주변에 있는 모든 것들에게 '나의 하느님에 대해 말해 다오. 너희가 하느님이 아니라면, 그분에 대해 무엇이라도 말해 다오.'라고 했더니 그것들이 큰 소리로 외치는 것이었습니다. '그분이 우리를 창조하셨다.' 저의 탐구적인 시선이 저의 질문이었고, 그들의 아름다움이 그들의 대답이었습니다. 저는 저 자신에게로 돌아서서 스스로에게 '도대체 너는 누구냐?'라고 말했습니다. 제가 다음과 같이 대답했습니다. '한 사람이다.'

그러자 보시다시피 신체와 영혼이 내 안에 갖추어져 있습니다. 하나는 밖에 있고, 다른 하나는 안에 있습니다. 이 둘 중 어느 것에서 저의 하느님을 찾아야 할까요?

저는 이미 저의 육체로 땅에서 하늘에 이르기까지 제 눈의 광선을 심부름꾼으로 보낼 수 있는 만큼 하느님을 찾았습니다. 하지만 안에 있는 것이 더 고귀합니다. 왜냐하면 모든 육체적인 심부름꾼들은 자신들이 보고할 것을 마치 자신들의 상관인 것처럼 안에 있는 것에게 가져왔고, 하늘과 땅, 그리고 그 안에 있는 모든 존재들의 대답을 판단해서 '우리는 하느님이 아니다.' 그리고 '그분이 우리를 창조하셨다.'고 말했기 때문입니다.

내적 인간은 제 육체의 심부름을 통해서 이것을 알았습니다. 영인 제가 이것을 알아내었습니다. 저는 세상의 거대한 덩어리에게 저의 하느님에 대해 물었고, 그것은 다음과 같이 답합니다. '내가 아니라 그분이 나를 창조하셨다.'"

그러나 영혼 자체도 그렇게 답한다는 것은 마지막 문장에서 언급된다. 물질적인 실재에 대해 이야기한 다음에 다음과 같이 말한다.

"내가 너에게 말하건대, 네 영혼은 [이 모든 것보다] 더 고귀하구나. 너는 네 몸의 무거운 물질성에 생명을 주어 살리고 어떤 물질도 다른 물질에게 주지 못하는 생명을 몸에 부여하기 때문이다. 그러나 하느님께서는 네 생명의 생명이시다."(10,6,9.10)

본문은 두 가지 측면에서 정확하다.

첫째, 하느님께서는 유한한 모든 것과는 분명하게 구별된다. 더구나 이는 아우구스티노가 하느님의 영적 실재를 인식한 것과 관련된, 출발점은 다르지만 근본적으로 신비적인 성격의 특별한 체험을 통해서 이루어진다(7,10,16). 그리고 바로 이 구별에 근거해서 체험 가능한 모든 것에 대해 말한다. 모든 것은 그 자체로부터가 아니라 하느님께로부터 비롯된다는 것이다. 4권 12장은 인간과 관련해서 동일한 의식을 매우 강력하게 표현한다.

"육체가 그렇다면 [네 마음에 들면, 곧 가치 있어 보이면], 그것을 통해 하느님을 찬미하고, [네가 그것에 느끼는] 사랑을 그것을 지어 내신 분에게 돌려 드려라. 그것이 너에게는 마음이 드는데, 정작 너 자신은 그분의 마음에 들지 않지 않게 하기 위해서이다. 영혼이 [네] 마음에 들면, 하느님 안에서 영혼도 사랑받게 하여라. 영혼도 덧없는 존재이며 그분 안에서만 견고함과 안정성을 부여받기 때문이다. 그렇지 않다면 영혼은 사라지고 없어져 버릴 것이다. 그러니 영혼이 그분 안에서 사랑받게 해서, 네가 할 수 있는 한 너와 더불어 영혼을 그분에게 끌어당겨서 영혼에게 말해라. '우리는 이 분을 사랑하려고 한다. 그분은 이 모든 것을 창조하셨고 멀리 있지 않다.' 그분이 이 모든 것을 지어 내시고 떠나간 것이 아니라, 이 모든 것은 그분으로부터 그분 안에 있기 때문이다."(4,12,18)

모든 것은 있는 그대로 존재하는 모든 것과 함께 하느님께로부터 나온다. 하느님께서는 시작이시다. 우리가 이야기해 온 태초의 비밀은 우리를 그분께로 이끌어 간다. 어딘가에서 맴도는 기묘한 현상은 완성된 것이 아니다. 그것은 하느님과 관련될 때에야 비로소 완전한 의미를 얻게 된다. 인간은 자신의 고유한 존재를 하느님께로부터 비롯된 것으로 이해함으로써, 나머지 실재들도 그 시작에서 이해하고 이것들이 어떻게 하느님께로 돌아가는지를 보게 된다. 하느님께서는 모든 존재의 배후에 계시며 그것을 지탱하신다. 그렇지 않다면 모든 것은 무로 돌아가게 될 것이다. 존재는 하느님에 의해 끊임없이 실제적으로 유지된다.

"그분은 이 모든 것을 창조하셨고 멀리 있지 않다. 그분이 이 모든 것을 지어 내시고 떠나간 것이 아니라, 이 모든 것은 그분으로부터 그분 안에 있기 때문이다."(4,12,18)

따라서 존재하는 것은 자신의 존재가 하느님께로부터 비롯되고 하느님 안에 있는 것으로 파악될 때에만 올바르게 이해된다. 존재하는 것은 하느님 안에서 제대로 이해되고 제대로 사랑받게 된다. 존재는 피조물의 자기 유지력을 통해서 신적인 창조 행위가 재현되는 것이다. 내가 '있다'는 것은 그것을 통해 내가 무에서 불러내어져서 무 위에서 유지되는 하느님의 전능하신 행위를 따라함으로써 그분 안에 뿌리를 내리고 그분으로부터 나를 세우는 것을 의미한다. 그러나 나는 하느님께서 그렇게 할 수 있는 토대와 능력을 주신 덕분에만 그렇게 할 수 있다. 나의 존재 행위는 하느님의 창조 행위에 의해 가능해지고 지탱되고 포괄된다.

❖ ❖ ❖

모든 사건의 배후에도 하느님께서 계신다. 일어나는 모든 일은 그분을 통해서 일어난다. 《고백록》 전체는 그분의 전능하심을 끊임없이 인식하고 고백한다. 무엇보다도 자신의 삶이 하느님께서 행하시는 것으로서 끊임없이 체험하게 된다. 아우구스티노의 태도는 매우 성서적인 면이 있다. 우리는 그들에게 있어서 모든 것을 하느님께서 직접 행하신 것처럼 보이는 예언자들을 떠올리게 된다. 신적인 활동은 극도로 강렬하게 체감되며, 유한한 것의 가장 깊은 층까지 내밀하게 침투해서, 고유한 실재가 거의 해체될 지경에 이른다. 하느님의 통치는 온 의식을 가득 채우며, 유한한 것의 자체 작용을 위한 공간은 거의 남아 있지 않게 된다. 일어나는 모든 것은 직접적으로 하느님의 행위가 된다. 모든 사건은 하느님의 부르심이 된다. 모든 의미의 맥락은 신적인 의미가 된다. 존재 전체가 엄청난 종교적 밀도를 얻는다. 모든 것은 무한히 깊고 의미 충만하며, 분화되고 끊임없이 알리고 경고하는 하느님의 행위로 나타난다. 인간은 이 행위 안에 있으며, 이 신적인 행위의 작용이자 결과이기도 하다. 인간 자신, 그의 기질, 그가 이해하는 것과 이해하지 못하는 것, 그의 삶의 상태, 그 사람 안에서 작용하는 동기의 얽힘, 그의 행위와 태만도 하느님께서 하시는 일이다. 운명은 하느님께로부터의 심판이기도 하기 때문에, 모든 사건은 끊임없는 심판이 된다. 7권에서는 점성술에 대한 논의에 이어서 다음과 같이 말한다.

"주님, 가장 의로우신 우주의 통치자이신 당신께서는 질문하는 자에게나 질문을 받는 자에게나 그들이 알지 못하는 사이에 숨겨진 영감을 통해서 작용하십니다. 누가 무엇을 묻는다면, 그는 영혼의 숨겨진 공덕에 따라서 당신의 공정한 심판의 심연으로부터 들어야 할 것을 듣는 것입니다. 그러나 인간은 '이것이 무엇입니까?', '왜 그런 것입니까?'라고 말해서는 안 됩니다. 그는 인간이기 때문에 그렇게 말하지 말아야 합니다."(7,6,10)

이 구절은 특히 인상적이다. 왜냐하면 이 구절에서 인간적인 것의 척도와 한계에 대한 고대의 의식이 하느님의 은총의 자기 지배에 대해 로마서의 사유에서 강조된 것으로서 신적인 전능함에 대한 그리스도교적 의식과 연결되기 때문이다. 그리고 동시에 신적인 행위의 은폐라는 개념을 통해서 세계 사건의 자연적인 모습과 연결하려는 시도가 이루어지고 있다.

이러한 관점을 통해서 하느님의 실재는 극도로 풍요로워지고 긴장에 의해 심오하고 신비롭게 스며든다. 피조적인 것에 의해 제기된 모든 문제는 말하자면 하느님 자신 안에서 벌어진다. 여기서 우리는 하느님께 대한 물음이 경험되는 방식에서 중요한 차이점과 마주하게 된다.

인간의 의식이 유한자로서 스스로 서 있다는 의식이 강할수록, 그러니까 위에서 정의한 의미에서 그의 자율적인 감각이 더 생생할수록, 존재의 문제는 유한성 자체에서 설정되고 그곳에서 다루어진다. 유한한 존재는 자신으로부터 이해되어야 하기 때문에, 그것은 점점 더 의미와 질문으로 부담이 가해진다. 반면에 하느님께서는 이로부터 점점 더 분리된다. 하느님께서는 멀리 떨어진 존재로, 엄숙하게 높이 있는 존재로, 건드릴 수 없는 순수한 존재로 나타난다. 또는 하느님께서는 최고의 존재라는 단순한 개념으로 생각되며, 하느님과 관련된 존재의 문제는 순수한 사유의 문제가 된다. 또는 하느님께서는 마침내 '전혀 다른 존재'로 느껴지며, 그분과 존재자 사이에는 그 어떤 표현 가능한 관계도 포기된다. 하지만 인간의 존재, 그러니까 세계와 자신의 고유한 삶을 하느님의 직접적인 작용으로 체험할 때는 달라진다. 이때 하느님께서는 멀리 떨어져 있는 '첫 번째 원인'이거나 관계 없는 '타자'로서만이 아니라, 존재를 무에서 끊임없이 끌어올리시는 분으로서, 항상 완전하고 온전하게 존재에 작용하시며, 의미를 부여하시고, 실제로 존재하도록 세워 주신다. 그분은 운명을 엮으시며 일어나는 모든 일로서 운명을 판단하고 말씀하신다. 일어나는 사건이 더 진실하고 강력할수록, 존재에 대한 물음은 더욱더 직접적으로 하느님에 대한 물음이 된다. 존재하는 모든 것이 그분에 대해 말한다면, 모든 존재자도 그분께 대한 물음이 된다.[43]

---

[43] 루돌프 오토는 저서 부록에서 '성스러운 것'에 관련하여 동양의 한 현자에 대해 말한다. 이 현자는 종소리를 듣고 멈춰서 제자들에게 말한다. "종소리가 저렇게 울리는데 어떻게 슬퍼할 수 있겠는가?" 그는 '신 안에서' 종소리를 들었던 것이다. 우리가 하느님 안에서 어떤 것을 듣는다면, 그것은 직접적으로 하느님에 대한 기쁜 소식이 되지만, 그분

'하느님께서는 누구이신가?'라는 물음에 대한 답은 일반적인 의미로 묻는 순간 쉽게 보인다. 이때 그분은 '절대적 존재'이다. 그러나 나의 개인적인 존재를 하느님의 작품으로 알게 되고, 내가 이 인간 존재를 만나고 이 만남을 '하느님 안에서' 일어나는 것으로 체험하는 순간, 우리가 이렇게 존재하고 지금 여기서 이렇게 서로 마주치는 하느님께서는 도대체 누구이신가? 그럴 때 하느님께 대한 물음은 끝이 없어진다. 이 물음은 모든 존재자에게서 끊임없이 떠오른다. 그리고 그 대답은 끝이 없다. 물음과 대답은 모든 것과 모든 사건에서 항상 새롭게 주어진다.

그 때문에 심각한 문제가 생긴다. 일어나는 모든 일이 하느님의 작품이라면, 고통이 생길 때 하느님께서는 도대체 누구이신가? 나의 고통은 어떻게 된 것인가? 언제 내 안에 악한 충동이 생기는가? 이는 겉보기에 피할 수 없는 것인가? 도덕적인 투쟁 속에서 실패한다면 하느님께서는 누구이신가? 이는 내가 지금 체험하고 내 책임이 있는 죄 때문인가?

여기서 하느님께서는 일어나는 사건에서 끊임없이 나타나시는 '살아 계신 하느님'이시다. 이는 마치 하느님께서 그 자체로는 불확실해서 일어나는 사건을 통해서만 비로소 뚜렷한 모습을 드러내시

에 대한 물음이 되기도 한다. 그래서 "종소리가 그렇게 기쁘게 만든다면 하느님께서는 누구이신가?"라고 말할 수도 있다.

는 것처럼 범신론적인 의미가 아니다. 그렇다면 이는 본래의 접근 방식을 그릇되게 과장하는 셈이 될 것이다. 그것은 이신론理神論[44]이나 상호 이해가 불가능한 자율주의에서 그 자체로 올바른 성향에 따른 접근 방식을 과장해서 나타내는 것과 같다. 그러나 여기서 우리는 척도와 진리에 머물러 있는 체험의 형태에 대해 말하고 있다. 존재하는 모든 것은 하느님을 통해서만 존재한다. 반면에 그분 자신은 자유로우시고 스스로 충분하신 분이시다. 이렇게 하느님을 경험하는 사람은 그분을 존재, 정신, 사랑과 같이 궁극적으로 본질적인 것에서만 보는 것이 아니라, 무엇보다도 세계와 인간 존재가 끊임없이 그분에 의해 실현되는 지속적인 사건에서도 그분을 본다. 그렇다면 모든 것은 그것을 실현하시는 분에 대해 말하며, 모든 과정은 그것을 실현하는 분을 드러내는 것이다. 이는 일반적인 의미에서 '원인'으로서가 아니라, 구체적인 의미에서 '그분의' 원인으로서 말하는 것이다. 하느님께서는 이 대지 위 저녁 하늘의 넓은 공간을 창조하시고 빛에 의해 분명하게 꼴을 갖춘 나무를 지어 내신 분이시다. 내가 행복을 경험한 후에 나와 이 사람을 이 시간에 만나게 하시는 분도 하느님이시다. 모든 형태, 모든 사건과 행위의 가장자리에서 물음이 응축된다. '만일 그렇다면 하느님께서는 도대체 누

---

[44] 이신론Deismus은 신이 우주를 창조한 이후에는 더 이상 우주에 개입하지 않는다고 주장한다. — 옮긴이 주

구이신가?' 그러나 이렇게 묻는 사람의 물음이 순수한지 그가 얼마나 열려 있는지에 따라 이 사람에게 대답은 어느 정도 명확해진다.

아우구스티노는 이런 식으로 사물, 사건, 자기 자신의 실재를 체험한다. 그래서 그는 하느님을 '그의 생명'이라고 반복해서 말한다. 그의 영혼이 몸의 생명인 것처럼, 하느님께서는 그의 영혼과 존재 전체의 생명이다. 여기서 하느님께서는 진정 살아 계시고 생명을 주시는 분으로 느껴진다. 이러한 점 때문에 아우구스티노의 '고백'은 의미를 얻는다. 이 고백은 자신의 삶을 인도하는 오솔길에서 하느님께 끊임없이 질문하는 것이다. 이러한 인간 존재의 의미에서 하느님께서는 끊임없이 당신 자신을 분명하게 하시는 것이지만, 존재의 의미는 하느님께서 나타나시는 것에서 비로소 명확해진다. 특히 《고백록》 1권의 시작 부분인 4장에서 이러한 점이 놀랍게 드러난다.

"저의 하느님께서는 누구십니까? 주님이 아니시라면 누가 하느님이십니까? '정녕 주님 말고 그 누가 하느님이며 우리 하느님 말고 그 누가 반석이 되어 주겠는가?'[시편 18(17),32 참조] 당신께서는 지극히 높고 지극히 능하고 지극히 전능하며 지극히 자비롭고 지극히 의로우며 지극히 숨겨져 있고 지극히 현존적이며 가장 아름답고 가장 강한 분이십니다. 당신께서는 영속적이고 불가해한 분이십니다. 당신께서는 모든 것을 바꾸시는 변하지 않는 분으로 결코 새롭지도 결코 낡지도 않으며, 모든 것을 새롭게 하시면서 오만하면서 '그것을 알지도 못하는' 이들을 '낡아빠지게 만드는' 분이십니다. 당신께서는 항상 일하면서도 항상 고요하며, 거두면서도 아쉬운 것이 없고, 가져가면서도 채우고 감싸 주며, 창조하고 양육하고 완전하게 하며, 부족한 것이 없지만 찾으시는 분이십니다. 당신께서는 사랑하면서도 자신을 소모하지 않으시며, 열정에 넘치지만 안온하시며, 후회하지만 고통을 받지 않으시며, 분노하지만 평온으로 가득하십니다. 당신께서는 작품을 바꾸지만 결심은 바꾸시 않으시며, 찾은 것을 취하지만 그것을 잃은 적은 없으십니다. 결코 가난하지 않지만 얻은 것을 기뻐하며, 탐욕스럽게 이자를 요구하지 않으십니다.

당신께 의무 이상으로 주어져서 채무자가 되지만, 당신께 속하지 않은 것을 누가 가지고 있겠습니까? 당신께서는 채무를 갚으셔서 누구에게도 채무가 없으시며, 빚을 탕감해 주어도 당신에게는 잃은 것이 없습니다. 저의 하느님, 저의 생명, 저의 거룩한 달콤함이시여, 우리가 말한 것은 무엇입니까? 또는 누가 당신에 대해 말할 때 무엇을 말하는 것입니까? 하지만 당신을 두고 침묵하는 사람들은 불행할 것이니, 벙어리가 말을 할 것이기 때문입니다."(1,4,4)

이 모든 것은 일반적인 진술이 아니라 우리 자신의 경험에 대한 해석이다.

여기서부터 그 의미가 명확해진다. '섭리'는 스토아주의나 이신론에서처럼 종교적으로 봉헌된 세계 질서를 의미하지 않는다. 이 말은 사물들의 연관성이 합리적으로 작동되고, 세계사의 흐름이 의미 있으며, 이러한 과정과 연관성의 배후에 궁극적인 신적 비밀이 도사리고 있다는 것을 의미하지 않는다. 섭리는 오히려 실재의 작용, 연관성의 결합, 사건의 실현과 같은 하느님의 끊임없는 활동이다. 이로써 실재는 저항할 수 없는 힘의 유희를 위한 단순한 재료가 되지 않는다. 오히려 여기에는 우리가 말하는 존재 경험의 다른 측면이 있다. '사물'은 하느님께서 그렇게 창조하신다는 것이며, '유한한 사건'은 바로 하느님께서 그렇게 행하신다는 것이다. 하느님께서 창조하신다는 사실에서 사물들은 그 자신이 된다. 하느님께서 사건을 결합하신다는 사실에서 그 안에 포함된 모든 것은 자신의 존재 밀도를 유지한다. 하느님께서 유한한 행위를 근거로 삼으시고 그 안에서 고유한 힘이라는 사실에서 유한한 행위는 사람의 행위가 되고, 그는 행위자가 된다. 따라서 아우구스티노에게 은총은 구원의 범주일 뿐만 아니라 존재의 범주이기도 하다. 이 존재는 이미 설명되었듯이 별도의 '자연적인' 인간이 아니라 하느님께서 의도하신 인간에 관한 것이다. 이러한 견해는 큰 긍정적 가능성과 함께 상당한 위험도 내포한다. 이는 아우구스티노의 인식론에 대한 논의에서 이미 언급되었다. 이러한 관점에 따르면 한쪽에는 세계가 있고 다른 한쪽에는 세상을 '한 번' 창조하셔서 계속해서 존재하도록 유지하시는 하느님께서 계시지 않는다. 오히려 세계는 하느님께로부터 끊임없이 태어나며 하느님 가까이 다가가는 것처럼 보인다. 세계는 그분의 작용을 지속적으로 나타내는 직접적인 표현이다. 그러나 동시에 세상은 그 자신으로 존재한다. 이렇게 세계는 동요하고 항상 물음을 불러일으키는 특성을 얻게 된다. 우리는 아우구스티노의 문장에서 이러한 점을 감지한다.[45]

《고백록》의 신비로운 생명은 바로 여기서 유래한다. 그것은 아우구스티노가 자신과 세계를 실제로 체험하지만, 이는 항상 하느님을 통해서 실현된다. 그는 자신이 존재하고 살아 있다는 사실을 깊이 체험한다. 그가 만나는 모든 것은 의미로 가득 차 있지만, 이러한 힘과 의미의 강도는 하느님께서 그 안에 계시고 작용하신다는 사실에서 비롯된다.

이는 이미 《고백록》의 독특한 문학적 형식으로 표현된다. 아우구스티노는 《고백록》을 자신의 존재에 대해 말한 뒤에 하느님에 대해 말하고, 그다음 다시 자신의 존재에 대해 말하는 형식으로 저술했다. 그러나 어떤 것 다음에 다른 것이 오는 것이 아니라, 보는 것과 말하는 것이라는 두 가지 줄기는 끊임없이 서로 얽혀 있다. 그야말로 이 두 가지는 하나로 흘러간다. 신적인 실재는 믿음으로 열린 사람의 실재 안에서 창조적으로 드러나고, 인간 자신의 실재는 전능하신 하느님의 실재에 의해 결정된다. 이를 말하는 것이 '고백한

---

[45] 이러한 관점은 동양 사상에서 더욱 강하게 발전된 형태로 발견할 수 있다. 이에 대해서는 로마노 과르디니, 《도스토옙스키의 작품에서 종교적 인물들 Religiöse Gestalten in Dostojewskijs Werk》를 참조.

다confiteri'는 것이다. 이는 근본적인 존재 경험을 표현한다. 이 놀라운 작품의 깊은 매력은 바로 자신의 존재와 삶이 하느님의 작용에서 비롯되었다는 저자의 끊임없는 성찰 의식에 있다. 그러나 그 때문에 어떤 것도 흘러가 버리거나 경계가 흐릿해지지 않는다. 하느님께서는 한 순간도 당신 자신 안에서만 계시는 주님이시자 창조주이심을 멈추지 않으며, 인간은 자신의 전 존재가 그분에게 의존하는 피조물 외에 다른 어떤 것으로 존재하지 않는다. 아마도 독자는 이렇게 말한 것을 계기로 《고백록》을 다시 한번 살펴보고 이 위대한 선율의 항상 새로운 변주를, 이 끊임없는 섭리의 재현을 따라가게 된다. 독자는 마치 항상 현재하는 근원적인 감정에서 우러나오는 원초적인 소리처럼, 수많은 문장, 짧은 언급 또는 외침을 발견할 것이다. 그런 다음 더 길고 의도적인 설명을 발견할 수 있다. 마치 섭리 의식의 가장 내면적인 공간이 열리는 것처럼, 내면적인 드라마에 대한 부분에서 제시된 심오한 구절에 이르기까지 말이다.

이런 형태의 체험에서 아우구스티노에게는 몇 가지 물음이 특별히 절실하게 다가온다. 그 중의 하나는 악의 본질에 대한 물음이었다. 악이 어디에서 유래했으며 하느님과 어떤 관련이 있는가라는 물음이다. 이에 대해 이 책의 이전 부분에서 이미 논의했지만, II부에서 더 상세하게 다룰 것이다.

"저는 '악'⁴⁶이 어디서 오는지 생각해 보았습니다. 악하게 생각했지만 제 생각 속에 있었던 악을 보지는 못했습니다. 그래서 저는 제 정신 앞에 피조물 전체를 두었습니다. 그리고 다음과 같이 말했습니다.

'여기 계신 하느님과 저기 하느님께서 지으신 것을 보라. 하느님께서는 선하시고 그분의 능력과 척도는 모든 것을 압도적으로 능가한다. 분명히 선하신 그분은 선한 것만을 창조하셨다. 너는 어떻게 그분이 이것[피조물]을 포용하시고 채우시는지 보고 있지 않느냐? 그렇다면 악은 어디에서 왔으며 어떤 경로로 여기에 들어왔을까? 그 뿌리는 무엇이고 그 씨앗은 무엇일까? 아니면 악은 아예 없는 것인가? 그렇다면 우리는 왜 존재하지 않는 것을 두려워하고 피하는 것일까?

[악은 존재하지 않기 때문에] 우리가 이유 없이 그것을 두려워한다면, 분명히 두려움 자체가 악이어서, 이를 통해 마음은 무의미하게 찔리고 괴롭힘을 당하게 된다. 악을 전혀 두려워할 필요가 없는데도 두려워하기 때문에 악은 더욱 끔찍한 것이다. 따라서 우리가 [정말로] 두려워하는 악이 있거나, 우리가 두려워하는 것이 바로 악이다. 그렇다면 하느님께서 이 모든 것을 만드셨다면, 선이신 하느님께서 이렇게 선한 모든 것을 지어 내셨다면, 악은 어디에서 오는 것일까? 물론 더 높고 가장 높은 선이 더 낮은 정도로 선한 것을 창조하셨

---

46 '말룸malum'은 여기서 '악'과 '고통'을 포괄하는 확장된 의미를 지닌다. 따라서 이 용어는 그 강도가 다를 뿐 두 의미 모두 고려해야 한다.

지만, 그럼에도 창조주와 창조된 것은 모두 선하다.

　악은 어디에서 오는 것일까? 아니면 그분이 그것으로 사물을 창조한 어떤 악한 물질이 있었는데, 그분이 그것에 꼴을 부여하고 질서를 부여했지만, 그중에 선으로 변화시키지 않은 어떤 것을 남겨 두신 것인가? 만일 그렇다면 왜 그랬을까? 아니면 그분은 전능하심에도 불구하고, 어떤 것도 악으로 남지 않을 정도로 전체를 바꾸고 변화시킬 수 없다는 말인가?

　그분은 당신의 전능함으로 [이 원초적 물질이] 완전히 없어지도록 하지 않으시고, 마침내 이 전능함으로 어떤 것을 만들려고 하신 것인가? 아니면 그것은 그분의 의지에 반해서 존재할 수 있었을까? 아니면 그것이 영원했다면, [하느님께서는] 왜 그것을 무한히 긴 시간 동안 그렇게 오랫동안 그대로 두었다가, 나중에서야 그것으로부터 무언가를 형성하도록 결정하신 것인가?

　아니면 그분이 이미 갑작스럽게 무언가를 행하고 싶으셨다면, 전능하신 분은 오히려 이것[악한 물질]이 전혀 존재하지 않게 하셔서, 모든 것을 창조하고 참되며 지극히 높은 무한한 선이신 그분만이 존재하도록 하지 않으셨는가?

　아니면 선하신 그분이 선한 것을 만드시고 세우지 않으셨다는 것이 옳지 않다면, 그분이 악한 물질을 없애고 제거할 수 있으셔서, 모든 것을 그로부터 창조하셨을 선한 것을 존재하게끔 하지 않으셨을까? 그분이 창조하지 않은 물질에서 도움을 찾지 않고서는 선한 것을

창조할 수 없으셨다면, 그분이 전능하시지 않으실 것이기 때문이다.'

저는 저의 내면에서 비참한 마음으로 괴롭고 고통스러운 근심으로 가득 차서 고민에 휩싸였습니다. 죽음이 두려웠고 진리를 찾을 수 없었기 때문입니다."(7,5,7)

이 본문은 아우구스티노가 해결하지 못한 물음에 얼마나 고통스러워했는지에 대한 많은 보고 중 하나이다. 이는 그가 순전히 정신적 실재를 생각할 수 없었기 때문에, 하느님의 본질을 어떻게 생각할 수 있는지에 대한 다른 물음과 얽혀 있어서 그를 더욱 괴롭혔다. 이러한 점은 앞서 인용한 본문에도 나타난다. 처음에 생략된 부분에서 그는 정신적 존재에 대해 물질적 형태를 갖춘 것으로 상상했고, 하느님을 거대하면서도 물질적인 형태를 지닌 실체로, 모든 것을 포괄하고 모든 것을 관통하는 존재로 상상했다. 그러나 동시에 모든 것을 관통하고 모든 것에 작용하는 하느님의 능력에 대한 체험은 직접적으로 신비적인 형태로 나타난다.

아우구스티노는 악에 대한 물음에 대해 악이 형이상학적으로 존재하지 않는다고 대답한다. 악은 선을 부정하는 것이다. 말하자면 악은 아무것도 아니지만 자유롭게 자신에게 속하는 정신으로부터, 비록 파괴적이라 하더라도 엄청난 힘을 얻게 된다. 하느님께서는 악이나 악한 것을 창조하지 않으신다. 그분이 창조하시는 것은 인간의 존재이며, 그것은 선하다. 인간의 자유 또한 선하다. 존재하는 모든 것은 선하고 좋다. 인간이 죄를 짓는 행위조차도 존재하는 것으로서 선하다. 악은 행위의 방향일 뿐이며, 그 행위를 원하는 자유의 의도이다. 이러한 대답은 아우구스티노에게 일단 도움이 되었다. 그러나 여전히 열려 있는 대답이었고, 존재 경험에서 이 대답을 넘어서거나 이와 모순되는 것은 아마도 그가 그대로 두었거나 전혀 의식하지 못했을 수도 있다.

이러한 경험적 전제에서 특히 시급해진 두 번째 물음은 다음과 같다. 하느님께서 모든 것에 작용하신다면, 그분께서는 인간의 행위에도 작용하시는 것이 아닌가? 심지어 선이나 악의 행위를 원하는 결정에도 작용하시는가? 하느님께서 인간에게 작용하신다면, 그 전능하신 작용이 원하는 대로 이루어져야 하는 것 아닌가? 그렇다면 어떻게 자유가 있을 수 있는가? 그렇다면 인간이 행하는 것이 어떻게 자신의 책임에서 나올 수 있는가? 하느님께서 그렇게 행하신다면, 인간의 행위가 어떻게 가능하겠는가? 과연 하느님께서 실제로 계시다면, 인간의 자기 존재가 어떻게 가능하겠는가? 따라서 은총의 문제는 이처럼 심층적으로 얽혀 있으며 이중적인 위험을 내포하고 있다. 이는 자유를 위한 공간을 만들기 위해 하느님의 전능함을 제한하거나, 악에 대한 책임을 하느님께 지우고 인간을 자유롭지 않게 만드는 것이다. 인간을 하느님께로부터 떼어 내어서 그에게 없는 자율성을 부여하거나, 섭리적 결정에 대해 추상적으로 수행된 사유가 파괴적인 결과를 초래하기까지 하느님의 권능이 발휘둘림으로써 그에게 책임을 빼앗는 것이다.

아우구스티노는 생애 마지막까지 이 문제와 씨름했다. 그는 다양한 출발점에서 이 문제에 접근했다. 특히 자유를 부정하는 사람들과 싸우는 입장에서, 그리고 다시 하느님의 전능함에 의문을 제기하는 사람들과 싸우는 입장에서 이 문제를 다루었다.

아우구스티노의 대답은 압도적인 은총의 체험을 통해서만 이해될 수 있다. 이러한 체험은 방금 전에 설명한 존재 경험과 밀접한 관련이 있다. 말하자면 하느님께서 인간 안에서 더욱 온전히 발휘될수록 인간은 더욱 순수하게 자기 자신이 된다. 하느님께서 인간 안에서 더 강력하게 작용할수록 인간은 더욱 자유로워진다. 하느님께서 더 포괄적이고 더 절대적으로 작용할수록 인간은 자신의 행위에서 더욱더 고유한 자신이 된다. 하느님의 작용이 더 강해질수록 악을 원하는 것은 그분이 아니라 인간이라는 것이 더 분명해진다. 그러나 이것이 어떻게 가능할 수 있는지는 죄악의 신비mysterium iniquitatis에 속한다. 하느님께서는 선을 원하시는 분이며 하느님께서 원하시기 때문에 인간 자신의 책임으로써 선을 원한다는 것은 더 분명해진다. 그러나 그것이 어떻게 가능할 수 있는지는 참여의 복된 신비이다. 하느님께서 더 독자적으로 결정하실수록, 인간의 관점에서 보자면, 이 결정은 더 정당하다. 하느님께서 인간에 대한 당신의 존엄함을 더욱 독립적으로 지킬수록, 비록 그것이 인간의 멸망일지라도, 인간의 의미는 그 안에서 더 완전하게 성취된다. 이는 역설이다. 이는 유한성에서는 존재하지 않거나 적어도 암시적인 접근만이 가능한 관계를 표현하려는 시도이다. 내면 세계의 존재에 대한 논리 앞에서는 의심스러워 보이지만, 신앙은 그 의미를 확실하게 느낀다.

이러한 진술들은 '은총과 자유의 문제'를 해결하려는 시도이자, 은총에 대한 믿음으로 살아가는 사람이 자신의 고유한 존재에 대해 가진 의식을 해석하려는 노력이다. 이 진술들을 이러한 의식과 분리해서는 안 된다. 아우구스티노는 알고 있다. 그는 자신의 삶에 하느님께서 더 강하게 드러날수록, 하느님께서 모든 것에서 모든 것이 될수록, 하느님의 뜻이 명령일 뿐만 아니라 명령을 성취하는 힘이 되어서 자신의 삶이 사랑의 삶이 될수록, 자신의 고유한 인간적 실재는 더 강력해지고, 자신 안에서 더 순수하게 통합되며, 더 자신답고 자유로워진다는 것을 안다. 아우구스티노는 믿는 사람의 존재가 특별한 방식으로 구성되어 있음을 체험했다. "내가 아니면 다른 사람이다.", "내 행위가 아니면 다른 사람의 행위이다."라는 일반적인 구분은 하느님께는 적용되지 않는다. 이러한 구분은 인간에게는 적용되지만, 그것도 전적으로 그런 것은 아니다. 하느님께는 전혀 적용되지 않는다.[47] 하느님께서는 다른 사람이 나와 마주하는 식

---

47 그러나 여기에는 한 가지 제한이 필요하다. 하느님 자신은 자신의 살아 있는 실재와 거룩한 진리 안에서 한 가지이지만, 인간이 지니는 하느님의 상은 이와 다른 것이다. 인간이 하느님을 느끼고 상상하고 생각하는 방식은 자신의 의지와 욕구로 하느님께 다가

으로 인간과 마주한 타자가 아니다. 그것은 첫 번째로 하느님께서는 어떤 개념에도 속하지 않기 때문에, 내가 아닌 것에 속하지 않는다. 그리고 두 번째로 인간은 그저 단순히 '자신 안에 있고 하느님께서는 저 너머에' 있는 것처럼 그렇게 생각되는 것이 아니라, 인간은 그야말로 하느님을 통해서 존립한다. 인간은 마치 생각이 그 생각을 하고 있는 사람 앞에 있는 것처럼, 그러니까 단순히 그분에 의해서 생각되어지는 것으로 하느님 앞에 있는 것이 아니라, 창조주에 의해 진정하고 완전한 실재와 고유한 중심과 주도권을 갖는다. 그러나 이는 인간 존재의 모든 부분에서, 그의 의미 형태의 모든 요소에서, 본질의 모든 특징에서, 힘의 모든 움직임에서 이를 실현시키는 분이 하느님이시다. 한 인간의 존재는 하느님을 통해서 끊임없이 이루어지는 것이다. 아우구스티노는 이를 체험했는데, 바로 인간 존재의 고유한 점, 그 영광이 있다는 것을 체험한 것이다. 그는 한순간도 이를 잊지 않았고, 의무 때문이 아니라 내적인 열망 때

가는 식이다. 하느님 자신은 결코 양자택일적 의미에서 '타자'가 아니지만, 그분에 대한 상은 그런 성격을 지닐 수 있다. 신앙인은 하느님을 '어떤 위대한 타자'로 느끼고 생각할 가능성이 충분히 있다. 이는 매우 압도적이고, 심지어 파괴적인 고통이 될 수 있다. 여기서 하느님의 상과 아버지의 상의 관계를 종종 무미건조하고 일반화시키는 심리학 이론이 적용되곤 한다. 종교적 교육과 자기 교육의 가장 중요한 과제 중 하나는 '위대한 타자'라는 하느님의 상에서 하느님과 맺는 관계의 진리와 자유에 도달하는 것이다. 이러한 관계에서 타자는 하느님으로 존재한다. 이와 관련하여 로마노 과르디니, 《도스토옙스키의 작품에서 종교적 인물들Religiöse Gestalten in Dostojewskijs Werk》, 222쪽 이하 참조.

문에 어디에서나 이를 실현하도록 노력을 기울였다.

이 근본적인 체험은 앞서 제시된 문장들에 더해져야 한다. 그렇지 않으면 이러한 체험은 이해될 수 없고 심지어 위험해질 수 있다. 아우구스티노의 사유는 강력한 생명력에 의해 뒷받침되어 있기 때문에 엄청난 영향을 미쳤다. 그러나 이러한 영향은 사유 아래에 있는 체험에서 분리되어 추상적으로 이해된다면, 또는 다른 형태로 구축되거나, 아예 진정한 그리스도교적 체험에 기반하지 않는 의식에 의해 수용된다면 혼란을 야기하기도 한다.

이처럼 깊이 체험되고 효과적으로 표현된 하느님께서 모든 것의 원인이라는 것이 하느님께서 누구이신지에 대한 의식과 분리되어서는 안된다. 하느님께서는 '절대적 존재'가 아니라 성경에서 '살아 계신 하느님'이라고 부르는, 무한히 실재하고 고갈되지 않고 풍요로우며 신비로 충만하게 활동하는 분이시다. 물론 추상적인 신론의 규정들은 아우구스티노에게 적용된다. 우리는 아우구스티노의 입을 통해서 이 규정들을 반복해서 듣는다. 그러나 이러한 규정들은 모든 것을 능가하는 거룩한 생명의 불가해함에서 자라나서 다시 그 속으로 가라앉는다. 하느님께서는 세상에서 나온 어떤 척도도 뛰어넘는, 신비와 창조적인 잠재력을 지닌 분이시다.

그리고 하느님께서는 사랑의 하느님이시다. 하느님과의 관계, 모든 것의 원인, 은총 등에 대한 아우구스티노의 규정들은 하느님께서 본질적으로 사랑하시는 분이시라는 권위 있는 진리에서 분리될 때, 개인적인 실존적 존재에게는 견딜 수 없고 파괴적인 것이 된다. 나는 다른 곳에서 이러한 물음이 모든 것의 원인과 섭리적 결정의 문제에서 무엇을 의미하는지 보여 주려고 했다.[48] 이 문제가 그리스도교적 삶에 치명적인 영향을 미친 곳마다 (여기서 나는 예정론을 주장하는 이단들을 생각하지만, 우울한 본성을 지닌 개인적인 고통도 생각한다.) 그것은 또한 하느님 개념에서 힘이나 정의가 우세하게 된 것에서도 기인한다. 이러한 견해들은 아우구스티노를 근거로 들지만, 그것은 잘못되었다. 그의 생각은 그의 하느님 체험과 상상을 기반으로 삼을 때에만 올바르게 이해될 수 있다. 힘과 의로운 거룩함이 아무리 강하더라도, 사랑은 여전히 우선순위를 지니며 앞서서 이끈다.

우리는 앞서, 내면 세계의 영역은 은총의 관계를 암시하는 점이 있다고 말했다. 이러한 암시는 사랑의 관계에 놓여 있다. 사랑받는 타자의 현존, 작용과 효력의 발휘가 이질적인 힘이 침투되는 것이거나 자신의 고유한 본질을 밀어내는 것으로서가 아니라 진정으로 자기 자신에 도달하는 전제 조건으로 경험하는 것은 사랑의 관계의 본질에 속한다. 사랑이 상대방에게 다가감으로써, 사랑은 가장 고유한 자기 자신에 이르게 된다. "나는 여기에 있고, 저 사람은 저기에 있다." '나와 나의 것, 다른 사람과 그 사람의 것'이라는 냉정하게 서로를 구별하는 진술은 변화된다. 처음의 냉정한 형태의 동일성과

---

48 로마노 과르디니, 《주님의 기도 Das Gebet des Herrn》, '여섯 번째 청원' 참조.

모순이 지배하는 문장은 중단된다. 진정한 사랑의 관계에서 두 사람은 더 이상 분리된 자아와 타자가 아니라, 나와 너의 관계로 들어선다. 한갓된 자아에서 상대방에게 속하는 헌신적인 자아가 되는 것이다. 멀리 떨어진 상대방이 이리로 다가와 자신의 존재 안으로 들어간 존재가 되는 것이다. 그리고 타자는 더 이상 한갓된 타자가 아니기 때문에, 타자를 향한 자아의 헌신이 이루어질 수 있으며, 적어도 더 이상 상대방을 타자로 여기지 않게 된다. 마찬가지로 자아의 건너감이 이루어지기 때문에, 자신의 타자적 존재도 자신의 경계 지음도 포기할 수 있다. 진정으로 사랑하는 이들에게 한 사람은 다른 사람 안에 함께 주어진다. 이들은 더 이상 심리적으로, 또는 논리적으로 둘 중 하나 안에 있지 않다. 이들은 더 이상 분리되어 셀 수 있는 하나가 아니다.[49] 이는 피조물과의 거리에서 하느님과의 관계를 가리킨다. 은총의 범주는 근본적으로 사랑의 범주에 지나지 않기에, 그 안에서 하느님께서 사랑하는 사람들 중의 하나가 아니라 당신께서 먼저 창조적으로 사랑하는 분이시며, 그가 다시 사랑받을 수 있도록 선사하시기도 한다는 점을 전제로 한다. 하느님께서 사랑하시는 분이라는 사실에서야 비로소 그분이 모든 것의 원인이라는 아우구스티노의 이론이 의미를 얻게 된다. 그렇다면 인간의 존재는 항상 하느님의 사랑에서 끊임없이 나오는 존재이며, 아우

---

49 이에 대해서는 로마노 과르디니, 《*Unterscheidung des Christlichen*》, 23쪽 이하 참조.

구스티노도 스스로 자신의 아름다운 말을 적절하게 설명하기 위해 "여기에 한 사람의 사랑하는 이가 있어야만, 내가 말하는 것을 이해할 것이다."라고 말한다. 아우구스티노가 인간과의 관계에 대해 말한 것이 의도된 의미를 얻으려면, 하느님을 사랑하는 분으로 믿고 체험하고 이해해야 한다.

이 모든 것에도 불구하고 하느님께서 모든 것의 원인이라는 아우구스티노의 이론은 이미 여러 번 언급된 종교적인 절대주의라는 큰 위험을 내포하고 있다. 이러한 위험은 유한한 존재와 창조의 영역을 그 가치와 책임, 그리고 그에 수반되는 모든 내면 세계의 물음을 제거한다. 사유가 유한하게 주어진 모든 것으로부터 하느님께, 그분의 작용, 영원하심, 의미 충만함 등에 직접 연결하는 데 익숙해지자마자, 지상적인 것은 그 무게를 잃어버릴 위험에 처한다. 그렇게 된다면 사유는 더 이상 행위의 진정한 동기와 가치 있는 노동의 대상이 되지 못한다. 그러나 이렇게 유한한 것들을 무력화시키는 것은 복음에서 '세상의 극복'이라고 부르는 것이 아니라, 오히려 축소시키고 회피하며 모호하게 만든다. 그 장소와 원인을 밝히고 그 결과를 통해 처벌을 받게 된다는 것이다.

또한 아우구스티노의 사상은 그리스도교 정신사에서 수행한 특별한 역할과 관련이 있다. 이에 대해 우리는 이미 주목해서 살펴보았다. 그의 사유는 항상 불꽃을 만들어 내는 난로와 같았다. 그러나 그것은 결코 지배적이고 결정적인 힘, 그러니까 그리스도교 사상을 형성하는 '통상적인 통로via ordinaria'가 되지는 않았다. 만일 그렇게 되었다면 그것은 아마도 치명적인 영향을 미쳤을 것이다. 말하자면 그것은 세상을 희석시키고 삶을 무력화시키고 결정의 힘을 마비시켰을 것이다. 그리스도교 사상이 일반적으로 형성된 것은 다른 곳에서, 곧 유한한 존재의 고유한 밀도를 완전히 원천적으로 체험하고 그것에 권리를 부여한 대가들로부터 나왔다. 그들의 스승은 토마스 아퀴나스였다.

12
아우구스티노의 "이교성"

감각, 본능, 정신, 종교적 활력과 같은 힘은 아우구스티노 안에 깊이 자리 잡고 있다. 그러나 이 힘은 처음부터 서로를 지지하고 풍요롭게 하는 것이 아니라, 서로 나란히 진행하면서 교차하고 억제하는 방식으로 작용한다.

아우구스티노적인 발전에 대한 첫 번째 주제가 주어진다. 이 강력한 감각성은 정신의 영역으로 고양되고 정신에 의해 조명되고 형성된다. 이렇게 강하지만 이상적으로 멀리 떨어져서 미학적으로 향유하는 정신성은 현실로 이끌리며, 인간 존재와 역사의 연관성을 발견하고, 인간 존재의 겸손함으로, 곧 육체적임에 자리를 잡고 현실과 관련된 '완전함'을 추구하는 윤리학의 과제를 떠맡으며, 그 성취로부터 '행복'이 솟아나게 된다. 하지만 이 모든 것은 마음의 중심이 열리고 사랑이 강력해져서 결합을 이루도록 요구한다. 이러한 가장 내면적인 인간됨이 발전하면서 체험, 투쟁, 고통을 통해 성장하는 종교적 삶이 가장 진지하게 성숙될 수 있다.

이 모든 것은 아우구스티노의 타고난 재능에 결정적 역할을 한다. 사상가로서의 그의 운명은 특히 이러한 점과 연결되어 있다. 단순히 이성적으로 일하는 학자, 연구자, 철학자가 있다. 이들의 작업은 앞서 언급한 것과 같은 전제 조건과는 무관하게 어느 정도 아주 멀리 한계에 이르기까지 진행된다. 아리스토텔레스나 칸트의 작품을 진정한 철학에서 진지하게 요구되는 것 이상으로, 앞에서 언급한 것과 같이 영혼의 과정으로 깊이 근거 지으려는 사람은 없다. 하지만 플라톤의 경우는 달랐다. 플라톤에게 창작을 위한 개인적인 전제 조건은 비교할 수 없을 정도로 다양하다. 그에게 사유는 완전히 다른 의미로써 창조적으로 고양된 형태로 존재를 재창조하는 것을 의미한다. 그러기 위해서는 정신과 물질, 영혼과 육체, 주변과 중심, 자유로워진 마음의 힘에서 나오는 전체 인간과 같은 모든 것이 필요하다. 이러한 점은 아우구스티노에게 더욱 적용된다. 그의 사유는 진지함과 열정적인 참여에 기반을 둔다는 의미에서 실존적이며, 실재의 충만함을 파악하고 형성하는 데로만 나아간다. 더 깊게 보자면, 사유하는 자는 자신의 존재에서 자신을, 세계를 자신의 삶의 공간과 물질로, 고유한 체험과 행위를 이 삶이 무엇인지가 명확히 드러나는 과정으로 파악한다. 따라서 그의 사유 작업의 대상과 힘은 그의 개인적인 성장에 직접적으로 의존한다.

예술가로서 아우구스티노의 운명도 이러한 성장과 관련된다. 그가 얼마나 예술가적 성향이 있는지, 그의 예술적 수준이 얼마나 되는지, 심지어 그가 사유의 세계에 뛰어들 때에도 얼마나 예술적인지를 보지 못한다면, 그를 제대로 평가할 수 없다. 예술가만이 직접적인 영향을 허용하지 않더라도 미학적이고 창조적인 열정을 지니고 이런 식으로 뛰어들 수 있다.[50] 아우구스티노는 수사학자였다. 이 용어가 우리에게 주는 모호한 의미의 '수사학자'가 아니라, 고대의 공개적인 영역에서 드러난 것처럼, 생생하게 영향을 미쳤다는 의미에서 예술가였다. 그의 첫 작품의 제목은 《아름다움과 적합함에 대하여 *De pulchro et apto*》이다. 그의 모든 작품에서 존재가 지닌 형태에 대한 느낌이 분출한다. 우리는 그의 문장의 형식에서, 감정과 사고의 긴장에서, 요한계 문헌이 대조를 취하는 방식처럼 거대한 구조적 대립으로부터 오는 기쁨에서, 인간과 하느님의 역사를 전개하듯이 극적인 구성에서 그의 예술가적인 면모를 느낄 수 있다. 그

---

50 이 점은 극작가였던 플라톤이 자신의 직접적인 창작에서 가로막힌 자신의 예술적인 힘을 자신의 작품의 대화 형식, 인물의 묘사 또는 신화의 시뿐만 아니라, 정신과 피를 건드리는 특별한 사유 과정의 울림에서도, 잊을 수 없는 특유의 강렬함에서 드러낸 것에서도 볼 수 있다. 더욱이 플라톤 철학의 몇 가지 근본적인 관점은 존재와의 관계에서 강렬한 예술적 계기 없이 이해할 수 없다는 점을 차치하고라도 그러하다. 예를 들어 이데아라는 개념을 음악적인 사유로 해석하는 순간, 이 개념이 어떤 식으로 이해되는지가 특징적으로 드러난다.

러나 무엇보다도 그의 사유의 핵심에서, 정신적 빛에 대한 가르침에서 그의 예술가 정신을 느끼게 된다. 이와 더불어 그는 플라톤의 이데아와 신플라톤주의적 빛의 사상의 유산을 더욱 발전시키고 변형시켰다. 이러한 이론은 영원히 타당한 것의 상들이 인식 행위에 비춰진다는 점에서 인식의 설득력이 비롯되며, 철학적이고 종교적인 체험뿐만 아니라 예술적인 체험에도 근거를 두고 있다.

아우구스티노가 그리스도인이 되는 과정은 앞서 언급한 과정에 내포되어 있다. 그는 이를 마치 역동적인 계획처럼 만들었다. 이로 인해 이러한 성장의 특별한 어려움이, 더 정확하게는 어려움의 심리학적인 요소와 형태가 비롯된다. 왜냐하면 이러한 것들은 그 자체로 개인적인 성격을 띠고 있고, 원하는 것에 대한 의지의 저항으로, 은총의 부르심에 대한 본성의 저항으로 이루어져 있기 때문이다. 영혼의 구조적 다층성, 중심의 다수성, 삶의 여러 수준 간의 일관성 부재는 오랜 기간에 걸친 내적인 속박의 위험을 수반한다. 이로써 그 자체로 도출될 수 있는 사유적 귀결이 본능적 삶에 의해 방해될 수 있으며, 인격 깊은 곳에 있는 영적 또는 종교적 내용이 열린 명료함에 도달하지 못할 수 있으며, 인간이 의식적인 사유에서 보다 생생하게 갖고 있는 소유에서 더 멀리 나아감으로써 사유와 행위가 가장 내적인 존재와 모순될 수 있을 가능성이 생긴다. 한 인격체에서 명시적인 사유와 생생하게 갖고 있는 소유, 사유하는 자기 인식, 내적인 존재가 일치할 필요가 없다면, 이는 아우구스티노의 경우에 해당된다. 그는 자신의 행위로 자신의 삶을 점차적으로 따라잡아야 하는 사람들 중 한명이다. 자신의 이론적인 사유로 자신의 가장 고유한 존재를 이해해야 한다는 것은 역설적이다.[51]

더 나아가서 아우구스티노의 발전을 이해하는 데 있어서 중요한 것은, 이미 여러 번 언급했듯이, 그가 매우 제한된 가정 환경에서 성장했다는 것이다. 이러한 가정 환경은 강력한 정신을 발전시키고 명료하게 하는 데에는 유리하지 않을 수 있다. 그의 아버지는 소인배였다. 그의 어머니는 본질적으로 그에게 정신적인 영향은 거의 미치지 못했다. 그의 형제자매는 거의 등장하지 않는다. 그에게 큰 영향을 끼친 친구나 스승은 없었다. 아우구스티노의 철학적 교육은 과대평가되어서는 안 된다. 그가 처음으로 진지한 철학적 작품을 만나게 되는 시기는 이미 19세 때였다. 그 후에 그는 아리스토텔레스의 논리학 저작을 배웠고, 나중에 밀라노에서 플로티누스를 알게 되었다. 탐구적이고 사색적인 정신이 갑자기 자유로워진 사유에 감동을 받을 때처럼, 이러한 만남의 영향은 항상 강력했다.

종교적인 면에서 보자면, 그의 아버지는 이교도였다. 그의 어머니는 아마도 그리스도인이었을 것이지만, 자신도 믿음에 있어서 성숙의 시간을 겪어야 했고, 불우하고 어두운 환경의 영향에 오랫동

---

[51] 우리 시대(1874-1921년)에 '아우구스티노적 존재 형태'를 가장 인상 깊게 보여 준 사례는 마들렌 세메르Madeleine Sémer의 인격이다. 이러한 종교적인 성장은 여러 측면에서 《고백록》의 내면적인 과정과 관련이 있다.

안 맞서지 못했다. 아우구스티노는 자신보다 뛰어나거나 적어도 어떤 면에서는 동등한 한 사람이 친구이자 스승으로서 필요했다. 그러나 그런 사람은 없었다. 따라서 그리스도교에 대한 그의 생각은 부족할 뿐만 아니라 잘못되었고, 심지어 터무니없었다. 그가 스스로 강조하듯이, 밀라노에서야, 그러니까 30세 이후의 시기에서야 암브로시우스의 강의와 더불어 다른 연구와 대화를 통해서, 그리스도교적 개념이 하느님과 악에 대해 그가 마니교도로서 생각했던 것만큼 수준이 낮고 잘못된 것이 아니라는 것을 분명하게 알았다고 한다. 그러나 그가 그리스도교를 그렇게 불충분하게 생각할 수밖에 없었던 것은, 그의 그리스도교 교육이 가장 기본적인 요구를 충족하지 못했기 때문이다.

질문에 대한 답을 준비하기 위해서는 몇 가지 내용이 먼저 언급되어야 할 필요가 있다. 특히 아우구스티노의 '회심'이 어떤 것이었는지라는 물음에 대한 답을 준비하기 위해서는, 그가 불신에서 신앙으로, 이교도에서 그리스도인으로 어떻게 전환되었는지의 여부가 중요하다. 그러나 어쨌든 답은 아마도 아우구스티노가 회심을 통해서 그리스도교인이 된 것은 아니라는 것이다. 왜냐하면 그는 이교도가 아니었기 때문이다.

그리스도인이 된다는 것이 어떤 결정 없이도 가능하다는 의미에서라면, 그의 내면의 가장 깊은 부분에서 아우구스티노는 항상 그리스도인이었다. 그의 회심은 이러한 결단이었다. 그의 회심은 결단을 통해 하느님과 그리스도로서뿐만 아니라, 자신의 가장 깊은 내면에 이미 지니고 있었던 것으로도 책임을 지고 궁극적으로 돌아가는 것이었다. 아우구스티노의 독특한 성격, 그의 발전에 있어서 특별한 위기, 그 발전을 가로막은 특별한 장애와 극복은 이러한 전제로부터 비로소 분명해진다.

최종적으로 회심의 과정은 불신에서 믿음으로 또는 잘못된 관점에서 올바른 관점으로, 또는 무지에서 인식으로 침투되는 것으로서 나타나지 않고, 오히려 한 인간이 이미 가장 깊숙한 곳에서 지닌 것으로부터 결론을 내리는 것에 대해 저항하는 것이다. 이러한 회심의 과정은 만남과 내적인 발전을 통해 체험, 사유, 행위를 통해 최종적인 결단의 시간까지 점차적으로 한 걸음씩 이루어진다. 이 결단을 통해 내적인 것과 외적인 것, 양심과 삶의 방식, 깨우치는 존재와 행위하는 존재가 조화를 이루게 된다. 달리 말해서 여기서 한 인간은 자신의 내면 깊숙하게 있는 것을 자신의 열린 사유로 받아들일 수 없다. 왜냐하면 이러한 사유는 필요한 표상을 제공하지 못하거나, 오히려 그것을 방해하는 표상을 함유하고 있기 때문이다. 그러나 그러한 결론을 내리는 것은 거부하는 의지가 표상의 배후에 있어서 방해받는다. 그러한 의지가 느슨해지는 만큼, 장벽은 무너지고 올바른 사유의 길이 열린다.

다시 말하자면, 아우구스티노의 사유, 감정, 내면의 삶 전체는 그리스도인의 삶을 완성하기 위해서 필요한 인간됨의 형태를 아직 갖추지 못했다. 그의 정신은 미학적이지만, 존재의 현실과 연결되지 않았다. 그의 생명력은 정신과의 접촉이 없는 감각적인 것이었다. 그의 종교적 체험에서 그것이 발전하고 영향을 미칠 수 있는 존재의 재료가 부족했다. 결과적으로 내적으로 감지되는 하느님의 실재, 그리스도의 형상, 그리스도인 존재의 거룩한 가치 충만함은 구체적으로 성취되지 못했다. 적어도 아우구스티노의 정신적 요구에 부합하는 정도로 실현되지는 못했다. 이 모든 것은 그의 마음, 그의 인간적인 사랑의 힘이 잠들어 있기 때문이다. 의무로부터 벗어난 삶의 자유를 누리려는 가장 내면적인 의지가 신적인 사랑의 힘을 묶고 있다. 이러한 반대 의지가 어떻게 해소되는지를 설명할 수는 없다. 왜냐하면 여기에는 자유의 신비가 있기 때문이었다. 자유는 눈에 보이는 가능성 사이에서 선택의 형태뿐만 아니라, 가장 내면의 좋은 본질의 핵심이 행동으로 이루어지는지의 여부에서도 발생된다. 악한 본질의 핵심과 그 의지가 해소되고, 마음은 좋은 것과 선한 것에 열리며, 사랑하는 힘이 깨어난다. 정신은 생명력으로 침투하고, 피는 영적인 것으로 스며든다. 내적 삶은 더욱 풍요로워지고, 더 자유롭고 따뜻하고 부드러워지고, 더욱 내면화된다. 내적 삶은 더 인간적으로 되고, 이로써 사람이 되신 분의 실재를 받아들이고 실현하며 표현할 수 있게 된다. 예수 그리스도의 하느님께서는 '인간적인' 하느님이시기 때문이다. 점차적으로 내면에서 압박하는 하느님에 대한 체험을 표현하는 표상들이 만들어지게 된다. 지성적인 양심이 요구하는 물음들을 해결하기 위해 필요한 개념적 수단이 제공된다. 마침내 최종적인 결단에서 도리와 준비, 가장 내적인 존재와 살아 있는 행위, 근본적인 앎과 열린 사유가 서로 하나가 되어, 본질적인 '복된 삶'으로의 길이 열리게 된다.

여기서부터 아우구스티노가 '회심' 이전에 그리스도교와의 관계에 대해 《고백록》에서 진술한 것을 이해할 수 있다. 그는 어린 시절의 두려움과 도움을 청하는 기도를 다음과 같이 서술한다.

"그때부터 글을 배우라고 학교에 보내졌는데, 가엾게도 저는 글을 배우는 것이 무슨 소용이 있는지 알지 못했습니다. 하지만 글을 배우는 데 소홀하면 매를 맞았습니다. 어른들은 매질을 높이 평가했고, 우리보다 먼저 이 삶을 살았던 많은 사람들이 우리 앞에 미리 닦아 놓은 힘겨운 길을 걸어가야 할 수밖에 없었고, 아담의 자손들이 물려받은 수고와 고통은 배가 되었습니다. 하지만 주님, 우리는 당신에게 기도하는 사람들을 만나게 되었고, 당신을 이해하는 그 사람들에게서 우리의 힘으로 이해할 수 있는 한, 당신께서는 위대한 분이시며 당신께서는 우리의 감각에 나타나지 않더라도 우리의 말을 들어주시고 도와주실 수 있다는 것도 배우게 되었습니다. 저는 비록 어렸지만 '당신께서는 저의 도움이시며 피난처십니다.'라고 기도했고, 당신을 부르기 위해서 제 혀의 결박을 풀고, 비록 작은 아이지만 작지 않은 정성으로 학교에서 매 맞지 않게 해 달라고 기도했습니다.'"(1,9,14)

계속해서 소년 시절에 병에 걸렸던 일화를 전해 준다.

"주님, 제가 아직 어렸을 때, 어느날 갑자기 위장의 통증 때문에 열이 나기 시작해서 거의 죽을 지경이 되었음을 보셨습니다. 저의 하느님, 당신께서는 이미 저의 보호자셨으니, 제가 어떤 마음으로 하느님이시요 주님이신 당신 그리스도의 세례를, 저의 어머니이자 우리 모두의 어머니이신 당신 교회의 신실함으로 간절히 바랐음을 보셨습니다."(1,11,17)

마지막으로 키케로의 《호르텐시우스》가 그에게 준 특별한 인상과 그 책의 가치가 그에게 해를 끼친 점에 대한 언급을 소개한다.

"저의 그런 열정 속에서도 그리스도의 이름이 거기에 없었다는 점이 저를 주춤거리게 만들었습니다. 그것은 이 이름이야말로, '오 주님, 당신의 자비에 따라' 저의 구원자, 당신의 아드님의 이 이름이야말로 어머니의 경건함의 젖에서 이미 경건한 마음으로 들이켰고 제 안에 깊이 간직하고 있었던 이름이었기 때문입니다. 이 이름이 없다면, 아무리 박학하고 세련되고 진실하다고 하더라도, 저의 온 존재를 사로잡을 수 없었을 것입니다."(3,4,8)

만일 아우구스티노가 이교도였다면, 이러한 진술은 경건한 수사가 될 것이고, 기껏해야 회상하는 사람이 이후의 관점에서 일어난 일을 재해석했다는 것을 나타내는 표시가 된다. 그러나 여기서의 진술을 이런 식으로 생각한다면, 너무 단순한 심리학에 연관시킴으로써, 회심의 과정에서 겪은 깊은 고난을 이해할 수 없게 되는 것이다. 반면에 온갖 복잡성을 고려해서 접근한다면, 이 진술들은 가장 생생한 진실을 드러내게 된다.

이와 같은 점은 다른 상황에서도 나타난다. 아우구스티노의 생애에서 가장 강력한 두 가지 철학적 만남, 그러니까 키케로의 《호르텐시우스》와 플로티누스의 저술과의 만남은 특별한 영향을 끼쳤다. 그를 성경으로 이끌림을 느끼도록 만들었다. 《호르텐시우스》에 대한 인상을 언급한 후에, 3권에서는 다음과 같이 말한다.

"저는 저의 정신을 성경으로 돌려서 성경이 어떤 책인지 살펴보기로 작정했습니다. 거기서 저는 교만한 자들에게는 알려지지 않았고 유치한 이들에게는 밝혀지지 않은 어떤 것을 보았는데, 그것은 접근할 때는 나지막한데 갈수록 높아지면서 신비에 둘러싸여 있었습니다. 하지만 저는 그 안에 들어가서 흐름에 따라 목을 굽힐 수 있는 그런 사람이 아니었습니다.

당시 제가 성경으로 몸을 돌렸을 때, 지금 말하는 것처럼 그런 마음이 아니라, 성경이 툴리우스의 품위 있는 웅변과는 비교할 가치가 없어 보였기 때문이었습니다."(3,5,9)

그는 7권에서 신플라톤주의 철학이 오랫동안 기다려 온 순수한 영적인 실재에 대한 개념을 어떻게 열어 주었는지 말해 준다(10장 이하). 하지만 그는 즉시 본질적으로 그리스도교적인 것이 빠져 있다고 느끼면서(20장), 바오로 서간을 붙잡는다.

"저는 뜨거운 열정으로 당신의 영의 외경스러운 붓끝[52]을 저에게 끌어당겼고, 무엇보다도 바오로 사도를 끌어당겼습니다. 그러자 한때 모순적이라고 여겼던 문제들과 바오로의 연설의 표현이 율법과 예언자들의 증언과 일치하지 않는 문제들이 사라져 버렸습니다. 그리고 그의 순결한 연설에서 통일적인 모습이 드러났고, 저는 '떨면서 기뻐하는 것'을 배웠습니다.

그렇게 저는 성경을 붙잡았고, 거기서[신플라톤주의 작품에서] 진리라고 읽었던 모든 것이 [마찬가지로] 여기서는 당신의 은총을 앞세워서 말하고 있다는 것을 발견했습니다. 그래서 보는 이는 '마치 받지 않은 것처럼 자랑할 것이 아니며', 보는 대상 뿐만 아니라 볼 수 있다는 사실까지 [받았음을] 깨달았습니다.

'그가 받지 못한 것이 무엇이겠습니까?' 그는 항상 변함없으신 당신을 볼 뿐만 아니라, 치유받고 [능력을 얻어서] [당신을] 붙잡을 수도 있도록 가르침을 받습니다. 그리하여 마침내 멀어서 당신을 볼 수 없

---

52 '성령의 붓끝(펜)'은 성경을 의미한다.—옮긴이 주

는 사람도 적어도 가까이 다가가서 보고 붙잡을 수 있는 길로 들어설 수 있게 해 주십시오."(7,21,27)

이제 길이 열렸다. 플로티누스에게서 발견한 것은 바오로를 더 잘 이해하는 열쇠가 되고, 반대로 바오로에게서는 신플라톤주의 철학의 부족한 점이 무엇인지, 더 정확하게 말하자면 철학 일반과 신앙적 인식 간의 본질적 차이가 무엇인지 분명해진다.

앞서 언급한 구절과 마찬가지로 이 구절들에서도 동일하게 말할 수 있다. 이 구절들은 놀라운 것을 드러내는 힘을 지니고 있다. 아우구스티노 안에는 외부에서 건드리면 즉시 반응하기를 기다리는 중심과 같은 것이 살아 있다. 그는 자신을 분명히 하기 위해 철학적 개념과 용어를 사용하지만, 이는 그것들이 직접적으로 가리키는 것과는 다른 무언가, 말하자면 그리스도교적 체험을 의미하고[53] 본질적으로 의미하는 바가 말하는 원천인 성경으로 저절로 향한다.

---

53 여기에는 젊은 그리스도교적 의식이 자신을 명확히 하기 위해서 고대의 사유 전통의 개념과 상을 수용했지만, 처음부터 그것들이 원래 가리키는 것과는 다른 무언가를 의미했던 포괄적인 과정을 위한 정식이 들어 있다. 혼합주의 이론은 아주 쉽게 만들어졌다. 이 이론은 풍부한 자료와 섬세한 방법에도 불구하고 매우 원시적이다. 이 이론이 원시적일 수밖에 없는 이유는 믿지 않기에, 고유한 현상, 그러니까 하느님으로부터 오며, 동시에 역사 안에서 살아 있는 그리스도교적 실재를 볼 수 없기 때문이다.

13
어머니 모니카

　이러한 맥락에서 아우구스티노의 어머니의 모습은 특별한 의미를 지닌다. 그가 진정한 교육적인 힘, 중요하고 창조적인 정신을 일깨우고 자유롭게 하며 생산적이게 만드는 영향을 받지 못한 것은 그의 영적이며 그리스도교적인 발전에 있어서 **빼놓을 수 없는 요소**이다. 아우구스티노는 위대한 스승이 있었다면 그에게 헌신할 수 있는 능력이 있었겠지만, 그가 만난 사람들은 아주 늦게 그의 시야에 들어온 암브로시우스 한 사람을 제외하고는 매우 평범한 수준이었다. 아버지는 빠르게 성장하는 아들에게 별 영향을 주지 못했다. 형제자매는 언급되지 않는다. 마다우라와 카르타고의 교사들은 전혀 존재감이 없다. 마니교도들은 종교적 열정과 신화적 사유를 결합하고, 더욱이 그들 종교의 밀교적인 특성을 통해 아우구스티노의 마음을 사로잡았지만, 그들의 유명한 지도자인 파우스투스를 만나자마자 아우구스티노는 실망한다. 친구들은 처음부터 아우구스티노가 그들보다 우월했기 때문에 그에게 본질적인 것을 줄 수 없었다. 그러나 이미 언급했듯이, 암브로시우스에 관한 한, 《고백록》의 보도에서 이 위대한 주교가 너무 바빠서 그를 진지하게 만날 용기를 내지 못했음을 강조하는 것은 이상하게 보인다. 아우구스티노는 분명히 그를 만나려고 하지 않았다. 따라서 그의 삶에 실제로 영향을 미친 것은 시대의 흐름과 자기 내면의 강력한 움직임이었다.

그의 성장에서 빼놓을 수 없는 유일한 인물은 자신의 어머니 모니카였다. 어머니 없이 자라서 항상 마음의 굶주림과 마지막으로 의지할 고향이 없다는 상실감을 뼈에 사무치도록 간직했던 위인들이 있었다. 이들 중 가장 위대한 인물은 단테였고, 파스칼도 여기에 해당된다.[54] 반면에 아우구스티노는 어머니가 양육자이자 보호자였을 뿐만 아니라 동반자이기도 했던 사람들 중 한 명이다. 더욱이 그에게 어머니는 본질적인 것을 충족시키도록 이끌어 달라는 요구를 대표하는 인물이 되었다. 그러나 이 점은 어머니로부터 불리한 영향을 받을 수도 있다는 것을 배제하지 않는다.

표면적으로 보아도 《고백록》은 어머니에 대해 많은 지면을 할애

---

54 이에 대해서는 로마노 과르디니의 《그리스도인의 의식 *Christliches Bewußtsein*》(1934), 29쪽 참조.

하고 있다. 나에게는 무엇보다도 그녀의 젊은 시절과 품성, 오스티아에서의 대화와 죽음이 기억에 남는다(9,8-13). 그 외에도 짧은 보도와 단편적인 언급도 많이 있다.

모니카가 아우구스티노의 삶과 얽혀 있는 방식은 더욱 흥미롭다. 그녀는 아우구스티노의 어린 시절 이야기에 이미 등장한다. 우리는 아픈 아이가 어머니에게 세례받기를 청하는 장면을 알고 있다. 그녀는 아이가 건강해지면 그리스도교의 의무에 부합하는 태도를 유지하지 못할까 봐서 세례를 주는 것을 거부한다(1,11,17). 그녀는 아우구스티노의 소년 시절에 그의 본능적인 삶이 강력하게 드러날 때 다시 등장해서 자제할 것을 촉구한다(2,3,7). 그가 마니교의 사상에 몰두하는 동시에, 카르타고의 청년들의 방탕한 생활에 빠져 있을 때, 아들과 어머니의 관계가 소원해진다. 그녀는 실의에 빠지게 된다. 그때 그녀는 아들의 미래를 안심시켜 주는 환시의 꿈을 꾸고, 그녀와 대화를 나눈 주교는 그녀의 아들이 눈물을 흘리며 인생이 망가지지 않는다는 확신을 준다(3,11,19와 12,21). 8권 15장에서는 그녀가 아들의 삶에 얼마나 깊이 연관되는지를 보여 준다. 아우구스티노는 로마로 가기로 결심하고, 어머니가 동행하는 것을 원하지 않는다. 어머니는 아들이 떠나는 것을 막을 수 없었고, 아들은 어머니를 속임으로써 혼자 떠날 수 있게 되었다. 다른 곳에서뿐만 아니라 여기서도 아들에 대한 걱정이 그녀에게 무거운 짐이 되었다는 것이 분명해진다. 하지만 아들이 로마에서 밀라노로 이사하자마자 그녀는 아들을 따라갔다. 이 시기를 다루는 6권의 첫 장은 그녀의 성품이 지닌 강점에 대한 설득력 있는 인상을 준다.

모니카는 밀라노에서 암브로시우스를 전적으로 신뢰한다. 아마도 아우구스티노가 암브로시우스가 바빠 만나기가 어렵다는 것을 그렇게 강조하는 이유는 암브로시우스가 자신의 사람을 향해서 느끼는 배려심 있는 애정에 대한 어느 정도의 반감도 숨어 있다고 추측할 수 있다. 어머니는 점점 더 걱정스러운 마음으로 아들 주변에 있으면서, 혼인을 재촉하고 아들이 16년 동안 함께 살았던 여성을 떠나보내게 한다. 이런 일이 일어나는 방식을 고려할 때, 우리는 어느 정도 폭력적이라는 인상을 지울 수 없다(6,13,23과 15,25).

친구의 정원에서 회심의 결단이 서자마자 아우구스티노가 즉시 알린 사람은 어머니였다(8,12,30). 그곳에서 결단한 것은 오스티아에서 아프리카로 돌아가는 여정 중의 영적인 체험에서 그 절정에 달하는데, 이 체험은 아우구스티노와 모니카 간의 대화에서 잘 드러난다(9,10,23-26). 이 대화는 아우구스티노 사상의 본질적인 내용인 '복된 삶'에 대한 것이다. 말하자면 하느님의 실재, 진리, 사랑인 최고선에서 인간 현존재의 의미를 찾는 것에 대한 대화이다. 이 장은 내용적으로나 문학적으로나 《고백록》의 정점을 이루며, 어머니의 죽음에 대한 보도가 이어지기 때문에 더욱 인상적이다. 우리는 완성되어 가는 인간이 자신의 마지막 현존재의 의미를 깨닫는 감동적인 사건을 함께 경험하지만, 그 옆에는 그 의미를 이어 갈 준비가 된 상속자가 서 있다. 모니카가 죽었을 때, 그녀는 쉰다섯이었고, 아들은 서른 셋이었다.

다음의 12장은 아우구스티노가 자신의 어머니에게 얼마나 깊은 애착을 지녔는지 보여 준다. 그의 고통은 매우 컸다.

"저는 어머니의 눈을 가만히 감겨 드렸고, 엄청난 슬픔이 제 마음에 밀려들어 와서 눈물로 넘쳐났습니다. 하지만 저의 눈은 의지의 강력한 명령에 따라 눈물의 홍수를 마를 때까지 다시 빨아들였으며, 그런 싸움을 하느라 힘에 겨웠습니다."(9,12,29)

그는 철학자로서 의연해야 할 의무감을 느낀다. 그러나 돌아가신 어머니가 자신에게 어떤 의미였는지를 분명하게 의식한다.

"함께 지내 온 지극히 감미롭고 사랑스러운 삶의 연분이 [저를 갑작스럽게 단절시킨] 새로운 마음의 상처가 아니라면, 무엇이 저를 내면적으로 고통스럽게 만들었겠습니까? 그래도 저는 그녀가 저에게 남긴 말씀이 기뻤습니다. 그녀는 병상에서의 마지막 순간에 제가 시중을 들었을 때 저를 쓰다듬으면서 제가 충실하다고 칭찬했고, 큰 사랑의 애정으로 돌아보면서 제 입에서 거친 호통이나 모욕적인 소리를 들은 적이 없다고 했습니다.

그러나 저의 하느님, 주님, 당신께서는 저희를 창조하신 모든 것이 어떻게 제가 어머니를 위해 섬겨 드린 공경과 비교될 수 있겠습니까? 제가 어머니에게 받은 그토록 큰 위로를 상실했기 때문에, 제 영혼은 더 깊은 상처를 입었고, 저와 어머니의 생명이 하나가 된 삶이 찢긴 것 같았습니다."(9,12,30)

그리고 휴식을 취하기 위해 누워 있다가 암브로시우스의 저녁 찬송가가 머릿속에 떠오르자 뜨거운 눈물에 마음이 녹아내릴 때까지, 자신의 철학적 견고함을 유지하려고 애쓰는 모습은 매우 감동적이다(9,12,32와 33). 엄밀히 말하면 9권의 결론은 사실상 《고백록》 전체의 결말을 이룬다. 9권은 그 안에 얽혀 있는 동기들로 인해 의미심장하다. 말하자면 이는 이제 본래적인 것에 도달했다는 앎과, 동시에 이전의 삶을 사는 것은 상상할 수 없다는 것, 그리고 인간적으로 작은 사람이었지만 '가장의 권위'를 가졌던 아버지 옆에서 강하고 생생한 존재로서의 어머니의 모습이다.

"그러니 이제 남편과 함께 평안을 누리게 해 주십시오. 어머니는 그 남편 이전에 누구와도 혼인하지 않았고, 남편 이후에도 누구와도 혼인한 적이 없었습니다. 어머니는 당신에게 남편을 인도하기 위해 남편을 섬기면서 당신께 '인내로써 열매를 맺는 사람'[루카 8,15 참조]이었습니다."(9,13,37)

모니카는 인간적으로나 종교적으로나 매우 강한 인물이었다. 사람들은 아우구스티노가 그녀에게 의존적이었는지 궁금해한다. 나는 의존적이지 않았다고 생각한다. 적어도《고백록》에는 이에 대한 암시가 없다. 그러나 아마도 그는 어머니에 대한 의존에서 멀리 벗어날 수 없었고 자신의 독립을 위해 싸워야 했을 것이다. 로마로 도피한 것만 봐도 이 점을 알 수 있다. 모니카의 강요로 오랜 세월 함께 했던 동반자를 보내고 나서, 그는 곧바로 새로운 관계를 맺는다. 아우구스티노는 이를 감각의 노예 생활로 해석하지만(6,15,25), 어쩌면 여기에는 서른 살이 넘은 그가 너무 과도하다고 느끼는 어머니의 간섭에 대한 거부감도 있을 것이다. 다음과 같은 말에서 이 점을 추측할 수 있다.

"저와 함께 지냈던 여성을 예정된 결혼의 장애물로 여겨서 제 옆구리에서 떼어 내었기 때문에, 저의 마음은 자란 곳에서 찢기고 상처를 입어서 피를 흘렸습니다."

잃어버린 동반자의 충실함과 포기하는 용기에 대해 높이 평가하는 것도, 모니카에게는 분명히 동반자가 경험했을 질타에 대한 항의로 느껴진다. 암브로시우스와의 관계에 대한 망설임이 어쩌면 그의 어머니와 무관하지 않을 수 있었다는 것도 이미 언급되었다. 어쨌든 아우구스티노는 인간적이고 정신적인 자유를 지켰고 좋든 나

쁘든 자신이 원하는 일을 했다.

그럼에도 모니카는 아우구스티노의 삶에서 개별적인 경우에 훈계, 조언 및 도움을 줄 수 있었던 모든 것을 넘어서는 큰 의미를 지닌다. 그녀의 모습은 내가 특별히 이미 설명하려고 했던 것을 정확하게 표현하는 것 같다. 그것은 모든 의식적인 결정에 앞서 놓인 것으로서 아우구스티노의 본성이 그리스도교적인 것 안에, '본성적 그리스도교성christianitas naturalis'에 뿌리를 내리고 있다는 것이다. 어머니의 존재는 그녀가 매우 강하고 설득력 있는 성격을 지니고 있기 때문에 더욱 그렇지만, 그리스도교 영역에서 이러한 뿌리를 유지하고 지속적으로 효력을 발휘하게 한다. 그것은 아직 숨겨져 있고 성장하는 그리스도교적 삶을 포용하고 그것을 의식적인 존재로 고유하게 탄생하도록 이끄는, 끊임없이 작용하는 종교적 모성이다.

아우구스티노는 자신이 어린 시절에 병에 걸린 이야기에서 다음과 같이 말한다.

"제 몸을 심각하게 걱정했던 어머니는 더 큰 사랑으로 그녀의 믿음으로 낳기 위해서 자신의 깨끗한 마음의 [태중의 내 영혼의] 영원한 구원을 품고 있었습니다."(1,11,17)

그리고 절박한 상황에서 찾은 어느 주교의 말은 이러한 영적인 모성을 순수하게 표현한다.

"당신께서 살아 있는 동안, 많은 눈물을 받은 아들을 잃어버리는 일은 없을 것입니다."(3,12,21)

아우구스티노의 삶에서 어머니는 정신적인, 아니 영적인 영향을 미쳤는데, 이는 아우구스티노에게 교회가 어떤 의미인지를 볼 때 완전하게 드러난다. 이 교회는 위대한 거룩한 어머니이다. 교회는 본성적 인간을 형언할 수 없는, 오직 믿음으로 접근할 수 있는 깊이로 끌어당기며, 무덤이자 동시에 요람으로서, 전례적으로 탄생 과정으로서 규정된 세례 행위를 통해 새로운 그리스도적 존재로 탄생시킨다. 모니카는 아우구스티노의 존재에서 교회의 대리인이자 살아 있는 구현체로 여겨졌던 것 같다. 이미 인용된 구절에서 두 어머니의 이미지가 서로 관통하는 방식도 매우 의미심장하다.

"주님, 제가 아직 어렸을 때, 어느 날 갑자기 위장의 통증 때문에 열이 나기 시작해서 죽을 지경이 되었습니다. 저의 하느님, 당신께서는 이미 저의 보호자이셨으니, 제가 어떤 마음으로 하느님이시요 주님이신 그리스도의 세례를, 저의 어머니이자 우리 모두의 어머니이신 당신 교회의 신실함으로 간절히 바랐음을 보셨습니다."(1,11,17)

로마로의 도피에 대한 이야기에서 전체적인 통일성이 크게 증가한다.

"저는 제 어머니에게 거짓말을 했습니다. 그리고는 [그녀에게서] 도망쳐 나왔습니다. [저는 이것을 말할 수 있습니다.] 왜냐하면 당신께서는 [마땅히 그래야 했던 것처럼 저를 멸망시키지 않으시고] 혐오스러운 오물로 뒤덮인 저를 바닷물에서 건져 내시어 당신 은총의 물로 자비롭게 구해 주셨기 때문입니다. 이렇게 [이 은총의 물의 흐름으로서야 비로소] 한때 저를 씻어 주었고, 어머니가 매일같이 당신 앞에서 저를 위해 그녀의 얼굴 아래의 땅을 적시던 눈물의 강이 마를 수 있었습니다."(5,8,15)

이러한 심상들의 상호 얽힘에서 신화적인 기운이 느껴지지 않는가? 삼키는 바다, 신비로운 죽음과 부활을 자기 안으로 끌어들이는 세례의 물, 육체적으로 아들을 낳아 그를 새로운 생명으로 인도하고자 창조하고 거듭 창조하시는 하느님의 눈앞에서 눈물의 물을 원초적 어머니인 대지에 흐르게 하는 어머니가 그러한 심상 아닌가?

이번에는 다시 한번 묵시록의 이미지로 고양되어, 9권의 마지막 부분에서 어머니와 교회의 결합이 나타난다. 여기서는 다른 어머니의 모습이 등장한다. 이 어머니는 하늘의 영원하고 포용적이며 만족스러운 생명의 충만함인 천상의 예루살렘으로서 완성된 교회의 모습이다. 그 사이에는 이미 묘사된 오스티아에서의 사건이 있다. 아우구스티노는 자신의 어머니와 함께 이러한 가장 심오한 점들에 대해 이야기를 나눈다. 그가 어머니와 함께 하느님을 향한 종교적 움직임, 영원한 고향을 향한 영혼의 상승을 수행한다는 것은 그녀 인격의 모든 힘을 드러낸다.

14

아우구스티노가 보는 관점의 발전

지금까지 《고백록》의 내적 과정이 비롯되는 상황을 묘사하려고 노력했다. 이 과정은 종교적 표상과 개념을 명확히 함으로써, 생생한 태도의 변화에서, 그리스도교적인 실재가 어떻게 느껴지는지에 대한 전체적인 방식에서 드러난다. 그것은 고대의 신들에 대한 믿음에서 시작하지 않는다. 또한 혼합주의적 경건함처럼 해체된 종교에서 비롯된 제멋대로인 생각과 감정의 세계로도 시작하지 않는다. 그렇다고 단순한 회의주의나 불신앙으로도 시작하지 않는다.

아우구스티노가 한 번도 이교도였던 적이 없었으며, 신앙이 없었던 적도 없었다는 점에 대해서는 의심의 여지가 없다. 여기에 의문을 제기하는 것은 허용되지 않는다. 그는 항상 하느님, 더욱이 그리스도와 연결되어 있다고 느꼈다.

아우구스티노는 자신에게 향해 있는 하느님과 그리스도의 이 실재의 특별함을 체험한다. 하지만 그가 경험하는 방식대로, 그리고 다른 한편으로 그의 지성적 양심이 요구하는 방식으로 이러한 실재를 생각하는 데 필요한 사유의 수단은 충분하지 않다. 따라서 그의 회심의 여정은 상당 부분 이러한 사유 수단, 특히 영과 악의 개념을 마련하려는 노력과 만남의 역사이다. 이는 마음의 공간이 열리고 마음의 힘이 깨어나 그 안에서 생생한 육체와 영혼이라는 인간 단일체가 되는 다른 과정에 기반하고 있다. 그는 그 거룩한 실재가 제기하는 요구, 그러니까 내면의 긍정에서부터 삶의 방식 전체에 이르기까지 확장되는 요구를 체험한다. 이 요구는 점점 더 분명해지고 절박해지지만, 그의 육체적 욕구와 야망, 삶의 굳어진 환경과 습성에서 비롯된 저항이 맞선다. 이러한 관점에서 볼 때 그의 회심의 여정은 최종적인 결단이 내려지는, 강력한 힘으로 묘사된 절정에 이르기까지 저항이 점차적으로 해소되는 과정이다.

결국 하느님께서 계시다는 의식이 점점 더 강해진다는 것이 핵심이다. 그분이 바로 이분이시다. 그분은 아우구스티노를 향해 계신다. 체험하는 사람 자신은 하느님과 관계를 맺고 있으며, 그의 존재 의미의 실현은 오직 하느님께 향할 때에만 일어날 수 있다. 이는 사유적 의미에서의 의식이 아니라, 모든 이론적 사유, 윤리적 판단 또는 실천적 결정 이전에 놓인 그 내적인 대립, 현실에 직면함, 상황에 대한 앎이다. 체험하는 사람은 한 현실의 접촉으로부터 다른 현실로 넘어가서 접촉하고 있다. 그는 다가오는 것에 있어서 현실의 압박, 가치에 대한 열정, 판단의 요구 아래에 있다. 이 모든 것은 항상 점점 더 강렬해진다. 누군가가 더 가까이 다가오면서 그의 요구도 함께 다가온다. 이러한 점에서 볼 때 회심의 여정은 다가오고 침투하는 분의 역사가 된다.

오시는 분이 누구신지, 그분이 내면의 어떤 영역을 부르시는지, 이 관계에서 어떤 가치가 나타나는지, 그리고 여기에 해당되는 사람이 누구인지를 생각해 본다면, 우리는 아우구스티노가 의미한 것에 상당히 가까워질 수 있다. 말하자면 그것은 우리가 하느님께로부터 오고 하느님을 향해 긴장된 사랑의 운명이 집중되고 긴급해지며 펼쳐진다고 말하는 것이다.

II
여정과 결단

1
소년 시절, 청년 시절, 젊은 시절

학업조차 보장되지 않을 정도로 경제적 측면에서 부족했던 아우구스티노의 가정 환경은 지성적인 측면에서는 훨씬 더 제한적이었다. 아버지는 교육을 제대로 받지 못했다. 어머니는 아버지와 크게 다르지 않았지만, 인간적으로 훌륭하게 성장했고 종교적인 소질이 매우 타고난 사람이었다. 하지만 이러한 타고난 소질이 아직 발현되지 못했고 지성적이지 않았기 때문에, 아들에게 강력한 영향을 미쳤지만 항상 도움이 되지는 않았다. 이러한 환경은 아우구스티노의 운명과 내면적인 삶을 통해서 서서히 명확해지고 진정으로 결실을 맺기 때문에, 아우구스티노가 첫 번째 성장기에 받아들인 영적이고 종교적인 표상들, 창조적인 동기, 자신의 존재를 지배하는 힘을 저장하기에는 충분하지 않았다.

아우구스티노는 아이 시절부터 자신의 의지가 어른들의 의지와 충돌하는 것을 경험했다. 그는 주변의 현실을 단순하게 받아들이지 않는 열정적인 아이였다. 1권 7장의 숙고는 어린아이의 고집을 바라보는 어른의 생각을 넘어선다. 이 숙고에는 어린 시절의 경험이 반향되는 것 같다. 이는 강하고 빠르게 발달한 정서적 삶을 산 사람에게는 매우 설득력이 있다. 아이는 강요된 질서에 저항한다. 정해진 행동을 하도록 교육하는 기존의 상황은 아우구스티노를 짓누른다. 특히 이미 성숙한 어른의 말에서도 학교에 대한 소년의 격렬한 반항을 들을 수 있다.

"그때부터 글을 배우라고 학교에 보내졌는데, 가엾게도 저는 글을 배우는 것이 무슨 소용이 있는지 알지 못했습니다. 하지만 글을 배우는 데 소홀하면 매를 맞았습니다. 어른들은 매질을 높이 평가했고, 우리보다 먼저 이 삶을 살았던 많은 사람들이 우리 앞에 힘겨운 길을 미리 닦아 놓았기에 우리는 이 길을 걸어가야 할 수밖에 없었고, 아담의 자손들이 물려받은 수고와 고통은 배가 되었습니다."(1,9,14)

소년의 첫 종교적 체험은 이 만남에서 이루어졌다.

"주님, 우리는 당신에게 기도하는 사람들을 만나게 되었고, 당신을 이해하는 그 사람들에게서 우리의 힘으로 이해할 수 있는 한, 당신께서는 위대한 분이시며 당신께서 우리의 감각에 나타나지 않더라도 우리의 말을 들어주시고 도와주실 수 있다는 것도 배우게 되었습니다. 저는 비록 어렸지만 '당신께서는 저의 도움이시며 피난처십니다.'라고 기도했고, 당신을 부르기 위해서 제 혀의 결박을 풀고, 비록 작은 아이지만 작지 않은 정성으로 학교에서 매 맞지 않게 해 달라고 기도했습니다."(1,9,14)

성인이 된 사람이 아이가 어른들에 대해 갖는 두려움을 이해하고, 고통을 공감하는 가운데 이 회상은 울려 퍼진다. 그는 자신이 그들 중 한 명이라는 사실을 완전히 잊었다. 오히려 그는 이해할 수 없는 어른들의 의지 때문에 괴로워하는 소년을 통해 불가사의한 인간 존재에 의한 모든 인간적 고통을 경험하는 것 같다.

"'저에게 해가 되지 않는' 저의 기도를 당신께서 들어주시지 않았을 때[그래서 저는 매를 맺았습니다.] 어른들, 심지어 저에게 어떤 나쁜 일이 일어나기를 원하지 않았을 부모님조차도 제가 당한 매질을 비웃었지만, 당시에 저에게는 크고 무거운 재앙이었습니다."(1,9,14)

이는 소년의 어리석음과 그를 벌하는 어른의 어리석음 사이에 아무런 차이가 없는 인간 존재의 심연에 대한 시선이다.

> "주님, 우리에게 부족한 것은 기억력이나 정신력이 아니었습니다. 당신께서는 그 나이에 맞게 그것을 충분히 주셨지만, 우리는 놀고 싶었고 한때 우리와 똑같이 그러고 싶었던 사람들에게 벌을 받은 것입니다. 어른들의 시시해 보이는 짓은 진지한 일로 여기지만, 아이들에게서 똑같은 짓이 발견되면, 어른들에게 처벌되고, 아무도 아이들을 가엾게 여기거나 그렇게 가혹한 이들을 가엾게 여기거나 양편 모두 가엾게 여겨서 동정하지 않습니다."(1,9,15)

물론 처벌의 고통은 소년이 공부하는 것보다 노는 것을 선호하는 것을 막지는 못한다. 야심이 있는 그는 승리하여 존경받기를 원한다. 그리고 환상적이고 다채로운 모든 것이 그를 사로잡는다. 동화, 전설, 이야기는 그를 유혹하고 관능과 예술적 형태의 직관이 결합된 연극은 그에게 매우 특별한 매력을 선사한다(1,10,16).

　　　　　　　　　● ● ◆ ● ●

어린 시절부터 아우구스티노는 많이 아팠다.

> "주님, 제가 아직 어렸을 때, 어느날 갑자기 위장의 통증 때문에 열

이 나기 시작해서 거의 죽을 지경이 되었음을 보셨습니다."(1,11,17)

어린 나이에 병을 앓는 경험은 내면화된 효과로 인해서 때때로 인격이나 정신적 삶의 발달에서 새로운 단계의 시작이 된다.

아우구스티노는 그리스도교 신앙의 물결이 강력하게 몰아쳐서 세례받기를 갈망한다. 당시 충실한 은총의 순수성이 열정과 세속적 삶으로 인해서 흐려지지 않도록 세례를 늦은 나이까지 미루는 관습이 널리 퍼져 있었다. 그래서 어린 아우구스티노도 세례 준비자에 속했지만 세례를 받지는 못했다. 그는 이 사실을 깨닫고, 온전한 그리스도교 사람으로 받아들여지기를 원했다.

"저의 하느님, 당신께서는 그때 이미 당신께서는 저의 보호자이셨으니, 제가 어떤 마음의 자세와 믿음으로 저의 하느님이시요 주님이신 당신의 그리스도의 세례를 제 어머니의 신심과 우리 모두의 어머니인 당신 교회에 원했는지 보셨습니다."(1,11,17)

그의 어머니는 그를 세례받게 할 준비가 되어 있었지만, 그가 병에서 회복되어서 세례는 다시 미루어졌다.

"그것은 마치 제가 살아남았다면, 더 더럽혀질 필요가 있는 것처럼 여겨졌습니다. 물론 이 세례의 침수 후에는 [삶에서] 죄악의 더러

움 때문에 더 크고 위험한 죄를 지었을지도 모릅니다."(1,11,17)

불분명한 신앙생활을 딛고 결심과 발전으로 나아갈 수 있는 추진력은 아직 생겨나지 않았다. 그 추진력은 장소도, 대상도 찾지 못하고 흩어져 버린다.

학교가 다시 시작된다. 13장에서 우리는 소년이 읽기, 쓰기, 셈하기와 같은 기초 과목을 좋아하지 않았다는 보도를 통해서 소년의 특별한 재능을 보게 된다. 그는 단어와 문법을 배우는 것을 싫어했기 때문에, 그리스어도 좋아하지 않았다. 반면에 그는 라틴 시인들을 탐독했다. 특히 베르길리우스의 작품을 좋아했는데, 《아이네이스》에서 디도의 모험은 아우구스티노의 열정적인 마음에 특별한 인상을 남겼다(1,14,23과 13,20).

아우구스티노는 자신에게 깊이 뿌리내렸던 부모의 야심에 대해 여러 번 말한다.

아우구스티노는 거짓말과 식탐, 놀이에서의 부정직함과 다른 사람에 대한 주제넘은 판단에 대해 보도한다(1,19,30). 하지만 자신에 대한 엄격함에도 불구하고 1권의 마지막 부분에는 소년의 고귀한 품성이 아름답게 빛나는 몇몇 문장이 있다. 이는 아우구스티노가 인간 존재의 신비 앞에서 느꼈던 경외심 가득한 놀랍고도 신기한 감정이다.

"주님, 지극히 높으시고 지극히 선하신 창조주요 우주의 지배자이신 당신에게, 우리 하느님께 제게 소년의 삶의 시간만 허락하셨더라도 감사드려야 합니다. 왜냐하면 그때에도 저는 살아 있었으며 느끼고 있었고 그로부터 제가 비롯된 가장 은밀한 단일성의 자취인 저의 행복을 염려했기 때문입니다. 내면의 감각으로 제 감각의 온전함을 지켰고, [소년 시절의] 사소한 사물들에 대한 [아이와 같은] 사소한 생각에도 담겨 있는 진리를 좋아했습니다. 저는 속임을 당하고 싶지 않았고, 기억력이 뛰어났으며, 언어를 다루는 데 능숙했고, 우정은 저에게 달콤했으며, 고통과 경멸과 무지를 피했습니다. 그런 생명체에게 놀랍지 않고 경이롭지 않을 것이 무엇이 있겠습니까? 그러나 이 모든 것은 저의 하느님께서 주신 선물입니다."(1,20,31)

유년기와 소년기에 이어 청소년기가 이어진다. 2권은 아우구스티노의 열여섯 살 때의 삶과 이 시기에 일어나는 강력한 욕망의 분출에 대해 이야기한다.

"청소년 시절에 저 밑바닥 깊은 곳에서 유래하는 것으로 만족하는 데 몸을 불살랐으며, 불안정하고 어두운 사랑의 욕망에 빠져 타락하는 것을 두려워하지 않았으며, 그러는 사이에 제 용모는 시들어 버렸고, 제 스스로 만족하고 사람들의 눈에 들려고 하다보니, 당신의 눈앞에서 썩어 갔습니다."(2,1,1)

아우구스티노는 이러한 체험의 관능적인 특성을 강조한다. 마음의 더 깊은 층은 이와 아무런 관련이 없다.

"사랑하고 사랑을 찾는 것이 아니라면 저를 기쁘게 한 것이 무엇이 있었겠습니까? 하지만 여기에는 정신에서 정신으로 끌어당기는 우정의 밝은 경계 벽을 이루는 명확한 기준이 지켜지지 않고, 오히려 육체의 음침한 욕망과 저의 젊은 관능의 분출에서 안개가 자욱하게 솟아올라서 제 마음을 뒤덮고 어둡게 하여 사랑의 명료함이 관능적 욕망의 어둠과 더 이상 구별되지 않았습니다. 둘은 혼란스럽게 뒤섞여 열기를 뿜어내어서, 젊음의 나약함을 열정의 추락으로 찢어 버리고 추악함의 소용돌이에 빠뜨렸습니다."(2,2,2)

아버지는 아들에게서 시작되는 남성성에 기뻐한다(2,3,6). 반면에 어머니는 걱정으로 가득 차서 아들을 나무라고 훈계한다. 그녀는 적어도 아들이 남의 부인을 존중해야 한다고 간청하지만 별 효과가 없다.

"어머니는 제가 음행을 저지를까 봐, 특히 남의 아내와 간통하지는 않을까 하고 쉴 새 없는 걱정으로 훈계하셨고, 이는 제 마음속 깊이 새겨졌습니다. 그럼에도 이런 훈계는 여자들이나 하는 잔소리로 들렸고, 이런 훈계에 순종하는 것이 오히려 저에게는 부끄러운 일이었을 것입니다."(2,3,7)

육체적 생명력이 이토록 압도적인 상황에서는 종교적인 삶이 희미해질 수밖에 없다. 같은 맥락에서 아우구스티노는 또 다른 젊은 시절의 도덕적 충격에 대해 보도한다. 그것은 어느 배나무 밭에서 친구들과 함께 저지른 도둑질이다. 그는 이 기억에 오랫동안 머무는데, 우리는 이 기억이 그를 얼마나 힘들게 했는지 느낄 수 있다.

그것은 사소한 일이었다. 그의 가족 소유의 포도밭 근처에는 많은 열매를 맺지만 쓸모없는 배나무가 있었고, 그와 친구들은 그보다 더 좋은 과일을 많이 가지고 있었다. 그럼에도 그들은 밤에 가서 배나무를 흔들어 배를 '거대한 보따리만큼 싸서' 먹지 않고 돼지에게 던져 주었다. 다음의 구절을 처음 읽으면 불편한 마음이 든다.

"저는 도둑질을 하고 싶어졌습니다. 결핍 때문에 어쩔 수 없이 하는 것이 아닌데도, 그 짓을 저질렀습니다. 정의에 대한 결핍과 싫증, 그리고 목까지 차오르는 악의 외에는 다른 이유가 없었습니다. 저는 풍족했고 더 좋은 것을 가지고 있었는데도 도둑질을 했는데, 그것은 도둑질을 해서 제가 탐낸 것을 향유하기 위해서가 아니라 도둑질 자체와 죄를 짓는 것을 즐기고 싶어 했기 때문이었습니다.

우리는 훔친 배 일부를 먹었지만, 우리는 해서는 안 되는 일을 함으로써 즐거움을 얻으려는 심보로 그런 일을 저질렀습니다."(2,4,9)

이는 도덕적인 선언이 아닌가? 아니면 기껏해야 자학에 불과한 것인가? 그러나 말의 어조는 너무 진실하다. 가치 있는 것이나 무가치한 것의 특성이 바로 사소한 일에서 아주 선명하게 드러나는 경우가 있지 않은가? 이 사소한 태도, 그 특별한 어조로 말한 단어를 더 이상 감정에서 제거할 수 없는 것인가? 여기서는 그럴 수밖에 없었을 것이다. 당시 아우구스티노는 도덕 질서 전반에 대한 반항, 악 자체에 대한 쾌락을 경험했다.

"하느님, 여기 제 마음이 있습니다. 여기 심연의 가장 깊은 곳에 당신께서 자비를 베푸신 저의 마음이 있나이다!

제 마음이 그곳에서 무엇을 찾았는지요? 저는 아무 이유도 없이 악하게 되었고, 제 악행은 악행 자체 외에는 아무런 근거도 없었습니다. 악행은 추악했지만 저는 그것을 사랑했습니다. 저는 파멸을 사랑했고, 저의 타락을 사랑했습니다. 저는 추락한 대상이 아니라 저의 타락 자체를, 비참하게 된 영혼을 사랑했습니다.

저는 당신의 굳건함에서 파멸로 뛰어내렸고, 어떤 것을 수치스러워 한 것이 아니라 수치 그 자체를 갈망했습니다."(2,4,9)

그밖에 보도된 사건은 일반적인 상태와 정확히 일치한다. 여기서는 개인적인 힘이 잠재되어 있고 정신적인 것은 묶여 있으며, 마찬가지로 길들지 않고 모험적이며 반쯤 예술적인 환상과 얽혀 있는, 제어되지 않은 관능만이 그 본성을 드러낸다.

아우구스티노는 수도로 향한다. 아프리카 정신 문화의 중심지 카르타고는 끝없이 타락한 풍속으로 유명했다. 3권은 "저는 카르타고로 갔고, 사방에서 수치스러운 연애 행각의 소용돌이에 둘러싸였습니다."라는 문장으로 시작된다.

아우구스티노가 그곳 대학에 입학했을 때 열일곱 살이었다. 그러나 우리는 남부, 특히 아프리카 사람들의 이른 발달을 고려해야 한다. 아우구스티노는 본능적 삶에 점점 더 강력하게 이끌리고, 이에 완전히 굴복한다.

"저는 아직 사랑을 하지 못해서, 저의 사랑은 사랑하는 것으로 향해 갔습니다. 사랑을 갈구했기 때문에, [불안해하는] 내면의 욕구로 인해서 제가 사랑할 수 있는 것을 충분히 굶주리지 않은 채로 찾아 헤맨다는 사실을 오히려 증오했습니다. 그래서 저는 안전함과 함정이 없는 삶의 길을 혐오했습니다. 하느님, 제 안에는 당신 자체에 대한 내적 양식을 갈구하는 굶주림이 있었지만, 이 굶주림으로[의식적으로] 허기를 느끼지는 않았습니다. 썩지 않는 음식에 대한 갈망이 없었던 것입니다. 그것은 제가 이 음식으로 충분히 배가 불렀기 때문이 아니라, 속이 비어 더욱더 싫증이 났기 때문입니다."(3,1,1)

그러나 이 보도는 그의 마음의 삶이 조용히 깨어나기 시작했다는 점도 보여 준다.

"그러나 육체에 영혼이 없다면 분명히 사랑받지 못합니다. 그럼에도 저에게는 사랑하고 사랑받는 것이 더 달콤했는데, 연인의 육체를 탐닉할 때 더욱 그러했습니다."(3,1,1)

'우정의 핏줄'을 느끼지만, 그것은 '욕망의 진흙탕'에 휩쓸려 가 버린다. 아마도 이 말은 밀라노 시절까지 16년 동안 그를 붙잡고 있었던 인연을 가리키는 것일지도 모른다. 그가 다음과 같이 말할 때, 우리는 아우구스티노가 지닌 열정의 격렬한 감정을 느끼게 된다.

"그래서 저는 정말로 제가 붙잡히게 되기를 갈망했던 그 사랑에 빠졌습니다. 저의 하느님, 저의 자비시여, 당신께서는 그런 달콤함에다 크나큰 당신의 선함이 들어 있는 쓰라린 담즙을 거침없이 뿌려 주셨습니다. 그럼에도 저는 사랑을 받았고, 은밀하게 향락의 족쇄에 묶였고, 고통스러운 올가미에 걸린 것을 기쁘게 생각했습니다. 결국 저는 질투와 의심과 두려움과 분노와 언쟁으로 뜨겁게 달구어진 쇠막대기로 얻어맞게 되었습니다."(3,1,1)

그의 내면에서 일어나는 일은 연극에 반영된다.

"극장의 연극은 제 비참함의 모습을 보여 주는 장면으로 가득 찼기 때문에, 제 열정의 연료에 불을 붙였습니다. 사람들 스스로는 실제로는 결코 견디고 싶어 하지 않을 것인데도, 고통 중에 슬픔이 가득하고 비극적인 그런 장면을 연극에서 보기를 원하는 것은 무엇 때문이겠습니까? 관객들은 연극의 이런 장면을 통해서 고통을 감수하려고 하고, 바로 이 고통이 관객들의 쾌락입니다. 이것이 비참한 광기가 아니라면 무엇이겠습니까?"(3,2,2)

그는 자신의 경험을 표현한 연극을 본다. 이는 다시 자신의 경험으로 이어진다.

동시에 아우구스티노는 열일곱 살 시절의 혼란스러움, 아버지 집의 소시민적인 답답함과 시골 생활을 떨쳐 버리려고 발버둥을 쳤다. 그는 세련된 형식에 민감해졌고, "과도한 허영심으로 우아하고 도시적인 사람이 되기 위해 애썼"(3,1,1)다. 그럼에도 그는 주변 사람들, 적어도 그중에 최악의 사람들과는 달랐다.

"저는 이미 수사학 학교에서 가장 공부를 잘했고, 저 자신을 자랑스러워하면서 오만함으로 한껏 부풀어 있었습니다.

주님, 당신께서 아시다시피, 다른 면에서는 훨씬 더 온건했고, '파괴자들'이 저지른 파괴에서는 멀리 떨어져 있었습니다. 이 악마적이고 혐오스러운 호칭은 완벽한 교양의 상징처럼 여겨졌습니다. 저는 그들과 함께 지내면서, 저 자신이 그런 사람이 아니라는 것에 대해 뻔뻔스럽게도 부끄러워했습니다.

때때로 그들과 함께 어울려서 [같은 부류라는] 우정에서 즐거움을 얻기도 했지만, 그들의 행실은 항상 저에게 가증스러웠습니다. 제가 말하는 것은 그들의 파괴적인 행실로서 뻔뻔스럽게 어리숙하고 청순한 사람들을 괴롭히고, 아무 이유없이 그들을 혼란스럽게 하고 조롱하면서 악의적인 재미를 보는 것입니다."(3,3,6)

'못된 패거리들eversores'이라는 말을 통해서 19세기 말에도 알려진 냉소적인 방탕함을 즐겼던 고삐 풀린 난봉꾼을 이해할 수 있다. 아우구스티노는 그들의 행동 방식에 감탄했지만, 그의 내면에는 고결한 것에 대한 열망이 있었기 때문에, 결코 그들에게 빠져들지는 않았다.

키케로의 작품 《호르텐시우스》와의 만남은 이때 이루어졌다. 우리는 미학적으로 자신을 세련되게 만들고, 열심히 일해서 '수사학 학교의 최고'가 된, 열정적으로 삶을 즐기는 아우구스티노를 상상해야 한다. 아우구스티노가 관심을 가진 일은 아마도 일반적인 교육 자료와 더불어 부수적으로는 수사학 및 정치적인 교육 훈련에만 관련되었을 것이다. 더 깊은 물음, 철학적 문제 제기, 본래의 정신적 실존에 대한 언급은 없는 것 같다. 이제 그는 앞서 언급한 키케로의 작품을 접하게 된다. 이 책은 분실되었으며, 우리가 아는 것은 이 책이 '복된 삶', 그러니까 열정과 야망의 번잡함에서 벗어나서 진리를 추구함으로써 진정한 행복을 찾는 삶의 이상을 다룬다는 것뿐이다. 이 작품과의 만남을 통해 아우구스티노의 내면세계에는 더 깊은 층이 뚫리게 된다.

"그 책은 저의 성정을 바꾸어 놓았고, 주님, 저의 기도가 당신을 향하도록 변화시켰으며, 저의 소망과 열망을 다르게 만들었습니다.
한순간에 허영에 가득한 온갖 희망이 경멸스러워졌고, 저는 믿을 수 없는 마음의 열정으로 지혜의 불멸을 갈망하면서, 당신에게로 되돌아가기 위해 일어서기 시작했습니다.

제가 열아홉 살이었고 아버지는 이미 두 해전에 돌아가셨을 때, 그 책은 제 어머니의 돈으로 산 책이었습니다. 제가 그 책을 집어 든 이유는 혀를 날카롭게 만들기 위한 것이 아니었습니다. 저에게 확신을 준 것은 그 책의 언어가 아니라 그 안에 쓰인 내용이었습니다."(3,4,7)

우리는 여전히 늦게까지 저돌적인 격렬함, 소중히 여겼던 것들에 대한 갑작스러운 경멸, 다가오는 고유한 것에 대한 굶주린 손길에서 울림을 느낀다. 아우구스티노의 본성이 지닌 또 다른 근본적인 힘인 정신, 위를 향한 추진력, 용어의 본래적 의미에서 '이상주의'가 깨어난다. 이는 플라톤에 의해 '높은 것'을 통해 단번에 결정되는 것으로서 특징 지어진다. 왜냐하면 정신은 그 존재이자 동시에 행위의 특성인 다양한 차원을 지니기 때문이다. 높이와 내면적 깊이, 넓이와 밀도, 명료함과 열정이 그것이다. 여기서는 높은 것을 향한 충동이 깨어나 주도권을 잡는다.

"저의 하느님, 제가 얼마나 애가 탔는지, 세상의 것에서 당신에게로 날아가려고 얼마나 애를 태웠는지 모릅니다. 당신께서 저와 더불어 무엇을 계획하시는지 몰랐습니다! 당신께는 '지혜가 있기'[욥기 12,13 참조] 때문입니다. 지혜에 대한 사랑이 그리스어 명사로 철학이라고 일

컬어지는데, 이 글자들이 저에게 불을 지른 이유입니다."(3,4,8)

키케로는 철학적인 삶의 태도로서 '철학'을 가르치려고 했다. 그러나 아우구스티노가 그의 책에 접근하는 방식은 근본적으로 철학적이지 않다. 상황을 정확하게 설명하기 위해서 말하자면, 아우구스티노의 이상적인 정신성 아래에는 종교적인 것이, 특히 그리스도교적으로 종교적인 것이 놓여 있다. 이는 움직이지만 철학적 사유의 침대로 흘러 들어가지 못하고 불타 버릴 수 있다.

"《호르텐시우스》의 충고에서 저를 기쁘게 한 것은 오직 이것뿐이었습니다. 그것은 제가 이런저런 철학 학파가 아니라 모든 것에 있는 지혜 자체를 사랑하고 추구하며 그것을 저의 지침으로 삼아 붙들어서 강력하게 포용하도록 그 말에 의해 불붙고 점화되어 타올랐다는 것입니다. 하지만 그런 뜨거운 열기 속에서도 한 가지가 저를 뒤로 물러나게 했습니다. 그리스도의 이름이 거기에 없다는 것입니다. 왜냐하면 저는 '주님, 당신의 자비로' 그 이름을 얻었고, 제 여린 마음은 이미 저의 구원자의, 당신 아들의 이름을 어머니의 젖에서 경건하게 마셔서 깊이 간직하고 있었습니다. 이 이름이 없었다면 아무리 교양 있고 완벽하며 올바르더라도 저의 전 존재를 사로잡지는 못했을 것입니다."(3,4,8)

우리는 이 말을 회고라고 생각할 권리는 조금도 없다. 물론 당시의 경험에 대한 해석은 회고하는 사람에게서 나온다. 이 사람은 한때 그가 걸었던 길을 자신의 결연한 믿음으로 이해한다. 그러나 여기서 다루고 있는 사실은 감정으로서, 아직 그 자체로는 강력하지 않은 가장 깊은 그리스도교적 심장에서 나오는 원초적인 음성으로부터 나왔다. 이를 들여다보기 위해서는 단순한 인간상을 통해 접근할 수밖에 없다. 그러나 아우구스티노의 경우에서는 쉽사리 파악하기 어렵다. 아우구스티노에게는 종교적 의지가 여전히 우위를 점하고 있다. 이제 그가 철학에 더 깊이 파고들어야 한다는 것은 당연하지만 그는 성경으로 눈을 돌린다.

"그래서 저는 저의 정신을 성경에 집중시키고, 그것이 어떤 것인지 보기로 작정했습니다."(3,5,9)

물론 상황은 예상대로 전개된다. 열정으로 가득 찬 삶, 매우 세련된 미적 욕구와 철학적이고 이상주의적인 정신을 지녔지만 훌륭하거나 그 어떤 충분한 지침도 없는 상태에서 성경은 매력이 없었고 교양을 주지 못했으며 풍부해 보이지 않았다.

"성경은 툴리우스의 품위 있는 문체와 비교할 바가 못 되는 것 같았습니다."(3,5,9)

그리고 그는 성경을 내려놓는다. 아우구스티노는 철학으로 돌아가지 않고 당시의 혼합 종교 중 하나였던 마니교에 빠진다. 여기에는 그를 끌어들이는 모든 것이 결합되어 있었다. 이상주의적 사고, 미학적 경향, 풍부하게 발달한 상징주의, 의식적으로 배양된 신비주의가 그것이었다. 여기에 더 높은 지식과 입문하는 매력이 더해졌다. 마지막으로 한 가지를 더하자면, 영지주의에서처럼 마니교에서는 본래 도덕적인 것이 우주적인 것으로 용해되고, 악은 하나의 세계의 사건이 되어 버리기에 개인적인 책임이 면제된다. 이 사실이 아우구스티노의 발전을 이해하는 데 있어서 얼마나 중요한지 앞으로 분명해질 것이다.

그의 어린 시절의 격렬한 종교적 동요를 떠올려 보자. 그리스도교적인 것에 대한 갈망이 폭발하지만, 지속적인 형태를 찾지 못하고 아이의 일반적인 이미지와 경험 세계에서 사라지고 만다. 여기서도 비슷한 일이 발생한다. 아우구스티노는 《호르텐시우스》를 읽고 거기서 정신적인 것이 말하는 것을 듣는다. 그러나 이는 사실 그의 정신적 중심이 아니라 종교적 중심, 더 정확히 말하자면 내면에서 꿈틀거리며 명료함과 형태를 갈망하는 그리스도교적 생명력이 자극을 받는다. 이러한 생명력은 깨어나고 앞으로 나아가지만, 다시 포착되지는 않는다. 《호르텐시우스》 자체는 그 생명력이 요구하는 것을 줄 수 없다. 그러나 성경은 당시 세례와 마찬가지로 그의 나머지 모습들이 그 사이에 끼어서 방해하기 때문에, 아직 접근할 수 없었다. 그래서 그러한 갈망은 오래가지 않고 파도는 가라앉는다. 이 파도는 어떤 조정된 공간, 여기서는 마니교 공동체로 흘러 들어간다. 아우구스티노는 거의 십 년 동안 마니교에 속해 있었다. 3권 6장에서 10장은 마니교가 그의 삶에 가져온 공허함에 대해 말한다.

･ ◆ ･ ◆ ･

여기서도 그의 어머니가 곁에 있다. 11장은 과부가 된 어머니가 마니교에 빠진 아들에게 분노하여 아들과 한집에서 함께 식사하기를 거부한 것을 보도한다. 그러나 그녀는 위로가 되는 꿈을 꾸었다. 그녀는 그 꿈에서 언젠가 그녀가 있는 곳에 아들도 있게 될 것이라는 말을 듣고, 그녀는 아들의 간청을 받아들여 '한집에서 저와 함께 살면서 같은 식탁에 앉아 식사를 하는 것'에 동의한다.

아우구스티노는 자리를 옮겨서 그가 따르는 것은 어머니 자신이라는 것을 입증하려고 노력한다. 그러나 모니카는 꿈에서 체험한 의미를 확신하고 있었기 때문에, 아우구스티노의 해몽을 받아들이지 않는다. 이에 아우구스티노는 꿈 자체보다 그녀의 신앙적인 확신이 자신을 더 깊이 감동시켰음을 고백하며, 그 꿈이 이루어지기까지 9년이 더 걸릴 것이라고 말한다. 이때 그의 나이는 열아홉 살이었다.

아우구스티노는 학업을 마친 후 고향으로 돌아와서 수사학 교사로 자리를 잡았다. 수사학은 당시 공적인 일을 하기 위한 지식이자 기예였다. 회상하는 사람에게는 이 모든 것이 명예욕, 이기심, 부정직함의 단순한 수단에 불과해 보이지만, 우리는 그가 자신의 분야에서 뛰어난 실력을 발휘했다고 생각할 수 있다. 왜냐하면 총독이었던 빈디키아누스가 괜히 그에게 몸소 백일장 우승의 화관을 씌워 주지는 않았을 것이기 때문이다(4,3,5). 4권 2장은 아우구스티노가 동거녀와 함께한 삶에 대해 이야기한다. 그녀는 합법적인 배우자가 아니었다. 그는 오직 방황하며 분별력 없는 열정으로만 그녀를 찾았다. 그럼에도 그녀와의 관계에서 인격의 한 면이 드러나는데, 단순한 충동에 대한 무책임함에서 도덕적 핵심을 얻게 될 것이다.

"그래도 그녀는 나에게 유일했고, 저는 그녀에게 침실에서의 신의를 지켰습니다."

이 동거녀는 그의 아이를 낳았다.

"원하지는 않았지만 애욕의 결합에서 아이가 태어나고, 그 아이는 태어나자마자 사랑해 달라고 강요합니다."

이 아이의 이름은 아데오다투스이며 아우구스티노가 매우 사랑했고 그에 대해 감동적인 말을 해 줄 것이다. 아우구스티노가 이 아들을 '하느님께서 주신 자'라는 의미의 이름을 붙인 것은 아마도 미리 준비된 이름을 사용하기 위해서만은 아니었을 것이다(4.2.2).

· · · · ·

3장에서는 아우구스티노가 점성술에 빠져들었다가 다시 벗어나는 과정을 읽을 수 있다. 앞서 언급한 '통찰력이 날카로운 인물로서 의학에 조예가 깊고 그 분야에서 높은 존경을 받는' 빈디키아누스는 아우구스티노와 친분을 맺었다. 그들은 흥미로운 대화를 나누었는데, 젊은 수사학자인 아우구스티노는 '특별한 화술 없이도 생각의 생동감만으로도 그의 말이 즐거움을 주었고 무게감 있음을' 느꼈다. 경험이 풍부한 그는 점성술이 미신이라고 폭로하고, 점성술이 사람들에게 통했던 것은 그 핵심에 진정한 지식이 있는 것이 아니라 '사물의 본성에 두루 퍼져서 작용하는 우연의 힘'에 불과하기 때문이라는 것을 말해 준다. 그것이 비록 진리를 담고 있다고 하더라도, 비합리적인 것에 대한 고대 플라톤주의적 경멸은 그의 논증에서도 드러난다.

"종종 어떤 시인이 쓴 구절에서 그 시인은 사실 전혀 다른 것을 노래하고 의미하는데도, 누군가가 조언을 구할 때, [질문자의] 관심사와 놀랍도록 일치하는 구절이 나오는 경우와 같습니다. 그[빈디키아누스]는 그것이 놀라운 일이 아니라고 말했습니다. 인간 영혼에는 어떤 고차원적인 동기에 의해 그 안에서 무슨 일이 일어나는지를 알지 못하고서, [아는] 기술이 아니라 우연히 질문자의 사정과 사실에 들어맞는 무언가가 나타난다는 것입니다."(4,3,5)

따라서 실제로 '어떤 고차원적인 동기', 곧 신적인 무언가가 작용한다. 이것은 운명의 힘에 의해 결정되는 운을 의미하는 '소르스sors'라는 단어로 표현된다. 그러나 이 고차원적인 것이 나타나는 특성, 곧 우연적이고 비합리적인 것은 철학적 성향의 진리 정신과 모순되어 멀리하게 된다.

같은 시기에 아우구스티노는 또래지만 분명히 더 어린 친구를 사귀게 된다. 그에게 있어서 매우 중요한 우정의 힘이 처음으로 깨어나는데, 이 우정은 정신적 경지를 향한 공동의 노력에 뿌리를 두고 있다. 이와 같은 추구 자체가 이미 에로스이기 때문에 이는 인간에 대한 사랑과 함께 공명할 수 있고, 그러한 사랑에서 진정한 발전을 찾게 된다. 아우구스티노가 회상하는 말 속에는 우정에 대한 다양한 이미지가 서로 교차한다.

"제가 태어난 곳에서 처음으로 가르치기 시작했을 무렵에 한 친구를 얻었습니다. 그는 정신적인 생각을 함께하면서 저에게 매우 소중했고 저와 비슷한 또래로 젊음의 꽃을 피웠습니다. 그는 어린 시절을 저와 함께 자랐고, 학교도 같이 다녔으며 함께 놀았습니다. 하지만 그때는 [제가 말하는 당시에는] 아직 그렇게 친하지 않았습니다. 물론 참된 우정이라고 할 만한 것도 없었습니다. 당신께서 '우리가 받은 성령을 통하여 우리 마음에 부어'[로마 5,5 참조] 주신 사랑으로 서로 묶이지 않는다면 참된 우정이 아니기 때문입니다. 그럼에도 우리의 우정은 너무도 달콤했고[달콤한 음료였고], 함께 공부에 대한 열정을 통해서 준비되었습니다."(4,4,7)

불완전한 유대감으로 이어진 어린 시절의 우정이 있고, 성령의 사랑으로 서로 묶인 사람들 사이에 하느님께서 맺어 주시는 '참된' 우정이 있다. 그 사이에는 아직 완전히 참되지 않고 여전히 어느 정도 환상적이고 불안정하지만, 성장하는 젊은이들의 자연스러운 우정이 있다. 이 우정은 '학문에 대한 열정fervor parilium studiorum'으로 가득 차 있기 때문에 소중하다.

아우구스티노는 친구보다 더 강한 사람이다. 아우구스티노는 이 젊은이를 아직 불확실한 그리스도교 신앙에서 마니교로 끌어들였기에, 책임이 있다. 회고하는 아우구스티노는 성경의 어리석음을 거부하고, 하느님의 소박한 말씀에 굴복하기보다는 차라리 오류에 빠진 과거 자신의 교만함에 대해 책임져야 한다. 그는 자신이 사랑하는 사람에게도 같은 잘못을 저질렀다고 느끼며, 그 친구 안에서 훨씬 더 쓰라린 죄책감을 느낀다.

이 우정의 이야기에는 슬픈 아름다움이 있다.

> "저는 그 젊은이가 아직 충실하지 않고 내면적으로 확고하지 않은 참신앙으로부터 저 미신적이고 파멸을 초래하는 가공의 존재로 그를 끌어들였고, 그 때문에 저의 어머니는 저를 위해 우셨습니다. 그래서 그는 저와 함께 정신적으로 방황했고, 제 영혼은 그 없이는 살 수 없게 되었습니다.
>
> 그러나 보십시오, 당신에게서 도망치는 자들의 등 뒤에서 위협적으로 나타나시는 당신, '복수의 하느님'이시며 동시에 자비의 샘이신 당신께서는 우리를 당신에게 놀라운 방식으로 돌아오게 하십니다. 보십시오. 당신께서는 당시 제 인생의 어떤 달콤함보다 더 달콤했던 우정으로 겨우 한 해가 채 가지 않은 그 사람을 이생에서 데려가셨습니다."(4,4,7)

죽음과 사투를 벌이던 젊은이는 세례를 받고 회복한다. 아우구스티노는 친구 자신도 모르게 베풀어진 세례를 조롱하려고 한다. 그러나 친구는 변화되었기 때문에, 세례에 대해 매우 진지하게 받아들이며 "놀랍고 갑작스럽게 깨어난 정신의 자유로, 제가 그의 친구가 되려면, 그런 말을 하지 말라고"(4,4,8) 충고한다. 이에 아우구스티노는 당황하고 혼란스러워한다. 그보다 아우구스티노 자신이 우월하다고 느끼게 한 젊은 친구가 갑자기 하느님께로부터 새로 태어나 성숙한 그리스도교인이 되어서 자신과 마주하며, 이제는 아우구스티노보다 더 큰 존재가 되었다. 아우구스티노가 아직은 도달할 수 없지만 자신과 깊이 관련된다고 느끼는 거룩한 존재의 실재와 마주한 것이다. 하지만 그는 친구의 건강을 염려해서 하고 싶은 말을 더 적절한 시기로 미루게 된다. 그러다 얼마 지나지 않아서 젊은 친구는 다시 열병으로 숨을 거두고 만다. 아우구스티노는 당시에 스무 살 중반쯤이었을 것이다.

이 우정은 아마도 그의 인생에서 가장 큰 마음의 경험이었을 것이다. 4장에서 8장까지 다섯 장에 걸쳐서 아우구스티노는 자신의 고통에 대해 이야기한다. 이는 가장 깊은 내면에서 나오는 울림이다.

"아, 인간답게 사랑할 줄 모르는 미치광이여! 아, 어리석은 사람아, 인간적인 것이 한계를 넘어서 고통이 되도록 내버려두었구나! 그때의 제가 바로 그랬습니다.

저는 그렇게 열병을 앓고 한숨을 짓고 울면서 혼란스러워서 평화도 분별도 없었습니다. 제가 감당하고 싶지 않았던, 부서지고 피 흘리는 영혼을 짊어졌기에, 그 영혼을 눕힐 곳을 찾지 못했기 때문입니다. 아름다운 숲속에서도, 놀이와 노래에서도, 달콤한 향기가 나는 곳에서도, 성대하게 준비된 연회에서도, 편안한 잠자리와 침실의 쾌락에서도, 책과 시에서도 안식을 찾지 못했습니다.

　모든 것이 혐오스러웠고, 심지어 빛조차도 그러했고, 그 친구가 아닌 것은 무엇이든 끔찍하고 혐오스러웠습니다. 한숨과 눈물만이 예외였습니다. 거기서만 약간의 안식이 있었기 때문입니다. 그러다가 제 영혼이 한숨과 눈물에서 벗어날 수밖에 없을 때, 그것은 비참함의 무거운 짐이 되어 저를 짓눌렀습니다.

　'주님 당신께' 제 마음이 들어 올려지고 치유되어야 했지만, 저는 그렇게 하려고 하지도 않았고 그렇게 할 수도 없었습니다. 제가 당신을 생각할 때 손에 잡히거나 확실한 것이 없었기 때문입니다. 제가 생각한 것은 당신이 아니라 공허한 유령이었고, 저의 오류가 저의 신이었기 때문입니다. 제가 안식을 얻고자 영혼을 그곳에 내려놓으려고 하자마자, 영혼은 공허함으로 미끄러져서 다시 적에게 떨어졌기에, 저는 있을 수도 없고, 떠날 수도 없는 비참한 곳에 다시 있게 되었습니다. 제 마음이 제 마음을 피해서 어디로 도망가겠습니까? 제가 저 자신으로부터 어디로 피해 가겠습니까? 어디든 제가 저를 따라가지 않겠습니까?"(4,7,12)

　이러한 고통은 아우구스티노의 마음을 일깨웠다. 가장 내면적인 것은 감정을 포착함으로써 타인의 인격을 본다. 고통은 외부의 사건에서 정신적인 과정을 경험하고 따라서 진정한 운명을 가능하게 한다. 이러한 기억에 대한 보도는 큰 파도처럼 울려 퍼진다.

"시간은 쉬지 않으며 우리의 감각을 통해 헛되이 흘러가지 않습니다. 오히려 시간은 정신 안에서 놀라운 일을 합니다.

보십시오, 시간은 '날마다' 왔다가 가며, 그렇게 오가면서 제 안에 다른 희망과 다른 기억을 심어 주었으며, 점차적으로 저를 다시 예전의 즐거움의 방식에 민감하게 만들어서, 제 영혼의 고통을 물러가게 했습니다. 그러나 뒤따르는 것은 다른 고통이 아니라 또 다른 고통의 원인들이었습니다."(4,8,13)

이러한 기억에서 인간적인 우정, 피조물들의 덧없음, 하느님의 영원성과 그분에 대한 사랑, 참된 사랑과 사랑의 원천, 그리고 마지막으로 그의 첫 작품인 《아름다움과 적합함에 대하여》에서 아름다움에 대한 사색적인 구절이 이어지는 것은 우연이 아니다. 아우구스티노의 안에서는 낡고 단순한 관능적 열정보다 더 깊은, 아니 다른 곳에 뿌리를 둔 무언가가 깨어났다. 또한 그는 《호르텐시우스》를 통해서 경험한 진리를 향한 이상주의적 열정보다 더 깊고 다른 곳에 뿌리를 둔 정신적 에로스 안에서 친구의 인격을 보고 사랑했다. 사랑하는 사람과의 접촉에서 영원함의 빛이 비추고, 진리와 아름다움, 불멸하는 선의 빛과 갈망이 정신적 인도자를 맞이한다.

그러나 아우구스티노가 여기서 말하는 마음은 소크라테스가 《향연Symposion》에서 고차원의 연설을 할 때 그 안에 살아 있는 것보다, 임종 전의 마지막 대화에서 그의 발치에 앉아 있는 파이돈의 머리

칼을 쓰다듬던 것보다 더욱 생생하며 그것과 다르다. 이 마음은 플라톤의 에로스가 아니라 요한의 편지에서 사랑이 움직이고, 로고스의 빛이 침투하기 시작하는 마음이다. 비록 생각하는 정신은 그것을 여전히 알지 못하지만 말이다.

여기에는 다양한 경험과 행위의 층이 겹겹이 놓여 있다. 철학적 에로스가 깨어나서 아우구스티노의 내면을 흔들어 놓는다. 이전에는 관능적 열정과 그와 더불어 작업을 하려는 의지를 지닌 정신적 열정만을 알았던 그에게, 이제는 내면의 깊이가 열린다. 정신은 피를 맑게 한다. 진리는 피가 정신에게 자신의 신비를 가져다주는 내면성에서 타오르고 갈망이 빛나기 시작한다. 그러나 그 아래에는 더 깊은 층인 그리스도교적인 마음, 그리스도 안에서 하느님에 대한 사랑이 꿈틀거리고 있다. 이 책의 첫 부분에서 언급되었고 아우구스티노에게 매우 중요해질 마음의 실재가 드러난다. 그것은 바로 '하느님 안에서 안식을 누릴 때까지는 쉬지 못하는', '하느님을 향하도록 창조된 마음cor ad Deum creatum'이다.

하지만 이러한 체험조차도 제자리를 찾지 못한다. 아우구스티노는 아름다움의 본질에 대한 연구를 통해서 정신에 대한 물음으로 이끌려 간다. 그러나 그는 감각적으로 경험할 수 있는 것 외에는 아무것도 파악할 수 없어서 정신을 생각할 수 없다.

[세상의 아름다움과 적합성에 있어서] "'당신 홀로 경이로운 일을

하시는' 전능하신 분이시여, 그토록 위대한 일의 경첩이 당신의 예술 안에 있음을 제가 아직 알아보지 못했습니다. 그래서 제 정신은 물질적 형태를 헤매고 다녔고, 아름다운 것은 그 자체로, 적합한 것은 다른 것과의 질서를 통해서 가치 있는 것으로 규정했으며, 그것을 구분해서 물질 세계에서 입증되는 사례를 보았습니다.

그리고 저는 영혼의 본성으로 눈을 돌렸지만, 정신적인 것들에 대해 가지고 있던 잘못된 견해 때문에 진리를 보지 못했습니다. 진리의 힘이 제 눈에 들어왔지만, 떨리는 저의 지성은 비물질적인 것으로부터 돌아서서 선과 색채, 그리고 부풀어 오르는 크기로 향했고, 거기서 저는 정신 안에서 이러한 것들을 볼 수 없었기 때문에, 정신 자체는 볼 수 없는 것이라고 믿었습니다."(4,15,24)

현대적 사고로 교육받은 우리는 정신적인 개념에 익숙해져 있다. 그러나 일반적으로 이러한 '정신적인 것'은 추상적이다. 따라서 우리는 아우구스티노가 정신을 생각하는데 있어서 무능력하다고 비웃지 않는 것이 좋다. 그가 정신을 생각하는 데 어려움을 겪는 것은 우리가 정신을 다루는 속도보다 더 진실하다. 그의 사유는 감각적 직관의 이미지들과 내적 경험의 힘으로 가득 차 있다. 이는 겉보기에 비정신적인 것으로서 실제로 아직 참된 개념에 도달하지는 못했다. 아우구스티노의 '감각적 표상들'은 우리의 그토록 깔끔한 개념보다 실제적인 정신, 곧 원초적인 본질과의 접촉에 있어서 더 풍부하다. 그의 마음의 폭풍은 그토록 잘 정돈된 우리의 판단보다 더 강력한 정신적인 가치를 담고 있다. 감각적 표상들에 사로잡힌 마음의 폭풍은 정신성이다. 그것은 감각적 표상들 안에서 스스로를 오해하고, 번민하며 압박한다.

그 이유는 아마도 아우구스티노가 신앙과 하느님의 사랑의 기준으로 자신의 과거를 평가하면서 고려하지 않은 사항들에 있다. 이는 무엇보다 우리가 앞서 살펴본 전제 조건들 아래에서 살았다고 할 때 그 인격이 성장하는 과정에서 반드시 겪는 법칙들이다. 정신이 일단 자신 아래에 육체화의 깊은 뿌리와 자신 안의 본능적 생명력의 끓어오르는 피에 이르기까지 돌파할 때, 인격은 이를 위해 감싸일 시간이 필요하다. 무엇보다 여기에서 아우구스티노의 정신이 타오르고 폭풍처럼 몰아친다. 이것을 잊어서는 안 된다. 다른 이유들은 윤리적인 것 안에, 약점 안에, 그리고 한 인격에게 요구되는 것에 대한 저항 안에 있다. 여기에는 분명히 하느님에 대한 내면적인 갈망이 있다. 하지만 철학적 자부심, 천재의 자아감, 세상의 풍요로움이 이러한 갈망을 짓누르기 때문에, 하느님께로부터 멀어지게 된다. 마찬가지로 당시에 '호르텐시우스 체험'에서 비롯된 것처럼 성경으로부터도 멀어졌다.

"저는 당신께 다가가려고 애썼지만, 당신에게서 밀려나서 죽음을 맛보았습니다. '당신께서 교만한 자를 물리치셨기' 때문입니다. 그러나 제가 놀라운 광기로 본성적으로 당신께서 존재하시는 것과 같이 존재한다고 주장한 것보다 더 큰 교만이 어디 있겠습니까?

저는 가변적인 존재여서, 지혜에 대한 저의 갈망은 더 못한 존재에서 더 나은 존재로 변해 가야 한다는 의미밖에 없다는 것을 알 수 있었습니다. 그럼에도 제가 당신에 대해 생각할 때, 제가 당신께서 존재하시는 것과 같은 존재가 아니라, 차라리 당신도 가변적인 존재라고 생각하고 싶었습니다. 그래서 저는 밀려났고, 당신께서는 저의 허세로 부푼 목덜미를 역겨워하셨습니다."(4,15,26)

그리고 바로 뒤에서 다음과 같이 말한다.

"제가 그 책들을 썼을 때는[55] 스물예닐곱 살쯤 되었을 것입니다. 저는 제 마음의 귀에 울려 퍼지는 물체적 형상들과 정신적으로 씨름하면서도, 달콤한 진리이신 당신의 내면의 선율에 귀를 기울였습니다. 그래서 저는 아름다운 것과 목적에 합당한 것에 대해 생각하고서, '주님을 듣고 신랑의 음성을 듣고 기뻐하기 위해' 굳건히 서려고 했지만, 그러지 못했습니다. 제 오류의 목소리 때문에 바깥으로 끌려 나갔고, 제 교만의 무게로 깊은 곳으로 떨어졌기 때문입니다. "제 귀

---

55 번역할 수 없는 언어 유희에 해당된다. "제가 그 두루마리를 쓸 때 …… 굴리는 물질적인 형체들Cum illa volumina scripsi, volvens. …… corporalia figmenta."

에 기쁨과 즐거움을 가져다주지' 않으시고, '겸손하지' 않은 '제 뼈가 기뻐하지'도 않았기 때문입니다.[시편51(50),10 참조]"(4,15,27)

시편 50편에서 가져온 '겸손'이라는 용어는 주의가 필요하다. 이 용어는 철학적이고 세상과 자신에게 얽매인 태도에서 그리스도교적인 '회심'으로, '영혼의 상실'로 전환하는 것을 의미한다.

아우구스티노가 마지막 장에서 스무 살 때 아리스토텔레스의 《논리학*Organon*》을 손에 넣었다는 것을 회고하는 것은 분명히 그럴 만한 이유가 있다. 그는 친구들 중 누구도 성공하지 못한 것을 이루었고 선생의 도움 없이 그것을 이해했다. 분명히 그는 자신에게 정신적인 힘이 부족하지 않고 사유의 발전이 잘 진전되었다고 말하고 싶어 한다. 따라서 마지막에 중요한 것은 더 나은 철학으로의 진보가 아니라, 철학이 정신을 지배하고 신앙으로 가는 길을 가로막는 한, 그러한 철학적 태도 자체를 극복하는 것이었다.

2
로마와 밀라노

아우구스티노의 생애에서 스물아홉 번째 해는 《고백록》 5권에서 보도하는데, 여기서는 지금까지의 이야기를 마무리하고 앞으로 일어날 일을 소개한다.

아우구스티노는 마니교에서 벗어난다(1-7장). 아우구스티노는 마니교 최고 지도자인 파우스투스를 만나고 그에게 깊은 실망을 느낀다. 그는 유능하지만 근본적으로 소인배이고 무지하다. 탐구하는 자인 아우구스티노는 이미 오래전부터 마니교를 진심을 다해 믿지 않았다. 그러나 그는 파우스투스에게서 마니교의 견해가 얼마나 어불성설인지 보게 되고, 이미 오래전부터 진심을 다해 믿지 않았기에, 이제는 완전히 그에 대한 신뢰를 잃게 된다. 이러한 탈피는 그가 암브로시우스의 영향으로 얼마 후에 그리스도교에 대한 마니교의 공격이 무의미하다는 것을 깨달음으로써 완전히 이루어진다. 따라서 그리스도교의 가르침에서 우월성을 주장하는 것은 마니교에서 보았던 그런 황량한 것과는 전혀 다른 것이라는 것을 말한다.

· · ◆ · ·

아우구스티노는 아프리카와 그의 어머니로부터 도피함으로써 또 다른 탈피를 시도한다. 그는 로마로 간다. 우선은 그곳에서 더 나은 직업의 기회를 찾기 위해서였지만, 고향과 어머니로 둘러싸인 답답한 분위기에서 벗어나기 위해서이기도 했다. 이는 출발 자체에 대한 보도에서 읽을 수 있다.

"하느님 당신께서는 제가 왜 여기를 떠나 그곳으로 갔는지 알고 계셨지만, 당신께서는 그 이유를 저에게도 어머니에게도 알려 주지 않으셨습니다. 제가 떠날 때, 어머니는 가슴이 찢어지듯 울며 바다까지 저를 따라왔습니다.

그녀는 저를 꽉 붙잡고 다시 데려가거나 저와 함께 가려고 했습니다. 저는 떠나는 한 친구가 순풍이 불어서 배가 출발할 때까지 그를 혼자 두지 않으려고 했다고 하면서 그녀를 속였습니다. 이렇게 저는 어머니에게, 그런 어머니에게 거짓말을 하고 도망쳐 버렸습니다. 그럼에도 그녀는 저를 두고 돌아가려고 하지 않았기에, 저는 그녀를 겨우 설득해서 배가 있는 곳 근처에 키프리아누스 성인 기념 경당에서 밤을 보내도록 했습니다. 그러나 저는 그 밤에 몰래 떠나 버렸고, 그녀와 함께 가지 않았습니다. 그녀는 기도하고 울면서 남겨졌습니다."(5,8,15)

아우구스티노는 9장에서 로마에서의 자신의 병에 대해 보도한다. 그 병이 치명적으로 끝났더라면 무슨 일이 있었을지에 대해 숙고하는 대목에서도 우리는 같은 인상을 받게 된다. 이 구절은 다음과 같은 말로 절정을 이룬다.

"만일 어머니의 마음이 이런 상처를 입었더라면, 결코 회복되지 못했을 것입니다. 저에게 어머니가 어떤 의미였는지, 그리고 한때 저를 육신으로 낳았을 때보다 얼마나 큰 염려로 저를 자신의 영으로 출산하고 있는지는 제 입으로 이루 말할 수 없습니다."(5,9,16)

여기서는 사랑이 말하고 있다. 이 사랑은 당시에 어떤 일이 일어났을 때, 그것을 피하는 방법을 몰랐음을 속죄하려고 한다.

※ ※ ※

아우구스티노는 로마에 실망한다. 기본적으로 학문적 환경이 카르타고보다 나아지기보다는 오히려 더 나빠졌다. 그는 거기서 자리를 잡지 못할 것임을 분명히 깨달았다. 그 대신에 로마에 머무르는 동안 새로운 철학적 만남을 갖게 되었다.

그 중 하나는 아카데미아 학파의 회의주의와의 만남이었다. 회의주의 성향은 아우구스티노에게 항상 살아 있었다. 이 연구의 첫 부분에서 이 회의주의가 그의 정신적 삶의 맥락에서 어떤 의미를 갖는지는 이미 언급했다. 그것은 인식의 가능성에 대한 학문적 회의가 아니라, 특별한 정신적 성향의 표현이다. 이 성향에는 절대자에 대한 특별한 지향성도 포함된다. 그것은 절대자에게 도달하고, 그에 의해 파악되고, 채워지고 압도되기를 바라는 갈망이다. 동시에 이러한 성향에는 유한한 것, 유한한 행위, 그것의 수행과 경험 능력의 본래적이지 않은 특성에 대한 매우 예민한 감각도 포함된다. 이로 인해 인식 작용에서 항상 감지되는 불균형이 생긴다. 이러한 감각적 욕구가 진정으로 충족되려면, 인식 과정은 정신을 완전히 채우고 압도해야 한다. 그래야만 갈망하던 안식을 비로소 가져다줄 것이다. 그러나 유한한 인식의 힘으로는 그러한 진리의 실현이 가능하지 않다. 사유 과정의 힘은 사유된 내용의 타당성에 대한 요구에 미치지 못한다. 이러한 차이에서 끊임없이 불충분하다는 느낌, 곧 회의감이 생기게 된다.

이러한 종류의 회의주의는 신비주의적 성향과 관련이 있다. 아마도 앞서 언급한 절대자와의 특별한 관계는 바로 이러한 신비주의적 성향의 이전 단계를 나타내는 것일 수 있다. 종교적 절대자와 전적으로 무의식적인 연관성 속에 있는 사람만이 여기서 일어나는 방식으로 인식을 문제 삼을 수 있다. 그리고 이러한 신비적인 가능성이 실현될 때에야 비로소 회의주의가 치유된다. 회의감은 실존 전체에 필요한 실제적이고 의미 있는 기반을 제공한다. 그것은 또한 종종 특별히 인식되지는 않지만, 인식하는 삶에 침투해서 본질에 대한 강력한 통찰력, 가치 경험의 능력, 마주하는 실재에 대한 확고함을 제공하며, 이는 그러한[신비주의적] 성향을 지닌 사람이 진정한 인식과 가치 경험을 하고 있다고 느끼도록 하는 데 필요하다. 이미 플라톤으로부터 시작해서 서양 사상 전체를 관통하는 '정신적 빛', '정신과 마음의 빛lumen mentis et cordis' 이론은 바로 이러한 사태를 의미한다. 어쨌든 아우구스티노의 회의주의는 신에 대한 영혼의 본질적인 굶주림, 곧 신을 향한 사랑의 움직임과 인식 작용에서의 사랑의 의미와 밀접한 연관이 있다. 다른 한편으로는 모든 진정한 인식과 평가가 이데아들에 뿌리를 둔다는 이론, 영원한 의미의 빛이 사랑하고 인식하는 정신에 비친다는 이론 등과도 관련이 있다. 아리스토텔레스 연구에 대해 말하는 4권 마지막 부분에서도 이러한 연관성을 알 수 있다.

"제가 당시에 읽을 수 있었던 소위 자유학예 분야의 모든 책들을 읽고 이해했던 것이 나쁜 욕정에 사로잡혀 있던 사악한 노예인 저에게 무슨 도움이 되었겠습니까? 저는 그 책들을 즐겼지만, 그 안에 있었던 참된 것과 확실한 것이 어디에서 왔는지 몰랐습니다. 저는 빛을 등지고 [빛에 의해] 비추어진 것에 얼굴을 돌렸기 때문에, 비추어진 것을 보았던 제 얼굴은 비추임을 받지 못했습니다."(4,16,30)

아우구스티노는 회의주의에 대한 시도에 이어 이원론적이고 사변적인 도덕 이론을 발전시킨다. 항상 그의 주요한 물음 중의 하나였던 '악이란 무엇인가'라는 물음이 더욱 절실해진다. 이 시기에 그의 대답은 다음과 같다.

"그 때문에 저는 악의 어떤 실체가 있다고 믿었습니다.
  그것은 칙칙하고 형태가 갖춰지지 않은 덩어리를 갖고 있다고 합니다. 그것은 무거워서 '흙'이라고 하거나, 공기 덩어리처럼 희박하고 섬세하다고 합니다. 그러한 꼴을 하고 있기 때문에 그것은 땅을 기어 다니는 악한 정신과 같다고 상상했다고 합니다.
  어떤 경건함을 핑계로 선한 하느님께서 악한 피조물을 창조하실 수 없다고 믿도록 강요했기 때문에, 저는 각각 무한하지만 악한 것은 더 좁고, 선한 것은 더 넓은 서로 대립되는 두 덩어리를 가정하였습니다. 이렇게 파멸을 초래하는 시작에서부터 나머지 신성 모독이 나오게 되었습니다."(5,10,20)

그는 순수한 정신적 실재를 생각할 수 없었다. 그에게 있어서 실재는 물질성과 같기 때문이다. 따라서 정신이 규정되어야 한다면, 물질을 정제하는 것 외에는 방법이 없었다.[56] 마찬가지로 그는 의미 내용에 따른 행위를 구별하는 지향성 또는 의도성도 생각할 수 없었다. 그에게 있어서 '의미'는 존재하는 것 자체의 직접적인 속성이다. 그래서 그는 악을 존재 자체에 둘 수밖에 없었다. 악은 다른 존재와 함께 있는 어떤 존재자, 곧 나쁜 존재이다. 이 나쁜 존재는 비록 매우 섬세한 물체이지만, 다른 선한 물체의 존재에는 적대적으로 대립한다. 이로 인해서 선한 신은 이러한 악한 존재를 창조할 수 없다는 결론이 도출되며, 이는 곧바로 하느님 자신을 제한하는 것으로 이어진다. 결국 자유의 문제에 대한 답도 미리 정해지게 된다. 선과 악이 물질성을 지닌 것이라면 인간 안에서 혼합되어서 서로 싸워야만 하지 않는가? 그렇다면 인격과 자유를 위한 공간은 어디에 남아 있는가? 그렇다면 인간은 존재 전체의 두 전투 진영의 접점이자 전장이 될 뿐이고, 겉으로 보기에 자유로운 행위는 이 두 진영이 충돌한 단순한 결과일 뿐이지 않은가?

---

56 여기에서도 제한된 것만이 실재를 지니며, 물질은 이러한 한계의 가장 확실한 표현이라는 고대의 견해가 여전히 영향을 미치고 있다는 점에 주목한다.

로마에서의 상황은 더 이상 버틸 수 없게 된다. 그는 옛 마니교의 친구들의 도움으로 밀라노 시에서 공모하는 수사학 교수직에 지원해서 로마에서 시범 강의를 한 후에 교수로 임명된다. 이렇게 그는 이탈리아 북부의 수도인 밀라노에 정착하게 된다.

그곳에서 그는 처음으로 자신에 필적하는 인물을 만난다. 그 인물은 아우구스티노와 동등한 수준의 정신의 소유자이지만, 나이와 업적 면에서는 그를 능가하는 위대한 정신의 소유자인 암브로시우스이다. 암브로시우스는 이전에 이탈리아 북부의 총독을 역임했고, 당시에는 밀라노의 주교였다. 그는 정통 귀족 가문 출신으로 그 혈통의 대표자이자 뛰어난 신학자요 강력한 연설가였다. 6권의 3장과 4장에서는 그의 위대한 품성, 끊임없는 노력, 강력하고 수양된 정신이 아우구스티노에게 남긴 인상을 묘사한다. 암브로시우스가 자신의 직무에 대한 끝없는 요구 사이에서 자신에게 허락된 짧은 휴식과 정신적인 몰입의 시간을 이야기하는 부분은 매우 아름답다.

"저는 제가 원하는 것을 제가 원하는 대로 그에게 물어볼 수 없었습니다. 그가 곤경에 처한 일을 도와주었던 사람들의 무리가 저를 그의 귀와 입에서 떼어 놓았기 때문입니다.

아주 짧은 시간이었지만, 그가 사람들로 바쁘지 않을 때는 필요한 음식으로 몸을 회복하거나 독서로 정신을 가다듬었습니다. 그는 책을 읽을 때에도 눈은 책갈피를 넘겨 나갔고 마음은 이해를 찾고 있었지만, 그의 목소리와 혀는 쉬고 있었습니다.

우리는 종종 그를 찾아갔지만, 아무도 들어가는 것이 금지되지 않았고 찾아온 사람이 있다고 알리게 하지도 않았기 때문에, 우리는 그가 조용히 책을 읽고 있는 것을 보면서,[57] 오랫동안 침묵하며 앉아 있기만 하였습니다. 누가 그렇게 집중하고 있는 사람을 귀찮게 할 엄두를 내겠습니까? 그리고 나서 우리는 자리를 떠났고, 그가 분쟁의 소음에서 벗어나서 정신을 회복할 수 있는 짧은 시간에 다른 일로 불려 나가고 싶지 않을 것이라고 짐작했습니다."(6,3,3)

이 구절은 아우구스티노가 위대한 주교에게 질문할 수 있기를 바랐던 자신의 열망을 이야기한다. 그러나 주교는 아우구스티노가 처음 방문했을 때 친절하게 맞이했고 어떤 요청에도 기꺼이 응할 준비가 되어 있었음에도, 아우구스티노는 바쁜 주교에게 다가갈 수 없었다. 다른 측면에서도 이 점을 강조한다.

"저는 그의 가슴에서 당신의 거룩한 신탁을 체험할 충분한 기회가 없었고, 제가 갈망하던 것에 대해 잠깐이나마 무언가를 들을 수 있다

---

[57] 일반적으로 고대인들은 혼자 있을 때도 항상 큰 소리로 책을 읽었다.

는 것으로 만족해야 했습니다. 하지만 내 안에 그 열병 같은 조바심을 그에게 털어놓을 수 있기 위해서 그가 많은 여유 시간을 가져야 했지만, 그에게 좀처럼 [그런 시간을] 찾을 수 없었습니다."(6,3,4)

이 연구의 Ⅰ부에서 이미 언급했듯이, 아우구스티노는 이 만남을 원한 것처럼 보이지는 않는다. 이 두 정신의 소유자는 무척이나 달랐다. 천재적이고 예민한 감정을 지니고 있었으며 인간 존재의 모든 문제에 대해 흔들리면서도 항상 그토록 야심 찬 아우구스티노는 위엄 있는 우월감을 지닌 큰 체격의 진정한 로마 남자를 근본적으로 두려워했을 가능성이 있다. 그러나 그는 주교의 말을 자주 들었다. 처음에는 그의 웅변술을 평가하기 위해서였고(15,13,23), 그다음에는 강의와 설교에 매료되어서 그와 함께 생각하게 되었다.

"죄인들에게서 구원은 멀리 떨어져 있었으니, 당시에 제가 그런 사람이었습니다. 그럼에도 저는 저도 모르게 점점 더 가까이 다가가고 있었습니다.

처음에는 그가 무슨 말을 했는지 배우려고 하지 않고, 그저 그가 말하는 방식을 들으려고만 했습니다.

인간에게 당신에게로 가는 길이 열려 있을 수 있다는 점에 의구심을 가진 후에는 이러한 공허한 호기심만이 남아 있었기 때문입니다. 제가 사랑했던 말들과 소홀히 했던 것들도 제 정신 안에 함께 깃들어 있었기 때문에, 저는 이 두 가지를 따로 분리할 수 없었던 것입니다. 그가 얼마나 유창하게 말하는지를 받아들이기 위해서 마음을 여는 동안, 그가 참된 것을 말하고 있다는 것도 동시에 서서히 들어오게 되었습니다."(5,13,23과 14,24)

아우구스티노는 처음으로 뛰어난 인물에 의해 그리스도교 사유 세계를 진지하게 받아들이게 된다. 그는 오래전부터 살아 있는 존재로서 그리스도교적 실재와 연결되어 있었지만, 사유하는 정신으로서는 그가 만났던 그리스도교의 형식과 가르침의 형태를 경멸해 왔다. 그가 더 나은 원천에서 배울 수 있는 기회가 있었다면[그러지 않았을 것이기에], 이러한 경멸은 전적으로 그의 잘못은 아니다. 그러나 이제 그는 그리스도교의 진정한 본질을 알게 되고, 그것을 위대하다고 느끼며, 이렇게 해서 정신적 논쟁의 진지한 영역으로 들어가게 된다.

그 첫 번째 결과는 그가 마침내 마니교 공동체와의 관계를 완전히 끊은 것이다. 그는 이미 오래전부터 그 공동체에서 이탈한 상태였다. 암브로시우스의 설교를 통해서 그는 그리스도교의 진정한 모습과 마주했고, 자칭 진보적이고 정통하다는 사람들에 의해 그리스도교가 얼마나 비참하게 왜곡되어 왔는지를 보았다. 분명히 그가 새롭게 얻은 철학적 통찰력, 특히 아카데미아 학파의 회의주의와 그 냉철한 지성적 주장에서 받은 인상도 마니교의 신화적 독단주의에 의문을 품게 만들었다. 그는 철학 학파에 들어갈지 고민했지만 그렇게 하지 않았다.

> "그들에게는 구원을 가져다주는 그리스도의 이름이 없었기에, 임시적으로라도 그 상태에 머물러야겠다는 생각이 없어졌다."(5,14,25)

그는 스스로에 대해 명확히 설명했다. 그는 더 이상 마니교인이 아니지만, 그렇다고 의식적으로 결단한 그리스도인도 아직 아니었다. 그의 지성은 그리스도교에 저항하지만, 그리스도교가 부적절하거나 무의미한 가르침을 포함하고 있다는 주장 뒤에 더 이상 숨을 수 없었다. 그리스도교 진리가 그의 마음과 내적 직관으로 스며들기 시작하지만, 그는 아직 이러한 진리를 사유적으로 파악할 수 없었다. 순수한 정신과 악의 본질을 생각할 수 없었기 때문이다. 그는 진리와 마음의 순수함만이 주는 광대함 속으로 이끌려 들어가지만, 모순된 삶의 방식이라는 족쇄가 그를 묶고 있다. 밀라노에 도착한 어머니의 소식을 이야기하는 구절에서, 그가 자신의 상태에 대한 판단을 어머니에게 말하고 있음을 강조할 필요가 있다. 먼저 이렇게 보도한다.

> "저의 어머니는 저에게 와 있었는데, 강한 신앙심으로 육지와 바다를 건너서 저를 쫓아오면서, 온갖 위험을 겪으면서 당신을 확신했

습니다. 항해의 위험한 순간에 어머니는 선원들을 격려하셨고, 보통 깊은 바다에 익숙하지 않은 여행자들은 절망하고 있을 때 선원들에게 위안을 받지만, 되레 어머니가 그들에게 안전한 도착을 약속했습니다. 당신께서 그녀에게 내면의 환시로 약속하셨기 때문입니다. 그리고 어머니는 제가 진리를 탐구할 가능성에 절망하고 있었을 때, 제가 심각한 위험에 처해 있음을 알아차렸습니다."(6,1,1)

흔들리지 않는 신뢰로 가득한 이 여성은 영적 투쟁을 위해 각오를 새롭게 한다. 그녀는 기도를 두 배로 늘린다. 그 순간부터 그녀는 암브로시우스가 강력한 동맹군이라는 것을 분명히 알고 있었다.

"어머니는 그 사람을 하느님의 천사인 양 사랑하였고, 그다음에 명확한 판단이 이어졌습니다. 왜냐하면 그녀는 제가 그 사이에 이미 그에 의해 이리저리 동요하며 이끌려 왔다는 것을 알았기 때문입니다. 그녀는 의사들이 위기라는 부르는 발작처럼 한 번 심각한 위험이 닥치고 나면, 병이 호전될 것이라고 확신했습니다."(6,1,1)

아우구스티노는 예비 신자가 되기로 결심하면서 대기 상태에 머무른다.

"저는 저의 진로를 이끌어 갈 수 있는 확실한 무언가가 비춰질 때까지, 부모님이 높이 평가하는 가톨릭 교회에서 예비 신자로 남는 것을 저의 의무로 결정했습니다."(5,14,25)

그러나 다음과 같은 구절은 해결책이 얼마나 시급한 상황인지 보여 준다.

"그[암브로시우스]는 저의 들뜬 불안과 저를 위태롭게 하는 함정을 알지 못했습니다."(6,3,3)

그리고 다시

"저는 서두르는 것을 두려워해서 모든 동의를 유보하고 있었지만, 이러한 판단중지suspensio 때문에 더욱 괴로웠습니다."(6,4,6)

하지만 그에게 결정적인 깨달음이 무르익는다. 그는 마니교가 모든 시대의 밀교와 마찬가지로 교회의 신앙이 정신적 통찰과 학문성에 기반을 두고 있다고 주장했다. 하지만 그 추종자들의 믿음은 더 높은 체험에서 가장 개연성 없는 것이 나온다고 깨닫는다. 다른 한편으로 그는 끊임없이 회의주의로 빠지는 철학에 정말로 확고한 것이 얼마나 적은지를 본다. 이로써 궁극적인 기반에 대한 결정, 실존적 차원을 근거 짓는 것이 필요하다는 것이 그에게 분명해진다.

그러나 이는 철학이나 신화를 통해서가 아니라, 인간 존재에 대한 진정한 통찰과 인간 존재 안에서의 진정한 결단을 통해서만 이루어질 수 있다. 이렇게 해서 그는 성경의 권위를 알아보게 된다.

권위는 더 높은 존재가 더 낮은 존재에게 말을 거는 특성을 지니고 있다. 더 정확하게 말해서 권위는 하느님께서 자신의 피조물에게 말씀하시는 특성이다. 권위는 그 자체로 하나의 현상이다. 권위는 경험과 사유를 통해서 직접 파악할 수 있는 도덕 법칙이 아니라 사명, 행위, 소명에서 비롯되는, 구체적으로 역사적인 어떤 것이다. 다른 한편으로 권위는 항상 힘으로 할 수 있는 만큼만을 의미하는 단순한 권력이 아니라, 자신 안에 더 높은 타당성을 지니고 있다. 권력은 힘으로 강요하지만, 권위는 의미를 묶는다. 도덕 법칙은 단순히 적용될 뿐이지만, 권위는 육체적으로 대면해서 명령한다. 궁극적으로 권위는 근거를 제시하는 것이 아니라 의무를 부과한다. 권위가 실제로 말하는 것이 분명해지면, 권위의 요구가 명확해진다. 그러나 권위가 실제로 존재하는지의 여부에 대한 인식에 관한 것은 오직 사유적 숙고를 통해 더 가까이 다가갈 수 있지만, 강제할 수는 없다. 이는 최종적으로 체험, 위험에 처함, 충격, 개방됨과 봄을 통해 이루어진다. 이로부터 더 이상 사유적인 확정이 아니라 살아 있는 순종 또는 그에 부족하지 않은 거부가 생겨난다.

아우구스티노는 이러한 양자의 '충돌'을 경험한다. 그는 로마인으로서 권위에 대한 특별한 감각을 타고났고, 권위에 대한 전통 전체에 의해 교육받았다. 그로 인해 그는 인간의 본성적 존재가 자신에 대한 인식과 믿음을 요구하는 메시지의 상호 작용에 기반하고 있음을 알고 있다. 이러한 사실은 그리스도교적 인간 존재와 관련될 때, 새로운, 아니 절대적인 의미를 갖게 된다. 일상생활의 사안들도 자신의 것과 타인의 것, 자신이 보는 것과 다른 시각과 입에서 나오는 것을 받아들이는 것이 결합되어 이러한 사안들을 둘러쌀 때 비로소 온전히 드러난다. 종교적인 인간 실존의 사안은 더욱 그러하다. 여기서 중요한 것은 우리의 존재 전체가 하느님의 실재 앞에 드러나고 실재의 요구에 직면하게 된다는 것이다. 심판하시는 하느님의 진리와 함께 그분 앞에 드러나는 세상의 진리는 자유로운 경험으로 파악될 수 없고, 자율적인 판단으로 결정될 수 있는 것이 아니라, 계시를 통해서 받아들여져야 한다. 그러나 계시, 곧 말씀하시는 하느님의 실재는 추론할 수 없다. 계시는 존재하는 순간 규범이 된다. 따라서 권위는 무조건적으로 순종을, 곧 모든 인간의 판단을 능가하고, 선포되는 신비에 대한 믿음의 순종을 요구한다. 이렇게 아우구스티노는 교회가 자율적인 정신적 주장과 밀교적인 신화론의 신앙적 요구에 직면해서 하느님의 권위를 대변하는 방식이 얼마나 진실하고 현실적인지를 인식한다. 그리고 그는 인격이 자신의 인간적 존재에 대립하는 다른 무조건적인 중심을, 그러니까 "내가 이렇게 말한다."에 대립하는 "주님이 이렇게 말씀하신다."를 인정할 때 발생하는 존재 형태의 확장을 체험한다.

"이때부터 저는 이미 가톨릭 교리를 우선시했는데, 그 이유는 제가 그곳에서 더 겸손하고 속임수 없이 믿음을 요구하는 것을 보았기 때문입니다. 그것이 그 자체로 입증될 수 있는 것이지만 혹시 그것이 아닐 수도 있거나, 전혀 입증될 수 없는 것이든 말입니다. 반면에 저기서는 [그리스도인들의] 믿음의 준비를 학문적인 인식이라는 경솔한 약속으로 경시했고, 결코 입증될 수 없는 엄청난 양의 황당한 허튼소리와 최악의 무의미함을 믿으라고 강요했습니다.

그러나 주님, 당신께서는 가장 온화하고 자비로운 손길로 제 마음을 어루만지고 차분하게 만들기 시작하셨습니다. 제가 보지 못했고 그 일이 일어날 때 제가 없었던 무수한 사건들을 믿도록 이끄셨습니다. 예를 들어 여러 민족들의 역사, 제가 보지 못한 많은 장소와 도시들, 친구들로부터, 의사들로부터, 이러저러한 타인들로부터 듣는 그 많은 일들을 믿을 수밖에 없었습니다. 만일 믿지 않았다면, 현세에서 결코 아무것도 하지 못했을 것입니다. 마지막으로 제가 어느 부모에게서 태어났는지를 확고한 믿음으로 흔들림 없이 유지했지만, 제가 이 사실을 듣고 믿지 않았다면 알 수 없었을 것입니다. 그리고 당신께서는 거의 모든 민족들에게 당신께서 마련해 주신 경전들을 당신의 대단한 권위로 선사하신 것을 믿는 사람들이 아니라, 믿음을 거부하는 이들이 [불합리하여] 탓이 있다고 저를 확신시키셨습니다."(6,5,7)

여기서 증명되는 것은 없다. 증명처럼 보이는 것은 사실 추론일 뿐이다. 어떤 실재가 보이고 인정된다. 한 걸음 앞으로 내딛는다. 옛 자리를 떠나서 새로운 지위를 얻는다. 그리고 모든 존재의 시작이 생각되어야 하는 사유 형태인 순환이 나타난다.

"저 책들이 유일하고 참되며 전적으로 진리이신 하느님의 영을 통해서 인류에게 주어졌다는 것을 무엇으로 알겠는가'라고 적에게 말하는 사람들의 말을 들어서는 안 된다고 [당신께서는 저를 설득하셨습니다.] 무엇보다도 믿어야 할 것은 바로 이 말씀이기 때문에, 제가 읽은 수많은 책에서 서로 다투는 철학자들의 어떤 논쟁과 시기 어린 토론도 다음과 같은 믿음을 잃게 할 수 없었습니다. 그것은 당신께서 누구이신지 제가 모르더라도 당신께서 존재하신다는 것, 또는 인간사를 주관하는 것은 당신에게 속한다는 것입니다.

물론 저는 때로는 강하게, 때로는 약하게 믿었습니다. 그러나 항상 당신께서 존재하시고 우리를 돌보신다는 것을 믿었습니다. 비록 당신의 본질에 대해 어떻게 생각해야 할지, 당신께로 이르거나 되돌아가는 길이 무엇인지 알지 못했더라도 말입니다. 우리의 힘은 이성적인 결론으로 진리를 찾기에는 충분하지 못했고, 그래서 우리는 성경의 권위가 필요했기 때문에, 저는 이미 믿기 시작했습니다. 사람들이 그것을 통해서 당신을 믿고 당신을 찾아야 하는 당신의 뜻이 아니었다면, 당신께서 그토록 탁월하고 이제는 이미 모든 나라에 걸쳐서 인정받는 권위를 성경에 주시지 않으셨을 것입니다."(6,5,7과8)

여기서 아우구스티노가 신앙과 자연적 인식을 서로 어떤 관계로 보는지가 나타난다.[58] 우리는 본성적인 경험에서 주어진 것들로부터, 그리고 본성적인 이해로 하느님께서 어떤 분이신지, 세상의 존재가 하느님과 어떤 관계에 있는지를 인식하는 것이 가능한지에 대한 물음으로 시작하는 데 익숙하다. 아우구스티노는 이 물음에 대답하지 않으며, 심지어 질문조차 하지 않는다. 그가 말하는 인간은 하느님께서 생각하신 사람이다. 그러나 그 사람은 믿음을 가지고 있다. 그 사람에게는 '단순히 자연적인 존재'의 일부로서 '단순히 본성적인 인식'은 없다. 이 개념은 그 자체로 폐쇄된 본성을 전제로 하며, 이러한 맥락에서 존재하는 인간을 '본성적'이라고 부른다. 그러나 '본성적'이라는 말은 '본질에 부합하는'이라는 의미도 있기 때문에, 이 개념에는 본성의 맥락에 속하는 인간이 진정한 인간이며, 이를 넘어서는 모든 것은 부가적이고 비본질적이고 심지어 본질에 반하는 것이라는 생각이 내포되어 있다. 아우구스티노는 이러한 생각을 뒤집는다. 그 역시 본질에 부합하는 것이라는 의미에서 '본성적인 것'의 개념에서 출발하지만, 이 개념을 모든 '본질'을 근거 짓는 분인 하느님께로부터 규정한다. 이제 하느님의 관점에서 볼 때 인간의 본질에 부합하는 것은 인간이 계시를 믿는 것이다. 이 믿음

---

[58] 에티엔느 질송은 그의 저서 《아우구스티누스 사상의 이해》(3판, 파리, 1931)에서, 특히 31쪽 이하에서 이 점을 명확히 설명했다. 이 책의 I부 제8장 '지혜'에서도 이에 대해 설명한다.

을 통해서 인간의 정점이 하느님 안에 있을 때에야 비로소, 인간은 올바른 것이다. 왜냐하면 결정적인 규정은 위로부터 오는 것이지 아래에서부터 오는 것이 아니기 때문이다. 결과적으로 인식하는 삶도 믿는 사람 안에서만 올바르게 정립된다. 단지 자연적인 인식 수단을 통해 하느님과 인간 존재의 근본적인 것들에 대해 알 수 있는 것은, 이러한 인식이 신앙의 보호 아래로 들어가고, 세계와 인간의 현존재가 은총과 재탄생을 통해서 하느님과의 관계로 들어설 때, 비로소 분명하고 올바르게 된다. 아우구스티노에 의하면 본성이 무엇인지, 본성적 존재와 인식이 무엇인지 보기 위해서 먼저 해야 할 일은 믿는 것이다.

이러한 노정에서 믿는 사람은 특별히 자명하면서도 신비로 충만한 무언가를 동시에 얻게 된다. 물론 일하고 생각하고 찾아야 하지만, 이것만으로는 믿음 안으로 들어가지 못하고, 믿음 가까이에 다가갈 수 있을 뿐이다. 결정적인 것은 은총의 부르심과, 그리로 끌어당겨지며, 은총에 의해 조명을 받고 은총에 의해 이끌려 그 너머로 나아가며, 마음과 의지로 하느님께 자신을 결합시킴으로써 새로워지는 과정과 탄생의 과정이다. 개별적 행위가 가능하려면 반드시 실존적인 것, 처음의 것, 최초의 것이 있어야 한다. 그러나 이것들이 강조되며 실제로 전환되는 과정은 간과되며, 다른 것에 대해 말하기 전에 우리의 감정을 자극하는 무조건적인 믿음이 요구된다. 그리고 진정한 시작을 생각해야 하는 논리적인 형태인 순환이 나타난다. 이를테면 진정한 진리를 원할 때는, 철학을 할 것이 아니라 성경에서 하느님의 말씀을 들어야 한다는 것이다. "하지만 성경이 하느님의 말씀이라는 것을 제가 어떻게 알겠습니까?" 그것을 먼저 믿어야 한다! "하지만 자연적 본성으로 알 수 있는 단서는 없습니까?" 그런 단서가 있지만, 믿음 안에 있을 때만, 비로소 그것을 보고 깨달을 수 있다.

이러한 신앙 절대주의는 그 행위에서 특히 의지의 순간, 자신을 극복하는 의지의 순간, 순종의 순간이 강조되지만, 계시에서는 그에 해당되는 명령의 순간, 권위의 순간이 강조되면서 나타난다. 특히 격렬한 거부를 경험했던 것이 아직 적합한 자리를 얻지 못했을 때, 이제 특별히 중요한 것으로 인식되는 것은 당연한 결과이다.

"그 책들[성경]에서 많은 것들이 받아들일 수 있는 것으로 설명되는 것을 들은 후에, 저는 이미 그 책들에서 저를 걸려 넘어지게 했던 모순을 [그 안에 표현된] 신비의 깊이에 기인한 것으로 느꼈기 때문입니다. 그리고 성경의 권위도 제게는 그만큼 더 외경스러웠고 아주 거룩한 믿음에 합당한 것으로 여겨졌습니다.

이제 저는 이러한 성경의 권위가 모든 사람에게 읽힐 수 있으면서도, 그 신비의 존엄함을 더 깊은 이해 속에 보존한다는 것을 보았기 때문입니다. 성경은 아주 평범한 말과 매우 수수한 문체로 되어 있어서 누구에게나 열려 있으면서도, 동시에 마음이 경솔하지 않은 사람들에게는 인식에 대한 추구를 요구했습니다. 이렇게 성경은 모든 사람을 친근한 품에 받아들이면서도, 다른 한편으로는 좁은 문을 통해서 소수의 사람들을 당신에게로 끌어당깁니다. 그러나 성경이 그토록 숭고한 권위로 우뚝 솟아 있으면서도, 거룩한 겸손의 품으로 많은 무리를 빨아들이지 않았다는 점에서 보자면, 소수의 사람들은 그 수가 더 많은 셈입니다.

저는 이런 점을 생각할 때, 당신께서는 제 옆에 계셨고, 제가 한숨을 지을 때, 당신께서는 들어 주셨으며, 제가 흔들렸을 때, 당신께서는 저를 잡아 주셨고, 제가 세상의 넓은 길을 갔을 때, 당신께서는 저를 떠나지 않으셨습니다."(6,5,8)

이렇게 시작되는 변화가 분명해진다.

계시인 동시에 요구인 그리스도교의 메시지는 이제 본래의 공간을 확보해서 더욱 분명하게 드러날 수 있다. 이렇게 상황은 점차 결단을 향해 나아간다.

아우구스티노는 자신이 서른 살이 되었다는 사실에 대해 생각한다. 철학의 '복된 삶'을 지향하는 삶의 방식을 처음으로 엿본 지 11년이 지났고, 그 이면에는 실제로 하느님의 사랑의 질서가 의미하는 것이 있었지만, 아직 아무 일도 일어나지 않았다. 6권 11장은 결단의 순간에 가까웠지만, 여전히 서로 대립되는 가치에 동일한 무게를 부여함으로써, 결단을 내리지 못하고 특징적으로 이리저리 방황하는 깊은 체험을 서술한다. 그 스스로 말하듯이 이렇게 부유하는 상태에 반드시 "머물러야 한다." 실제로 그 상태에 머무를 수 있으며, 그렇게 함으로써 아직은 결단으로부터 자유롭다.

"무엇보다도 저는 이렇게 숙고하고 고찰하면서, 지혜에 대한 연구에 열을 올리기 시작한 열아홉 살 이후로 얼마나 오랜 시간이 지났는지에 대해 놀랐습니다. 그리고 이 지혜를 발견하는 즉시, 온갖 헛된 희망과 거짓된 어리석은 욕망을 모두 버릴 각오를 했습니다. 그러고는 이제 이미 서른 살이 되어서도, 여전히 같은 진흙탕 속에서 망설였고, 덧없이 사라지고 저를 파괴한 현재적인 것들을 향유하려고 탐욕을 부렸습니다.

그러는 동안 저는 스스로에게 말했습니다. '내일이면 그것을 찾을 수 있을거야. 그것은 분명하게 드러날 것이고, 그것을 붙잡을 거야. 파우스투스가 와서 모든 걸 설명해 줄 거야. 아카데미아 학파 사람들이여! 삶을 올바로 이끄는 데 도움이 될 확실한 것은 어떤 것도 확정할 수 없다는 말인가! 그렇다면 더욱 신중하게 찾아봐야지 절망해서는 안 된다. 보라, 한때 교회 책자에서 불합리하게 보였던 것이 더 이상 불합리하지 않고, 오히려 다르게 의미 있게 이해될 수 있다. 그래서 나는 어릴 때 부모님이 정해 주신 길에 발을 굳건히 내딛고, 분명한 진리를 찾을 때까지 나아갈 것이다. 하지만 어디서 이 진리를 찾아야 하는가? 어디서 찾아야 하는가?

암브로시우스에게는 시간이 없다. 내게는 읽을 시간이 없다. 책[필사본]을 어디서 구해야 하나? 언제 어디서 구입할 것인가? 누구에게 빌려야 하는가? 시간을 정하고 영혼의 건강을 위해 시간을 따로 내야 한다! 큰 희망이 생겼다. 가톨릭 신앙은 우리가 생각했고 어리석게 비난했던 것을 가르치지 않는다. 그 신앙 안에서 가르침을 받은 사람들은 하느님께서 인간 육체에 갇혀 있는 존재라고 믿는 것을 신성 모독으로 여긴다.

그런데도 우리는 나머지 것들도 열어 달라고 문을 두드리기를 여전히 주저한다는 말인가? 오전 시간은 학생들이 차지하지만, 나머지 시간에는 무엇을 하는가? 왜 우리는 이것을 [이 하나를] 하려고 하지 않는가? 하지만 우리에게 지원이 필요한 귀족 친구들에게는 언제 인사한다는 말인가? 학생들이 살 것은 언제 준비한단 말인가? 언제 우리 자신을 쉬게 하고 걱정의 긴장에서 정신을 자유롭게 하는가? 하지만 이 모든 것이 파멸하고, 헛되고 공허한 것들은 사라져 버려라! 진리 탐구에만 전념하자! 삶은 비참하고 죽음은 불확실하다.

죽음은 갑자기 우리를 덮친다. 우리는 어떤 상태로 이곳을 떠나게 될까? 이곳에서 소홀히 했던 것을 어디서 배운단 말인가? 아니면 오히려 이러한 태만함에 대한 벌을 받는 것은 아닌가? 하지만 죽음이 모든 감각과 온갖 걱정을 제거해서 끝장낸다면 어떨까? 그래서 이 점도 생각해 보아야 한다. 하지만 그렇게 될 수 있다고 생각하는 것이 우리에게 멀어지길!

그리스도교 신앙의 권위가 지닌 숭고한 위엄이 온 세상에 퍼져 있다는 사실이 헛되거나 공허한 것이 아니다. 육체의 죽음과 함께 영혼의 생명도 끝났다면, 하느님께서는 우리를 위해서 그토록 위대하고 놀라운 일을 결코 하지 않으셨을 것이다.

그렇다면 왜 우리는 세상에 대한 희망을 버리고 하느님과 복된 삶을 찾아서 나아가는 것을 망설이는가? 하지만 잠깐만! [지상의] 것들도 즐거움으로 가득하다. 이것들은 그 안에 달콤함이 있으며, 이 달콤함은 적지 않다. 이것들로부터 마음을 빼앗기지 않는 것은 쉽지 않다. 나중에 다시 이것들에게 돌아가는 것은 수치스러운 일이 될 것이기 때문이다. 어쨌든 명예로운 지위를 얻는 것은 그리 어렵지 않다. 이 점에 있어서 [도달할 수 없을] 더 특별한 것을 바랄 수 있겠는가? 귀족 친구들도 많이 있겠다, 다른 것에 [신경쓰지] 않고, 온 힘을 쏟는다면, 총독직까지도 얻을 수 있겠지. 그리고 어느 정도 재력이 있는 아내를 맞이할 수 있어서, 지출에 [너무 많은] 부담이 되지 않을 것이며, 이는 모든 소망을 충족시킬 것이다. 가장 본받을 만한 가치가 있는 많은 위인들은 부인뿐만 아니라 학문에도 헌신했으니 말이다.'"(6,11,18과 19)

이러한 충동과 가치에 맞서서 '복된 삶'이 등장한다. 이 복된 삶의 모습은 점점 더 결연하게 정신에 헌신하는 철학적 삶의 방식에서 그리스도교적 하느님 사랑인 '하느님께 매달림adhaerere Deo'으로 더 강하게 전환된다. 하지만 이 사랑은 덧없는 것의 희생을 요구한다. 아우구스티노는 이를 느끼지만, 자신의 힘으로 해결해야 한다고 믿기 때문에, 그렇게 할 힘을 찾지 못한다.

"제가 이렇게 말하고서, 바람이 바뀌어서 제 마음을 이리저리 몰고 다니는 동안, 시간은 지나갔고, 저는 '주님에게 돌아서기'를 망설이며, '날마다' 당신 안에서 살기를 미루면서도, 제 안에서 날마다 죽어가는 것은 미루지 않았습니다. 복된 삶을 사랑하면서도 그 원천에서는 그 삶을 두려워했으며, 복된 삶에서 달아나면서도 그 삶을 찾고 있었습니다.

여성의 품을 빼앗긴다면, 너무 비참할 것이라 생각했는데, 그런 약함을 치료할 준비가 되어 있는 당신 자비의 약은 생각하지 않았기 때문입니다. 저는 아직 그런 경험이 없었고, 절제는 저 자신의 힘의 문제라고 믿었으나, 저에게 그 힘이 없다는 것을 느꼈습니다. 당신께서 주시지 않는다면, 아무도 절제할 수 없다는 것을 알지 못할 정도로 저는 어리석었습니다.

제가 당신의 귀에 호소하고 굳은 믿음으로 '제 걱정을 당신께 맡겼더라면' 당신께서는 절제력을 주셨을 것입니다."(6,11,20)

여기서 우리는 그가 성경 앞에 섰을 때의 상황과 유사한 상황에 직면해 있음을 본다. 이러한 상황은 믿음으로 받아들여야 한다. 아우구스티노는 처음에는 그럴 힘이 없었다. 믿음은 자신으로부터가 아니라, 실존적인 도약을 통해서, 생명을 부여하고 다시 낳는 하느님의 힘을 통해서만, 하느님의 은총으로부터만 이루어질 수 있기 때문이다. 그러나 이 은총을 갈망하고 간구해야 하는데, 이는 물론 은총이 이미 작용하고 있으며, 믿음의 시작이 이미 거기에 있다는 것을 의미한다. 이 모든 것은 아우구스티노에게는 아직 일어나지 않았다.

"저는 여전히 당신께서 저를 도와주시라고 간절히 기도하지 않았고, 제 정신은 탐구에 열중하고 논의에 몰두해 있었습니다."(6,3,3)

앞서 설명한 대로, 그는 이제 성경의 권위를 받아들임으로써 그 도약을 시작한다. 우리가 여기서 다루는 보도 구절에서 그는 세상을 버리고 영원한 보물, 복음의 빛나는 진리를 얻으라는 '복된 삶'의 요구에 직면해 있다. 아우구스티노가 이를 자신의 힘으로 이루어야 한다고 생각하는 한, 요구되는 것을 수행할 수 없다. 그러나 그는 자신이 할 수 없다고 느끼기 때문에, 그렇게 할 수 없는 것에 대해 필요하지 않다고 생각한다. 그는 은총을 통해서만 할 수 있고, 하느님께서 자신에게 은총을 주실 것을 알고 있다. 그러나 그는 근본적으로 은총이 주어지기를 원하지 않기 때문에, 은총을 간구하지 않는다. 은총을 받게 된다면, 능력을 갖게 되고 그에 맞게 행동해야만 하기 때문이다. 그의 주변에는 젊은 친구인 알리피우스가 있었다. 그에게 소중한 이 친구를 통해서 모든 것이 더욱 가까워지고 긴박해진다.

"알리피우스는 제가 결혼하는 것을 말렸고, 제가 결혼을 한다면, 오랫동안 우리가 원했던 대로 지혜에 대한 사랑으로 안전하고 평화롭게 살 수 없을 것이라고 끊임없이 잔소리를 했습니다. 그 자신은 그 점에 있어서는 아주 초연했습니다. 그는 청년기가 시작될 무렵에 이미 성경험을 했지만, 그것에 집착하지 않고, 오히려 많이 후회하고 멸시했으며, 그 이후에는 극도로 절제하며 살았습니다.

그러나 저는 결혼을 하고도 지혜를 추구하고 하느님의 호의를 샀으며, 친구들과 충실함과 사랑으로 결속되었던 사람들의 예를 들어서 그의 말을 반박했습니다. 물론 저는 그들의 정신적인 위대함과는 거리가 멀었고, 치명적인 달콤함에 빠져서 육체의 질병에 사로잡혀 있었으며, 이로부터 벗어나게 될까봐 두려워하면서 제가 묶인 사슬을 끌고 다녔습니다. 올바른 조언을 해 주는 사람들의 말을 마치 사슬로 제 상처를 [맹렬하게] 찌르는 것처럼 여겨서 그 손길을 거부했습니다."(6,12,21)

여기서는 근본적인 한 가지 사항에 대한 언급이 필요하다. 그리스도교 자체가 감각이나 세상에 적대적이라는 현대의 도그마는 정말로 비판을 받아야 한다. 본래 그리스도교는 모든 종류의 이원론과 영적주의Spiritualismus에 맞서 끊임없이 싸워 왔고 지금도 계속해서 그렇게 하고 있다. 그리스도교는 세상을 파괴하는 것이 아니라 구원하고 변화시키는 것을 분명하게 지향한다는 것을 더 이상 간과해서는 안 된다. 하지만 다른 한편으로 단순히 본능에 사로잡혀 있지 않은 모든 사람에게 권력, 소유, 성과의 관계는 결코 단순하지 않다는 것을 인식해야 한다. 세계 내적으로 볼 때도 그러하다. 예를 들어 인식은 다른 존재와 분리된 별개의 영역으로 있는 것이 아니라, 자신 안에 모든 내용을 포함한다. 그러나 이로 인해 사유하는 자가 본능과 어떻게 대처하는지에 대한 문제는 그의 신념의 핵심에까지 영향을 미치게 된다. 특히 니체 이후에 우리는 순수하게 객관적으로 보이는 사유의 명제들이 동시에 살아 있는 입장 표명이라는 사실을 더 이상 눈감아 줄 수 없게 되었다. 여기에는 의지의 확정, 관점의 결정, 사물들의 가치와 등급을 판단하는 척도가 포함되어 있다. 동시에 개념들은 삶의 전쟁에서 전략적인 요소들이다. 영위되는 삶, 가치에 대한 입장, 본능에 대한 태도와는 무관하게 그 본질을 지닌다는, 전제가 없는 사유를 주장한다는 것은 본래는 허용되어서는 안 되는 삶의 지식의 미성숙함을 의미하지만, 물론 경험이 보여 주듯이 최고의 이성적 지식과 함께 갈 수 있다.

그리스도교는 인간 전체를 하느님과의 살아 있는 관계, 하느님을 향한 움직임으로 이끌고자 한다. 이를 위해서는 세상에 묶어 두는 사슬이 풀려야 한다. 그러나 이 사슬은 의지 안에, 본능의 노예화에, 권력, 소유, 성에 대한 충동 아래에 있다. 이렇게 사슬에 매여 있는 주문은 어떤 식으로든지 깨어져야 한다. 이는 개인의 소명의 문제로 남아 있다. 이는 어떤 사람에게는 올바른 방식으로 소유하는 법을 배우는 것을 의미하며, 포기와 쉽지 않은 수련을 통해서만 배울 수 있다. 다른 사람에게 이는 전적으로 포기하고 소유하지 않고 사는 것이다. 어떤 경우에는 자신과 타인에 대한 올바른 권력의 사용이 요구되며, 이는 정직한 책임과 진지한 수련을 통해서만 배울 수 있다. 다른 경우에는 완전한 순종을 통한 포기로 배울 수 있다. 전자에게는 올바른 성적 공동체가 주어지는데, 이 공동체에서는 충실성에 기반하고 방황하는 본능적 욕구가 끊임없이 극복되어야 한다. 이 혼인이 실제적으로 이끌어진다면, 그리스도가 "들을 귀 있는 사람은 들어라."라고 하신 말씀도 이에 해당된다. 후자에게는 포기와 사랑의 모든 힘을 하느님께로 돌리는 것이 필요하다. 두 가지 형태의 삶은 함께 속해 있다. 개인에게 어떤 삶이 정해져 있는지는 내면의 소명 의식이 결정한다.

그러나 누군가가 권력을 내려놓고, 소유하지 않으며, 독신의 삶을 사는 포기의 길을 가도록 부름받았다면, 이 길은 그에게 더 이상 임의로 선택할 수 있는 길이 아니다. 그 길은 다른 사람들 중에서 그리스도인이 될 가능성 중 하나가 아니라, 오히려 보편적인 그리스도인의 길과 일치한다. 하느님께서 그를 보시고 부르시는 대로, 참으로 그리스도인이 되고자 하는 결단은 포기에 대한 '예' 또는 '아니오'라는 대답으로 이루어진다. 여기서 '금욕'을 평가절하하는 것은 현상에 대한 무지이며 그것을 매우 오만하게 생각하는 것이다. 금욕이라는 의미에서 절제와 포기 없이 올바르게 인도되는 삶이 과연 있겠는가? 위대한 삶도 그렇지 않겠는가? 그것이 전적으로 그리스도인의 인간 존재에 대한 것이고, 복음이 요구하는 것을 진지하게 받아들인다면, 금욕을 그토록 경멸적으로 무시할 수 있는지 이해할 수 없다. 이러한 주장은 영적인 고양의 기술이나 고통을 주는 조치, 곧 마법의 체계를 통해 종교적 효과를 얻기 위한 방법이 금욕이라고 생각하는 경우에만 설득력이 있을 것이다. 그러나 이 '금욕'에 대해 이의를 제기하는 데 있어서 그리스도교를 이용하는 것은 솔직하지 않다. 왜냐하면 그리스도교는 그 어떤 일반적인 윤리적 또는 종교적 감정보다 훨씬 더 강력하게 이 용어에 대해 이의를 제기하기 때문이다. 그리스도교는 자신이 하는 것을 아는 사람에게는 금욕을 성령을 거스르는 죄라고 부른다. 사물을 있는 그 자리에 두고, 그리스도교적 금욕이 요가나 마법사들의 행위와 어떻게 다른지 살펴보아야 한다. 그리스도교적 금욕은 신앙이 삶의 방식에 대한 결과라는 것을 의미할 뿐이다. 말하자면 '하느님을 섬기기' 위해서는 '맘몬'을 포기해야 하고, 그분을 위해서 자유로워지기 위해서는 세상에 매인 결박을 풀어야 한다는 것이다. 신앙은 내면의 삶을 개조할 것을 요구하며, 이러한 개조는 극복을 통해서만 이루어질 수 있다. 이것이 금욕의 의미이다.

아우구스티노는 완전히 포기할 것을 요구하는 부르심을 받았다. 일반적인 윤리적 또는 정신 철학적 관점에서 최고 수준의 신앙적 인간 존재의 그러한 상황들을 판단하려고 하는 것은 용납될 수 없다. 이 엄청난 양자택일의 의미를 억압의 과정이나 그와 같은 것으로 돌리려는 것은 솔직히 말해서 어이없는 태도이다. 높은 곳에 도달하려는 사람은 피할 수 없는 조건에 직면하게 되는데, 그것은 바로 배움을 통해서 그것에 다가갈 준비가 되어 있어야 한다는 것이다. 언제 어떤 것이 존재할 권리를 가지는지에 대한 완결된 규정으로는 높은 곳에 도달할 수 없다.

・・◆・・

이와 같은 보론은 필요했다. 정화 없이는 《고백록》에서 일어나는 수준의 사건에 대한 주제를 논의할 수 없다. 아우구스티노는 포기의 길로 부르심을 받았다. 그리스도인이 되면서 큰 희생의 길을 거부하는 것은 그에게 양립될 수 없었다. 그에게 그리스도교적인 것의 실현은 포기와 일치했다. 그리스도교적인 것을 분명하게 인식하는 것은 이미 그에게는 적어도 이러한 포기의 시작을 전제로 했다.

바로 이 점이 그를 그토록 깊은 곤경에 빠뜨렸다. 왜냐하면 그리스도교적인 삶의 충만함에 이르는 길이 삶을 벗어남으로써만 이루어진다는 것을 가장 깊이 알고 있었지만, 동시에 그는 강한 야망과 세상의 풍요로움에 대한 열렬한 사랑, 특히 열정적인 관능적 성향을 가진 사람이었기 때문이다.

그러한 상태가 얼마나 고통스러웠는지는 아우구스티노가 당시에 보도하는 두 가지 사건을 통해 알 수 있다. 그중 하나를 6권 7장에서 이야기한다. 여기서 그는 '광기에 사로잡힌' 사람들을 향해 '신랄한 조롱'을 퍼부으며, 친구인 알리피우스[59]의 연극과 서커스에 대한 열정을 치유한다. 그러나 이러한 조롱은 자기 자신을 내적으로 감당하지 못하는 사람이 다른 사람에게 교육적으로 가하는 날카로움을 모두 지니고 있다. 6장에서 걸인과의 만남은 더 많은 것을 말해준다.

"황제에게 찬양하는 연설을 준비하던 그날에 제가 얼마나 비참했는지, 그리고 당신께서 제가 얼마나 비참함을 느끼도록 하셨는지요. 제 마음이 그러한 것[순간]에 몰두하면서, 동시에 [연설로 사람을 망칠] 생각을 갈망하며 열정으로 들떠 있을 때, 저는 밀라노의 어느

---

[59] 알리피우스(Alypius, 354-430년)는 아우구스티노의 가장 친한 친구였으며, 방황하던 시절을 함께 보내고서 그리스도교 신자가 된 후에 394년 타가스테의 주교가 된다. —옮긴이 주

골목을 걷다가 이미 술에 취해서 농담을 걸며 즐거워한다고 생각되는 한 불쌍한 걸인을 발견했습니다.

저는 한숨을 쉬면서, 함께 있던 제 친구들에게 우리의 어리석음으로 인한 수많은 고통에 대해 이야기했습니다. 우리는 욕망의 가시에 찔려서 저의 불행의 짐을 끌고 다니면서 더욱 무겁게 만들었던 그런 노력으로, [그 모든 것으로] 저 걸인이 이미 우리를 앞질러서 도달한 저 확고한 기쁨에 이르고자 함에 다름없는 것을 원하려고 한 것입니다. 우리는 아마도 거기에 도달하지 못할 것 같다고 했습니다."(6,6,9)

정신적 성장의 고통 속에 있던 사람 중에, 즐겁게 살아가는 걸인뿐만 아니라 길바닥의 개도 그저 그렇게 살아가기 때문에 부러움의 대상이 될 수 있다는 것을 모르는 사람이 누가 있겠는가?

이 시기에 그는 친구들과 함께 철학 연구에 전념하는 공동의 삶을 계획한다. 앞서 언급한 알리피우스에게 한 충고는 이 점과 관련된다. 하지만 이 공동생활에는 진지한 기반이 부족했다. 이는 유토피아에 불과하며, 예술가들이나 철학자들이 현대에도 종종 시도했던 '일종의 수도원'을 세우려는 계획과 별반 다르지 않다. 그러나 여기에는 신앙, 포기, 규율과 같이 수도원의 본질을 이루는 것이 없다. 이를 추진하는 것은 궁극적으로 진지하지 않고 미학적이기 때문에, 결국은 붕괴하고 만다(6,14,24).

아우구스티노의 어머니는 현실에 더 가까이 있다. 그녀는 아들에게 결혼을 해서 질서 있는 삶을 시작하라고 재촉한다. 그는 이를 따라 첫 번째 단계로 지금까지 함께했던 동반자를 보내 버리게 된다. 또한 명문가의 한 소녀와의 만남이 이루어진다. 하지만 그는 그 소녀가 성인이 될 때까지 금욕을 유지할 수 없다고 느끼고서 새로운 여자 친구를 찾는다. 이 과정에서 그는 스스로를 매우 경멸스럽게 여겼다. 왜냐하면 아프리카로 돌아가는 아데오다투스의 어머니는 다시는 다른 남자와 살지 않겠다고 맹세했기 때문이다(6,15,25).

3
해명

서른 살이 된 아우구스티노는 자신의 가장 중요한 물음에 대한 명확한 답을 얻게 되고, 최종적인 결단에 이르게 된다. 7권은 이 점에 대해 말한다.

"악하고 불의로 가득했던 저의 젊은 시절은 이미 죽어 버렸고, 저는 새로운 장년기를 맞이하게 되었습니다."(7,1,1)

아우구스티노는 여전히 정신의 실재를 파악하지 못하고, 그 때문에 참된 하느님 개념에 도달하지 못한다.

"당신께서는 불멸하고, 부패하지 않고, 불변하는 분이심을 저의 온 존재를 다해서 믿었습니다. 언제, 어디서, 어떻게 그렇게 알게 되었는지는 모르겠지만, 저는 부패할 수 있는 것이 부패할 수 없는 것보다 열악하며, 손상될 수 없는 것을 주저 없이 손상될 수 있는 것 위에 두었고, 어떤 변화도 겪지 않는 것을 [저는] 변화될 수 있는 것보다 더 낫게 [여겼습니다.]

제 마음은 저의 모든 상상에 맞서서 격렬하게 외쳤고, 이 한 번의 타격으로 저는 제 정신의 불순물의 떼거리를 몰아내려고 애를 썼습니다.[60] 그러나 제가 이를 몰아내자마자, 보셨다시피, '눈 깜짝할 사이에' 다시 한데 뭉쳐서, 제 시야로 달려들어서 시야를 덮어 버려서, 저는 부패하고 손상되며 변화될 수 있는 것 위에 두었던 부패할 수 없고 손상될 수 없으며 변화될 수 없는 것을, 비록 인간의 육체의 형태는 아니더라도, 어떤 식으로든 물체적인 어떤 것으로, 그러니까 여러 장소 사이에 있는 공간을 통해 세상에 스며들거나, 세상 밖에서 무한히 확산되는 것으로 생각할 수밖에 없었습니다. 그런 공간성에서 분리된 것은 아무것도 아닌 것처럼 보였기 때문입니다.

그러나 그것은 아무것도 아니었기에, 물체를 자신의 자리에서 제거했을 때 [생기는] 빈 공간뿐만 아니라, 흙으로 만들어지거나 액체

---

60 '정신의 심연acies mentis'은 독일어 '영혼의 근저Seelengrund'에 해당되는 개념이다. 두 개념 모두 내적 생명의 궁극적이고 본질적인 영역을 의미하지만, 이를 특징적인 방식으로 규정한다. 전자는 '높이'라는 의미의 축에, 후자는 '내면성'이라는 의미의 축에 위치한다.

로 되어 있거나 천상의 물체이든 공기 중의 물체이든 그것이 비워진 공간은 뒤에 남아 있지만, 여전히 비어 있는 장소로 남아 있습니다. 이는 공간적인 [깡그리 아무것도 없는] 무와 같지 않습니다."(7,1,1)

상황을 다음과 같이 보도록 하자. 내면의 움직임은 생생하다. 마음은 하느님과 교감하고 있다. 의지는 믿고 싶어 한다. 하지만 이 모든 것은 생각하는 정신이 필요한 개념을 제공하지 않기 때문에, 정신에 도달할 수 없다. 마음은 하느님께서 누구이신지 알고 있으며, 생각이 마음에 맞서는 장애물에 부딪힌다. 하지만 이 생각은 단순히 믿기를 원하는 마음 앞에 굴복하기에는 너무 강하다. 하지만 그렇게 되어서는 안 된다. 왜냐하면 마음뿐만 아니라 정신도 믿어야 하기 때문이다.

그러나 정신의 믿음에는 생각하는 양심에게 그 권리가 주어져야 한다. 생각하는 양심은 그리스도교 신비에 굴복할 수 있다. 이는 그 신비가 진정한 실재이며, 여기에는 진정한 개념도 상응한다. 이는 아직 제대로 보지 못했거나 지성적으로 꿰뚫어 보지 못했다는 사실을 의미할 뿐만 아니라, 이 신비가 예감과 신화의 영역도 아니라는 것을 의미한다. 그리스도교 신비는 거룩하신 하느님께서 인간, 그의 유한성, 그의 죄에 대해 세우는 위엄이다. 따라서 이 신비는 어떤 봄과 통찰로도 해소되지 않는 진정한 현상이다. 이 신비는 정해진 것, 본질적인 구성 요소이지, '아직'이나 '아직 아닌' 것이 아니고 진정한 봄과 생각을 통해서만 항상 더 강하고 순수하게 나타나며, 하느님께 속한 영혼처럼 하느님의 감싸심으로 삶을 촉진하도록 펼쳐진다. 지상적 사유가 그분 앞에서 자신의 자율성을 희생하는 것은 정상적이다.

그러나 사유가 비진리와 무의미한 것으로 간주해야 하는 것을 긍정해야 한다면, 이는 완전히 다른 것이며 결코 용납될 수 없다. 자율적인 학문적 이성이 붕괴됨으로써 위험한 범주가 부상했다. 그것은 '불합리하기 때문에 믿는다credo quia absurdum'는 역설의 범주이다. 이성이 불신을 받고, 의지가 주도권을 잡았으며, 권위와 순종이 모든 것이 되었기 때문에, '진리'라는 말이 표현하듯 이성의 존엄과 책임이 침해될 위험이 있다. '신비'와 '무의미', '불가침성'과 '비진리'가 뒤섞이고, 인간 영혼은 새로운 측면에서 옛 합리주의가 가한 것보다 덜하지 않은 피해를 입게 된다. 따라서 마음이 이성에게 책임을 떠넘길 수 없으며, 의지가 이성의 존엄성을 침해해서는 안 된다. 이를 아우구스티노가 알고 있다는 것은 바람직하고 본보기가 된다. 심지어 마음이 이미 알고 있고 이성은 아직 모르는 경우라고 해도 말이다.

동시에 특히 강렬한 열정에 휘둘리는 인물인 그에게 악이 무엇인가라는 물음은 점점 더 거세게 그를 압박한다. 그는 자유의 문제에 맞닥뜨리게 된다.

"그리고 저는 의지의 자유로운 결정이 우리가 악을 행하는 원인이며, 당신의 엄정한 심판이 우리가 [악한 일을] 겪게 한다[겪게 하는 원인이라는] 것을 [다른 이들로부터] 들었고, [제 스스로] 알아들으려고 했지만, 그럼에도 이러한 것[이 원인]을 명확하게 깨닫지 못했습니다.

그래서 저는 심연에서 정신의 칼날을 들어 올리려고 시도했지만, 결국은 재차 가라앉아 버렸습니다. 저를 당신의 빛으로 끌어올린 것은 제가 저의 삶만큼이나 저의 의지에 대해 정확히 알고 있었기 때문입니다. 그래서 제가 무언가를 원하거나 원하지 않을 때, 그것을 원하거나 원하지 않는 것은 다른 사람이 아닌 바로 저 자신이라는 것이 확실했으며, 제 죄의 원인이 바로 거기에 있다는 것을 이미 알고 있었던 것입니다.

하지만 제가 저의 의지에 반해서 행한 것은 제가 한 것이라기보다 제가 당한 것이라고 생각했습니다. 그래서 저는 그것이 죄가 아니라 벌이라고 판단했고, 이에 대해 숙고한 끝에 의로운 당신께서 저를 불의하게 당하게 하지 않으신다는 것을 인정하게 되었습니다."(7,3,5)

다시 같은 문제가 나타난다. 자유와 책임의 경험, 악의 내적 뿌리에 대한 감각은 있지만, 이를 내면적으로 소유한 것으로 생각할 수 있는 개념이 부족하다. 물론 이원론적 세계관의 비인격성에 머물면서 실제적인 도덕적 책임을 면제받으려는 숨겨진 의지의 영향 없이는 불가능하다. 두 문제는 밀접한 관련이 있다.

"제가 보았듯이, 부패하지 않는 것이 부패하는 것보다 위에 있는 곳에서 저는 당신을 찾아야 했습니다. 거기서 악이 어디 있는지, 곧 부패가 어디에서 오는지를 깨달아야 했습니다. 부패는 어떤 식으로도 당신의 본질을 손상시킬 수 없습니다.

부패는 어떤 것으로도, 어떤 의지로도, 어떤 필연성으로도, 예측할 수 없는 우연으로도 우리 하느님을 손상시킬 수 없습니다. 그분은 하느님이시며, 자신 안에서 원하시는 것은 선한 것이며, 그분 자신이 선이지만, 부패는 선이 아니기 때문입니다."(7,4,6)

두 문제는 함께, 그리고 같은 통찰에서 그 해답을 찾는다. 아우구스티노는 하느님을 살아 계신 분으로 체험하면서도, 어떻게 육체적인 것으로만 생각할 수 있었는가? 이는 종교적 개념 형성의 심리학에 속하는 어렵고 미묘한 물음이며, 우리는 이에 대한 답을 시도해 보고자 한다.

'신'이라고 불리는 그 전체에서 아우구스티노는 무엇보다도 '실재'의 계기, 곧 불멸성, 위대함, 무한한 생명을 체험하는 것처럼 보인다. 다른 한편으로 신의 '타당성', 곧 신이 진리이며 도덕적 올바름이라는 점은 여전히 뒤로 밀려 있는 것 같다. 이에 따라 최고선에 대한 경험에서도 법적이고 의무적인 계기는 가치 있고 고귀하며 아름다운 것의 계기보다 뒤처지는 것처럼 보인다. 그 결과 악은 무엇보다도 인간 존재의 진정성과 고귀함에 대한 모순으로, 곧 파괴와 죽음으로 이해되는 것이지, 존재해야 하는 것에 대한 모순으로, 곧 불의와 부도덕으로 이해되지 않는다. 하지만 이렇게 일방적으로 강조된 실재는 감각적이고 육체적인 삶에서 주로 경험되는 실재의 유형으로 표현되는 것 같다.[61]

이제 모든 살아 계신 하느님 체험이 그분을 거룩하신 분으로 내면화한다는 것에 이의를 제기할 수 있다. 바오로 사도가 로마 2장 14절 이하[62]에서 말하는 계시의 메시지와 연결되는 이방인의 마음속에 있는 자기 증언은 하느님을 거룩하신 분으로 드러낸다. 그러나 이 안에는 타당성과 실재, 당위와 존재가 모두 포함되어 있다. 이는 사실이다. 그러나 '예수 그리스도의 하느님'의 계시된 거룩함에 의해 받아들여지고 규정될 때까지 다의적으로 또는 모호하게 남아 있는 일반적인 하느님 체험이다. 아우구스티노가 체험한 하느님의 거룩함은 이미 그리스도교적 맥락에 있지만, 여전히 해석되지 않은 일반적인 종교적 신성을 많이 포함하고 있다. '거룩함'은 하느님의 근본적 특성이며, 성경은 이를 곳곳에서 말한다. 이러한 특성

---

61 이에 대해서는 268쪽의 각주도 참조할 것.
62 "다른 민족들이 율법을 가지고 있지 않으면서도 본성에 따라 율법에서 요구하는 것을 실천하면, 율법을 가지고 있지 않은 그들이 자신들에게는 율법이 됩니다. 그들의 양심이 증언하고 그들의 엇갈리는 생각들이 서로 고발하기도 하고 변호하기도 하면서, 그들은 율법에서 요구하는 행위가 자기들의 마음에 쓰여 있음을 보여 줍니다. 이러한 사실은 내가 전하는 복음이 가르치는 대로, 하느님께서 그리스도 예수님을 통하여 사람들의 숨은 행실들을 심판하시는 그 날에 드러날 것입니다."(로마 2,14-16) — 옮긴이 주

은 해체될 수 없으며, 스스로를 통해 규정되는 것으로서 가장 먼저 체험되고 숭배된다. 그럼에도 거룩함은 특별히 주어진 것에 도달하며, 창조, 세계, 인간 자신의 내용에서 전개되어 명확해진다. 여기에서 존재와 규범으로서 말하는 구분이 이루어진다.

그러나 이제 아우구스티노는 자신에게 낯선 하느님 전체의 다른 측면을 파악해야 한다는 강박을 느낀다. 그는 하느님께서 타당하고 선하고 도덕적으로 옳은 반면에, 악은 존재해서는 안 된다는 것을 이해하려고 노력한다. 이에 접근하기 위해 그는 자신의 삶에서 자신에게 해당되는 것을 성취하려고 한다. 그것은 도덕적인 것의 중심, 윤리적 내면성, 악이 발생하는 지점인 자유이다. 그가 자유를 찾을 때, 이중적인 것을 발견하게 된다.

먼저 악은 나쁜 것일 뿐만 아니라, 무엇보다 죄이기도 하다. 악은 그 자체로 본질적인 것이 아니라, 의지의 잘못된 방향이다. 이렇게 그는 심리적으로 실제적인 것, 구체적인 행위의 영역 옆에서 의도적인 것, 행위의 방향, 성향의 영역을 발견한다. 동시에 신에게 매우 강하게 보이는 부패하지 않음과 사라지지 않음이, 전적으로 견고하고 깨어지지 않는 섬세한 물질적 실체로 생각될 수 없다. 신은 오히려 무조건적인 의미 타당성으로, 절대적인 정의로움, 선함, 순수함으로 생각되어야 한다. 더 정확히 말하면 신은 실재와 타당성의 절대적인 단일성으로 생각되어야 한다. 이로써 확장되지 않는 무형적인 존재자 개념에 접근할 수 있게 된다. 왜냐하면 이러한 존재는 하느님이시며, 그분께서는 선한 것을 원하시며, 그분 자신도 선이시기 때문이다. 이 점이 분명해지면 정신의 개념으로의 돌파가 이루어진다.

─ ◆ ─

다음과 같은 질문이 아우구스티노를 매우 괴롭혔다.

"저는 악이 어디서 유래하는지 열렬히 따져 물었습니다.
저의 하느님, 진통을 겪으며 신음하는 고통을 들으소서! 그리고 당신의 귀는 거기에 있었지만 저는 알지 못했습니다. 제가 침묵 속에서 열심히 탐구할 때, 당신의 자비를 구하는 강한 목소리, 그러니까 제 정신의 조용한 떨림이 밀려왔습니다.

당신께서는 제가 고통받는 것을 아셨지만, 사람들은 아무도 몰랐습니다. 제 내면에서 나온 것이 제 혀를 통해서 가장 친한 친구들의 귀에 전달되는 것이 얼마나 적었는지요! [또는] 제 시간도 제 입도 그것을 표현하기에 충분하지 않은 제 영혼의 산란함이 그들에게 들릴 수 있었겠습니까? 그러나 당신의 귀에는 '저의 탄식 당신께 감추어져 있지 않습니다. 제 심장은 팔딱거리고 기운도 제게서 사라졌으며 저의 눈조차 빛을 잃었습니다.'[시편 38(37), 10-11] 그 모든 것이 당신 귀에 들어갔습니다."(7,7,11)

하지만 교만과 욕정의 끈이 여전히 너무 강하게 이어져 있기 때문에, 그는 여전히 뚫고 들어갈 수 없다.

"그것[빛]은 제 안에 있었지만 저는 밖에 있었기 때문에, 아니, 그것은 어떤 공간에 있지 않았기 때문입니다. 하지만 저는 공간으로 둘러싸여 있는 것들에 집중하고 있었기 때문에, 제가 [그러한 빛이 있는] 쉴 수 있는 곳을 찾지 못했습니다. 그러나 그것들도 [육체적인 것들도] '이것으로 충분하고 좋다'고 제가 만족하다고 할 수 있을 만큼 저를 받아 주지 않았습니다.

[왜냐하면 그것들 안에는 유일한 만족을 주는 그러한 빛이 없었기 때문입니다.] 그것들은 제가 충분히 잘 지냈을 곳으로 돌아가게 해 주지도 않았습니다. 저는 그것들보다 위에 있었지만 당신에 비하면 저 아래에 있었기 때문입니다. 제가 당신에게 복종했더라면, 당신께서 제 아래에 창조하신 것을 제 지배 아래에 두셨듯이, 당신께서는 저의 참된 기쁨이 되었을 것이기 때문입니다.

그것은 제 구원의 올바른 척도이자 중간 왕국이었을 것입니다. 그랬다면 저는 당신의 모상으로 남아 있었을 것이고, 당신을 섬기면서 저의 육체를 다스렸을 것입니다. 그러나 제가 거만하게 당신에게 반항하고, '저의 기름진 목을 방패삼아서'[욥 15,26-27 참조] 주님에게 대항했을 때, 이 가장 비천한 것조차도 제 위에 힘을 휘두르는 바람에, 한숨도 쉬지 못하게 했고 안도의 숨도 쉬지 못하게 했습니다."(7,7,11)

그러나 갈등이 절정에 달했을 때, 다시 한번 만남을 통해 깨달음이 찾아온다. 아우구스티노는 '플라톤주의자들의 몇 권의 책'을 접하게 된다. 이 책을 통해서 신플라톤주의적인, 더 정확하게 말하자면 아우구스티노적인 절대 정신의 개념을 이해하게 된다. 이는 방금 설명한 존재와 관념, 실제적인 존재와 선한 존재의 자족성으로, 정신적 빛의 체험을 통해서 이해된다.[63]

"저는 그곳에서 저 자신에게로 돌아가라는 권유를 받았고, 당신의 인도 아래 저의 가장 깊은 내면으로 들어갔습니다. '당신께서 저를 돕는 자가 되었기' 때문에 그렇게 할 수 있었습니다.

저는 들어가서 제 영혼의 어떤 눈으로 제 영혼의 눈 바로 위에, 곧 저의 이성 위에 변하지 않는 빛을 보았습니다. 그것은 모든 육체적인 것이 볼 수 있는 평범한 빛이 아니었습니다. 또한 마치 같은 종류 내에서 더 밝아서, 마치 이러한 빛보다 훨씬 더 밝게 빛나서 자신의 위대함

---

[63] 이것은 아마도 플라톤의 〈일곱 번째 편지〉에서 말하는 단순한 빛은 아닐 것이다. 이 편지에 의하면, 정신적 체험의 빛은 '다른 학문 주제와는 달리 말로 표현될 수 있는 것이 아니라, 오랜 시간 동안 지속된 대상에 전념한 학문적 교류와 그에 상응하는 공동생활에서 튀는 불꽃에서 점화된 빛처럼 갑자기 영혼 안에서 생겨나서, 그 후에는 자기 자신을 스스로 길러 내기' 때문이다. 그것은 오히려 영적인 빛으로서, 그것에 의해 엄습하는 정신적 빛이 분명해진다. 이는 철학적인 정신적 체험을 위한 공간을 만들어 내고, 이로써 철학적인 신 개념과, 그보다 더 높은 신학적 신 개념을 위한 신비적인 신 체험을 가능하게 한다.

으로 가득 채운 것 같은 그런 빛도 아니었습니다. 그 빛은 그런 것[빛]이 아니라, 이 모든 빛과는 매우 다른 어떤 것이었습니다. 그 빛은 기름이 물 위에 뜨거나 하늘이 땅 위에 있는 것처럼 제 지성 위에 있는 것이 아니라, 그 빛이 저를 만들었기 때문에 그보다 더 위에 있었고, 제가 그로부터 창조되었기 때문에 제가 그 아래에 있었습니다.

진리를 아는 사람은 그 빛을 알고, 그 빛을 아는 사람은 영원을 압니다. 사랑은 그 빛을 압니다. 오, 영원한 진리이며 참된 사랑이여, 영원을 들어 올리소서! 당신께서는 저의 하느님이십니다. 저는 당신을 향해 '밤낮으로' 탄식합니다.

제가 당신을 처음 알아보았을 때, 당신께서는 제가 본 것이 진짜라는 것을 볼 수 있도록 저를 들어 올리십니다. 그러나 저는 아직도 정말로 볼 수 있는 힘을 갖지 못했습니다. 그리고 당신께서는 제 안에 강력한 빛을 쏟아 주셨고, 저의 약한 시력을 되돌리셨고, 저는 사랑과 두려움에 몸을 떨었습니다. 저는 당신에게서 멀리 떨어져서 비유사성의 영역[64]에 있음을 깨달았습니다. 제가 높은 곳에서 당신의 목소리를 듣는 것처럼 말입니다. '나는 위대한 자들의 양식이다. 자라거라! 너는 나를 먹게 될 것이다. 너의 육신의 양식이듯이, 네가 나를 네 안에서 변화시키는 것이 아니라, 네가 내 안에서 변화될 것이다.'

---

[64] 비유사성의 영역 in regione dissimilitudinis은 하느님께로부터 멀어짐으로써 하느님이 낯설어지는 상태를 의미한다. ─옮긴이 주

그리고 저는 깨달았습니다. '당신께서는 죄 때문에 인간을 벌하셨음'을, '저의 생명을 거미줄처럼 사라지게 하시는 것'을 말입니다. 그래서 저는 말씀드렸습니다. '유한한 공간이나 장소에도 무한한 공간과 장소에도 진리가 퍼져 있지 않으니, 진리는 없는 것이 아닙니까?' 그러자 당신께서는 멀리서 참으로 반대로 외쳤습니다. '나는 나로 존재하는 분이다.' 저는 이 말씀을 마음에 들려오는 것처럼 들었고, 더 이상 의심할 여지가 없었습니다. 제가 살아 있다는 것을 의심하는 것이 '만들어진 것을 통해 알아보고' 정신적으로 보이는 진리가 없다고 의심하는 것보다 더 쉬웠을 것입니다."(7,10,16)

마지막에 인용된 구절은 로마서 1장 20절에서 유래하는 것으로, 이 '진리'가 하느님이라고 말한다. 경험은 가장 중요한 의미를 지니기 때문에, 우리는 이를 정확하게 이해해야 한다. 아우구스티노는 외적인 것에서 눈을 돌려서 자신의 내면, 자신의 고유한 삶의 깊은 곳으로 집중했다. 그곳에서 그는 '그의 영혼의 눈 위에, 그의 이성 위에 있는 변하지 않는 빛'을 발견했다. 보이는 빛, 보는 눈, 빛이 있는 장소라는 세 가지 계기는 '그의 눈 위에, 그의 이성 위에' 있는 높이로서 함께 속해 있으며 함께 현상을 이룬다.

'빛'은 '변하지 않는 것'으로 체험되고, '모든 육체적인 것이 볼 수 있는 평범한 빛'과는 다르다. 그것은 '마치 이러한 빛보다 훨씬 더 밝게 빛나서 자신의 위대함으로 가득 채운 것 같은' 단순히 양적으로 더 큰 것이 아니라, 본질적으로 다르다.

"그 빛은 그런 것[빛]이 아니라, 이 모든 빛과는 매우 다른 어떤 것이었습니다."

이 빛은 보는 사람 안에서 그것을 볼 수 있는 기관, 곧 '영혼의 눈과 같은 종류의 것'을 열어 준다. 이것은 '변하지 않는 빛'이 '평범한 빛'과 다르듯이, 마찬가지로 '육체의 눈'과도 다르다. 그리고 그 빛은 보일 뿐만 아니라, 그것을 보는 눈 자체이기도 하다.

이렇게 해서 마침내 빛 있는 '장소'도 명확해진다. 그 장소는 '내 이성 위에' 있다. '멘스mens'가 더 높은 것, 진리, 본질, 의미, 영원을 파악하는 한에서, 정신이다. 이렇게 바라보는 정신 '위에' 그 빛을 보는 것과 관련되는 장소가 있다. 그것은 바라보는 영혼의 눈 위에 있다. 그러나 이 '위'는 물과 관련해 그 위에 떠 있는 기름이나 땅과 관련해 그 위에 떠다니는 하늘과 같은 것은 아니다. 이러한 위치 지정은 변하지 않는 빛이 평범한 빛과, 영혼의 눈이 육체의 눈과 맺는 관계와 관련이 있다. 그런 다음 의미하는 '위'는 더 가깝게, 더욱이 결정적인 진술로 규정된다.

"그 빛이 저를 만들었기 때문에 그보다 더 위에 있었고, 제가 그로부터 창조되었기 때문에 제가 그 아래에 있었습니다."

따라서 그 장소, 그 자리는 사실상 존재의 지위 차이이며, 더 정확히 말하자면 창조주가 피조물보다 월등하게 우월하다.

이 세 가지 계기 중 어느 하나도 먼저가 아니며 모두 함께 주어진다. 하나의 동일한 현상이 보이는 빛 안에서, 보는 눈 안에서, 보이고, 보는 자가 관련되어 있다고 느끼는 곳에서 나타난다. 동시에 그리고 같은 방식으로 보이는 것이 보는 사람과 어떻게 관련되는지 분명해진다.

모든 것이 실제로 그렇다는 것은 현상 자체에서 나온다. 증명되는 것이 아니라 보고 체험하는 것이다. '파랑'은 추론되는 것이 아니라 보이는 것이다. 마찬가지로 다른, 비교될 수 없을 정도로 높은 수준에서만 이 빛이 창조적이라는 것, 하느님의 빛이며 심지어 하느님 자신이라는 것을 체험하게 된다. 그래서 아우구스티노도 체험, 더 정확하게는 여기서 체험할 수 있는 능력의 전제에 관련된다.

"진리를 아는 사람은 그 빛을 알고, 그 빛을 아는 사람은 영원을 압니다."

이렇게 보이는 빛은 창조된 것보다 더 크고 더 높다. 아니 절대적으로 크고 높다. 그 빛은 창조적이다. 그 빛은 진리이며 절대적인 타당성이다. 불멸하며 영원 그 자체이다. 그러나 바로 여기에서 이 체험이 특별히 드러나는 지점이 나타난다. 이런 종류의 체험은 결코 임의적이지 않고 실존적인 의미를 지닌 맥락과 관련되기 때문에, 모든 물리적인 것과 다르다. 이 특별한 대립을 넘어서 일반적으로 말하자면, 그것은 지상적인 모든 것과 다르다.

이렇게 해서 신적 정신에 대한 규정이 발견된다. 신적 정신은 실재하지만, 물리적이지 않다. 그것은 파악할 수 있지만, 외적인 감각으로 파악할 수 없다. 그것은 존재하지만, 해체되거나 소멸되지 않는다. 더 나아가서 신적 정신은 실재하지만, '빛'으로 실재한다. 말하자면 의미 있고, 진리의 성질을 가진 참된 존재이다. 그러나 '관념적으로' 의식적인 것으로 존재하지 않고, 절대적으로 창조적이기 때문에, 실재하는 것으로 존재한다. 체험하는 사람은 그분이 자신을 창조했다는 것을 안다["저는 그분을 통해서 존재하며, 그분은 자기 자신을 통해서 존재하신다"]. 그러나 하느님 정신의 불멸성은 존재의 해체 불가능성과 의미의 타당성 모두에 근거한다. 더 정확히 말하자면 존재와 의미의 단일성에 근거한다. 이 단일성은 거룩함에 있으며, '영원'이라고 불린다.

이러한 인식과 규정은 개입되지 않은 대상성에서 이루어지는 것이 아니라 고유한 자신의 인간 존재로부터 비롯된다. 아우구스티노는 창조주를 인간을 창조하신 분이 아니라 '나'를 창조하신 분으로 인식한다. 인식은 나와 너의 관계에서 이루어진다. 더 나아가서 빛은 진리이지만, 그 인식은 사랑에 의존한다.

"진리를 아는 사람은 그 빛을 알고, 그 빛을 아는 사람은 영원을 압니다. 사랑은 그 빛을 압니다."

진리는 사랑을 일깨우는 가치인 좋음[선함]으로서 가치를 사랑하려는 갈망이 깨어 있을 때만 열리는 인식이다. 이렇게 규정의 순환은 이루어진다.

"오, 영원한 진리이며 참된 사랑이여, 사랑스러운 영원이여!"

빛과 빛으로 둘러싸인 것과의 접촉은 거룩한 에로스를, 더 정확히 말하자면 하느님에 대한 사랑을 불러일으킨다.

"제가 당신을 처음 알아보았을 때, 당신께서는 제가 본 것이 진짜라는 것을 볼 수 있도록 저를 들어 올리십니다. 그리고 이제 저는 '밤낮으로' 당신에게 탄식합니다."

그러나 이 모든 것에서 아우구스티노의 특이점은, 그가 '정신'에 대해 말하는 것이 '하느님'을 의미한다는 것이다. 여기에는 일반적으로 인간이 정신의 개념뿐만 아니라, 인간의 정신, 인간 영혼의 개념도 그 자체로 명확하게 규정할 수 없기에 하느님께로 되돌아가야 한다는 확신이 깔려 있다.

'정신'은 본래적이고 본질적인 의미에서 하느님이시다. 하느님께서는 '그 정신', 곧 스스로 주권적이고 거룩한 정신, 영Pneuma이다. 인간의 경우에 인간의 정신성에도 확실히 비물질적이고 불멸한다는 점이 있다. 하지만 이러한 규정의 일부가 단순히 전제되어 있을 뿐이며, 아우구스티노적인 의미에서나, 여기에 추가할 수 있다면, 성경적인 의미에서도 아직 유한한 정신을 근거 짓지 못한다. 이를 위해서는 독특한 내용 관계가 필요하다.

정신은 하느님을 보고 하느님을 파악할 수 있는 것, '하느님에 대한 수용력capax Dei'이다. 정신은 신에 참여하도록 부름을 받고 실제로 참여하는 한에서 인간의 영혼이다. 이 책의 I부에서 이미 살펴본 것처럼, 아우구스티노에게는 정신의 자율적인 철학적 개념이 없다. 오히려 그는 이런 개념에 관심이 없다. 그의 견해에 따르면, 철학적이고 영적인 정신 개념은 은총을 통해 하느님의 생명에 참여하는 것을 의미하는 신학적이고 성령적인 개념에 의해 포괄될 때에만 이해될 수 있다. 그래야만 아우구스티노가 고려하는 '영원한 생명성'이라는 의미에서 영혼은 불멸한다. 단순한 영적인 영혼은 분명 파멸할 수 없고, 사유하고 의지하고 작용하는 자신의 능력을 결코 상실할 수 없다. 그러나 이는 아직 본질적으로 하느님께로부터의 생명, 성령적인 생명력인 '영원한 생명'이 아니다. 성령적인 정신적 존재의 감싸임 아래서만 자연적이고 영적인 정신적 존재가 분명해지며, 이는 불멸성, 자유, 의미 능력 등으로 규정될 수 있다.

아우구스티노에 의하면, 믿음과 종교적 체험을 통해 신적인 정신이 무엇이며, 인간의 정신이 하느님과의 관계에서 무엇인지를 배워야만 비로소 정신에 대해 철학적으로 다룰 수 있다. 그러나 이 모든 것은 마음으로 듣는 것처럼 들어야 한다Et audivi sicut auditur in corde. 여기서 중요한 것은 정신이 존재하며 그것이 무엇인지에 대한 결정적인 인식이다. 이러한 인식은 무관심한 대상성에서 이루어지지 않는다. 오히려 인식하는 자가 스스로 정신임을 의식하게 되는 방식으로 이루어진다. 말하자면 살아 있는 정신이 되도록 부름받은 본성적인 정신을 통해서 이루어진다. 하지만 이렇게 아우구스티노의 정신적 실존을 근거 짓는 사건은 단순한 정신에서가 아니라 마음에서 이루어진다. 우리는 이미 이러한 연관성을 드러내는 구절을 살펴보았다. 기억을 다루는 《고백록》 10권의 논의에서 사물의 본질에 대한 앎이 어디서 유래하는지에 대해 물었을 때, 10장에서는 다음과 같이 말한다.

"이러한 것들[사물들의 본질]이 어디서, 어떤 경로로 제 기억 속으로 들어왔습니까?

어떻게 그런지[그런 일이 생겼는지] 저는 알지 못합니다. 왜냐하면 제가 그것들을 배울 때, 남의 마음을 믿지 않고 저의 고유한 마음으로 검증해서, 참이라고 판단해서 그것을 신뢰했기 때문입니다. 마치 제가 원한다면, 그것을 기억에서 다시 꺼낼 수 있도록 그 안에 보관하듯이 말입니다. 그래서 그것들은 이미 제가 그것들을 [의식적으로] 배우기 전에 거기 있었습니다."

그가 부주의하게 표현하지 않았다면, 이 문장은 놀라움을 준다. 분명히 그는 부주의하지 않았고, 오히려 정확하게 의도했다. 왜냐하면 이 문장은 중요한 위치에 놓여 있으며, 우리의 본문에 의해 확인되고 심지어 뒷받침되기 때문이다. 이 문장은 아우구스티노의 정신적이고 그리스도교적인 인간 존재의 중심에 있는 어떤 것, 곧 이데아, 내적인 빛, 진리, 존재, 정신, 자아, 영원한 생명 간의 연관성을 다룬다.[65] 이 전체는 마음속에서 보고 느끼고 생생한 결정으로 긍정된다. 이는 이론적인 것이 아니라, 평가하는 정신에서, 단순히 먼 곳에 있는 정신이 아니라, 육체와 연결되어 있고 피와 가까운 정신에서 이루어진다. 적어도 이데아가 인간 존재에 대한 의미에서 올바른 개념의 규범으로만 받아들여지지 않을 때, 이데아는 마음과 연결되며 의식되는 빛을 받는다. 마음은 이데아를 내면화하여 인식하고 이데아에 참여함으로써, 인간이 자신의 현존재의 의미를 확신

---

[65] 다른 차원이지만 이는 플라톤에게도 해당된다. 플라톤에게 이데아를 내면화하는 것은 정신을 내면화하는 것을 의미하며, 바로 그때 자신의 존재 의미와 불멸성을 깨닫게 된다. 소크라테스의 죽음에 대한 대화뿐만 아니라 올바른 철학에 대한 가르침, 곧 근본적으로 진정한 인간에 대한 가르침은 《국가》에서 연관성을 중심으로 전개된다.

하도록 만든다.[66]

본문에서 이데아는 그리스도교적으로는 로고스에 포함된 은총속 지성적인 빛이다. 이데아에 대한 인식은 하느님 앞에 서는 것이다. 정신과 정신의 자기 확신은 하느님의 거룩한 진리이며, 그분의 사랑에 의해 심판받고 구원받은 자로서 인간을 동요하게 만드는 동시에 복된 계시로 나타난다. 여기에 인간이 응답하는 것은 하느님의 사랑에 의해 건드려지고 은총으로 변화되어 돌아서는 마음이다. 이는 바오로와 요한이 말하는 마음으로서 그리스도교적인 내면성의 영역으로 현대적인 의미의 '감정'이 아니라 '정신'이다. 그러나 분리되고, 심지어 추상적인 정신이 아니라, 핏속에서 따뜻해진 정신이다. 이는 운명에 접근할 수 있고 상처받을 수 있으며, 포기하면서도 보호받으며, 가난하면서도 천상적으로 부유하고 눈물을 흘리고 웃을 수 있다. 이는 인간의 정신, 구원받은 인간의 정신이다. '사랑은 그것을 안다Caritas novit eam.' 사랑은 여기에서, 그리고 그렇게 자신을 드러내는 진리를 인식한다. 이 진리는 살아 있고 그 자체가 사랑이다. 그러나 마음은 자신의 사랑으로 하느님이신 첫 번째이자 본래적인 사랑의 지상의 모상이다.

그러나 우리는 이러한 설명이 단조로워질까 봐 우려하며 조심하

---

66 이에 대해서는 파스칼의 '마음-표상' 이론을 참조하라(로마노 과르디니, 《그리스도인의 의식 Christliches Bewußtsein》, 174쪽 이하). 이 책에서는 마음 개념의 감상적이지 않고 전적으로 정신에 의해 규정되며 책임감 있는 특성에 대한 자세한 내용을 알 수 있다.

게 된다. 왜냐하면 이러한 것들을 숙고하는 모든 정신이 요한의 첫 번째 편지를 관통하고 단테의 시에서 울려 퍼지는 영원한 멜로디의 거룩한 순환에 사로잡힌다는 사실을 기억한다고 도움이 되지는 않기 때문이다.

스스로 입증하는 정신적이고 영적인 하느님의 실재의 말씀은 '마음에서 들리는 것으로 듣기' 때문에, "더 이상 의심의 여지가 없다." 여기서 이 책의 I부에서 논의된, 끊임없이 회의론을 불러일으키는 균열의 틈이 닫힌다. 그리고 정신적인 하느님에 대한 확실성에 대한 비교로서 나에게 유일무이한 직접성과 참여로 의식되는 실재가 언급된다는 것이 매우 특징적이다. 바로 내가 살아 있다는 것이다. 마지막 문장은 전체의 종합을 제공한다.

"그래서 저는 말했습니다. '도대체 진리란 아무것도 아닌 것인가?'"

질문은 다음과 같다. '어떤 공간에도 없는 것, 비공간적인 것, 따라서 비물체적인 것은 무無인가?' 대답은 다음과 같다.

"나는 나로 존재한다."

아우구스티노는 어떤 공간적 규정으로도 포괄할 수 없는 무언가를 보았다. 그것은 바라보는 정신 '위에' 있으며, 정신을 창조했기 때문에 그 위에 있다. 그렇다면 그것은 무엇인가, 아니면 아무것도 아닌가? 그의 이전 견해에 따르면 그것은 아무것도 아니어야 했다. 본질적으로 생각된 영적인 정신은 무인가? 그 대답은 하느님께서 "나는 존재한다.", 나아가 "나로 존재한다."라고 말씀하신다는 사실에서 비롯된다. 그러나 하느님께서는 "정신이 존재한다. 그 증거는 내 자신이 정신적이기 때문이다."라고 말씀하시는 것이 아니라, 이렇게 말씀하신다.

"나는 나로 존재하는 분이다. 나는 내 자신 안의 주권자이다. 선행하는 어떤 것으로부터 유래하지 않는다. 어떤 범주에도 속하지 않는다."

인간이 명명할 수 있는 모든 규정, 개념과 범주라고 불리는 모든 것은 하느님 아래서 그분을 통해서 근거 지음으로써 시작된다. 이는 '당신께서 멀리서 부르시고', "제가 높은 곳에서 비롯되는 당신의 음성을 듣는 것과 같습니다."와 같은 말로 표현된다. 그것은 절대적인 '멂'과 '높음', 하느님의 본질로 주어진 절대적인 초월성이다. 하느님께서는 '정신'이시며, 거룩하게 정신적인 존재이시다. 인간이 그분께 참여할 수 있다는 사실은 인간 자신이 '정신'이 될 수 있다는 것을 가능하게 한다. 그러나 인간이 자신으로부터 본성적으로 정신적인 존재라는 것은 창조주로부터 주어진 전제 조건이다. 이를 통해 인간은 본래적인 '정신 존재'에 작용하는 하느님과의 은총의 공동체로 부름받을 수 있게 된다.

  이러한 정신의 인식은 단순히 대상적으로 이루어지지 않고, 인격적인 참여를 통해서만 성취된다. 따라서 인식하는 자는 살아 있는 관계 속에 있다. "저는 저기 계신 그분께로부터 창조되었습니다." 더 정확하게 말하자면 "저기 계신 당신께로부터, 당신께서는 저에게로 돌아서서 저를 창조하는 분이십니다."[라고 할 수 있다.] 이를 위해서는 진지함만으로는 충분하지 않으며, 아우구스티노가 의미하는 실존성을 제시하지 못한다. 오직 사랑만이 하느님의 창조에 대한 응답이며, 피조물 안에서 그분을 닮은 대응점이다. 사랑만이 실존성을 제시할 수 있다. 사랑은 당신 안에 자신을 두고, 자신을 열며, 자신을 불태우고, 감행하고 자신을 내어 주고 선사하고서, 다시 자신에게로 돌아오는 움직임이며 비로소 여기서 보여야 할 것을 볼 수 있게 한다. "사랑이 그 빛을 압니다." 다시 말하자면, 인식과 [그 인식] 과정을 밝히는 빛을 알아본다는 것은 하나의 존재됨을 의미한다.

  하지만 사랑은 저절로 임의적으로 실현될 수 없다. 사랑의 성취에는 전제 조건들이 있다. 사랑을 할 줄 알아야 한다. 사랑은 스스로 할 수 있어야 한다. 이는 사랑이 자기 자신을 원하며, 인간은 사랑에서 비롯해서 사랑의 순수함에 이르기를 원한다는 것을 의미한다. 이러한 순환이 여기서는 자유에서 비롯되는 시작에 관계되기 때문에 본질적이며 인간은 이를 순수하고 효과적으로 원한다. 아우구스티노는 자기 자신에게 모순되는 태도, 전적으로 원하지 않는 의지, 실제로 스스로 하지 않는 자아의 고통스러운 변증법을 깊이 체험하고 이를 묘사했다.[67] 더 나아가 이는 사랑이 살아 있는 에너지, 깊이, 창조적 기쁨, 용기, 상승력을 소유한다는 것을 의미한다. 그러나 이 모든 것은 사랑이 스스로를 정화하고 수련하며, 성장하고 형성되어야 한다는 것을 의미한다.

'덕', '완전성'에 대한 전적인 요구가 제기된다. 실존적인 인식의 전제로서 사랑에 대해 처음으로 말한 플라톤도 이를 이미 알고 있었다. 그의 정식은 에로스를 가진 자만이 인식할 수 있다. 그러나 에로스 자체는 그에 상응하는 삶, 곧 지혜를 추구하는 철학자의 삶이 에로스를 자유롭게 하고 형성할 때에만 강력해진다. 하지만 아우구스티노가 의미하는 사랑은 플라톤의 에로스와는 다르다. 그것은 카리타스Caritas이다. 요한의 첫 번째 편지에 나오는 '아가페ἀγάπη'이다.[68] 이를 얻기 위해서는 성품의 순수함과 잠재적 능력을 통찰하

---

67 이 점에 대해서는 이 책의 334쪽 이하 최종적 결단에 대한 보도를 참조할 것.
68 이 점은 니그렌의 논문(A. Nygrens, ⟨Eros und Agape⟩, 1930)과 관련해 강조하고 싶다. 그는 그리스도교적 사랑과 플라톤의 에로스를 '구조'로 파악함으로써 양자를 절대적으로 대립시키며, 아우구스티노의 카리타스에서는 양자가 혼합되어 있다고 보았다. 이는 변증법적 신학의 양립불가론과 결합된 오래된 혼합주의 이론이다. 아가페는 그리스도교적 인간 존재의 근본 요소와 마찬가지로 구조가 아니다. 그러나 아가페는 주어진 육체적이고 정신적 삶의 구조에서 전개된다. 특히 이러한 구조를 비판하고 변형시키는 방식으로 이루어진다. 따라서 아가페는 에로스의 구조뿐만 아니라 현실적 인격 구조에도 영향을 미칠 수 있다. 니그렌이 아가페라고 부르는 것이 이미 구조화되어 있음을 보았다면 매

는 것뿐만 아니라 회심이 필요하다. 이 사랑은 은총으로 받아들여지고 하느님의 사랑을 함께 실천함으로써 실현된다. 그러나 여기에는 인간이 죄인으로서 그가 무엇인지로 자신의 모습을 드러내는 것이 전제된다. 인간은 이러한 드러남을 받아들이고 실행하며, 살아 있는 능력을 통해 거룩한 '사랑의 덕'을 실천해야 한다.

따라서 본문에서 사랑의 행위는 자신의 무가치함에 대한 인식으로 전적으로 귀결된다. 하느님께서는 거룩하시기에, 피조물이 그분께 가까이 다가갈수록 그 빛에 대한 모순으로 인해 자신의 거룩하지 않음이 드러난다.

"제가 당신을 처음 알아보았을 때, 당신께서는 제가 본 것이 진짜라는 것을 볼 수 있도록 저를 들어 올리십니다. 그러나 저는 아직도 정말로 볼 수 있는 힘을 갖지 못했습니다. 그리고 당신께서는 제 안에 강력한 빛을 쏟아 주셨고, 저의 약한 시력을 되돌리셨고, 저는 사랑과 두려움에 몸을 떨었습니다. 그리고 저는 당신에게서 멀리 떨어져서 비유사성의 영역에 있음을 깨달았습니다."

하느님께서는 당신을 볼 수 있게 해 주신 눈을 되돌려 주신다.

우 좋았을 것이다. 아가페는 에로스의 반대 유형인 실재론 또는 인격주의, 또는 키르케고르가 매우 심도 있게 서술하고 변증법적 신학을 체계화하고 전환한 입장에 의해 구조화되어 있다(로마노 과르디니, 《그리스도인의 의식 Christliches Bewußtsein》, 226쪽 이하 참조).

우리는 '되돌려주다'로 번역된 '레베르베라스티reverberasti'라는 단어의 이중적 의미에 주목해야 한다. 이 단어는 시선을 되돌려주는 거울의 반사를 나타냄으로써 보는 시선을 가능하게 하는 것을 의미하지만, 이러한 시선의 부정함을 용납하지 않고 눈을 멀게 하는 하느님의 거룩함에 대한 저항도 나타낸다. 그러나 이렇게 되돌려 보내는 것 자체는 말로 표현할 수 없는 영광이다. 광채는 하느님 권능의 침투이다. 그것은 참을 수 없는 거룩함이자 동시에 너무도 축복받은 귀중한 것이다. 이를 경험하는 사람은 두려움과 '공포horror', 곧 신적인 경외로운 체험을 할 뿐만 아니라, 동시에 사랑 앞에서 떨기도 한다.

아우구스티노는 '콘트레무이contremui'(나는 전율했다)라고 말한다. 비록 지상적인 의미이긴 하지만, 그는 이 용어로 사랑을 불러일으키는 인간과의 만남을 통해 발생되는 정서적이고 심리적인 상처를 표현한다. 아름다움은 '질서정연한 거대한 군대의 행렬처럼 무시무시하기' 때문에 요구되는 것은 분명해진다.

> "나는 위대한 자들의 양식이다. 자라거라! 너는 나를 먹게 될 것이다. 너의 육신의 양식이듯이, 네가 나를 네 안에서 변화시키는 것이 아니라, 네가 내 안에서 변화될 것이다."

순수와 힘, 사랑이 증가하는 만큼, 인식도 성장한다. 이와 같은 것들은 인식이 커질수록 증가한다. 인식하는 자는 하느님을 파악한다고 믿는다. 그러나 사실 그곳에서 하느님께서 그 사람을 파악하는 것이다. 하느님을 인식한다는 것은 힘의 영역으로 들어가는 것을 의미한다. 이로써 인식하는 자를 변화시키고 변모시킨다. 그가 인식하는 진리는 힘이며 인식하는 자보다 강력하다. 진리는 인식하는 자를 자신 안으로 끌어당긴다. 진리는 그를 자신과 같은 것으로 변화시키고, 바로 그때 인식하는 자는 '정신'이 된다. 아우구스티노는 이와 같은 경험에서 악의 본질에 대해 명확하게 이해하게 된다. 그는 절대 선인 하느님만이 진정으로 존재한다는 것을 인식한다.

"제가 당신 아래에 있는 그 밖의 것들을 보았더니, 그것들은 전적으로 존재하는 것도, 전혀 존재하지 않는 것도 아니었습니다. 그것들은 당신을 통해 있기 때문에, 존재하는 것입니다. 하지만 그것들은 당신께서 있는 그대로 있지 않기 때문에 존재하지 않습니다. 변하지 않고 남아 있는 것이야말로 참으로 존재하기 때문입니다. '그러나 저에게는 하느님께 의지하는 것이 선입니다.' 제가 그분 안에 머무르지 않는다면, 저는 저 자신 안에도 존재할 수 없기 때문입니다. 그러나 그분은 자신 안에 있으시며, 모든 것을 새롭게 하십니다. '당신은 저의 주님. 저의 행복 당신밖에 없습니다.'[시편 16(15),2 참조]"(7,11,17)

유한한 것의 존재는 조건적으로만 존재한다. 더욱이 존재의 정도가 있다. 아우구스티노 사상의 이러한 특징적인 확신은 이미 I부에서 언급했다. 이에 따르면 '존재'와 '실재'는 어떤 내용에 부가될 수 있는 단일한 형태의 규정이 아니며, 무언가가 그저 '있다'는 것을 의미하지 않는다. 존재는 존재하는 것으로부터 분리될 수 없다. 그렇게 있는 것으로부터 존재의 사실성은 무한하게 다양한 밀도의 단계를 함유한다. 실재하는 존재에는 무한히 많은 수준이 있다. 이는 '좋음 또는 선'의 단계에 의해 결정된다. 존재의 등급이 높을수록, 그 존재의 실재성은 강해진다. 이는 관념론의 가장 순수한 표현에 해당된다. 그리고 더 나아가 어떤 존재자가 자신의 본질적 가치를 더 순수하게 나타낼수록, 그것은 자신 안에서 더욱 실재한다. 이는 완전성에 대한 윤리학의 최종적 근거이다.

"그러나 어떤 것이 자신의 모든 선을 상실한다면, 그것은 아예 아무것도 아닌 것이 될 것입니다."(7,12,18)

선의 부정은 악malum이다. 그것이 단순한 사실을 나타내는 순간, '안 좋은 것'이 된다. 자유에 의해 의도된 행위나 책임질 상태를 나타내는 순간, 그것은 '나쁜 것'이 된다. 나쁜 것으로부터 다시 악이 발생한다.

이 모든 것은 '존재하는 것은 선하다'라는 결론으로 이끈다. 그리고 반대로 '선한 것만이 존재하며, 선한 만큼 어떤 것이 존재한다.'[라고 할 수 있다.] 안 좋은 것과 나쁜 것은 존재하는 것이 아니라 의미와 존재의 부정이며, 이 부정은 물론 놀랄 만큼 엄청난 힘을 지닐 수 있다. 그것은 나쁜 것에 취약한 정신에게 파괴의 충동을 불러일으키는 파괴의 힘이며, 분노한 정신을 '없음'에로 자극하는 무의 힘이자 '무화無化시켜 버림'이다. 이 '힘'은 너무 커서 그 근원을 실재하는 어떤 것으로 여기도록 정신을 계속해서 유혹한다. 그러나 안 좋은 것과 나쁜 것 자체는 실재하는 것이 아니며, 그것을 일으키는 원인이자, 그렇게 하려는 의지에 불과하다. 형성되고 작용하는 것으로서 이것들은 선하다. 악한 것은 그 의미의 방향일 뿐이며, 그 방향은 파괴로, 무로 향하며, 나쁜 것을 지닌 자 자신의 존재를 약화시킨다. 악한 것은 '있어야 할 곳에 선이 부족함'이며, 존재의 결핍이다.

"그러므로 존재하는 모든 것은 선하며, 제가 그 근원을 찾았던 저 악은 존재하는 것이 아닙니다. 그것이 만일 존재하는 어떤 것이라면, 그것은 선일 것입니다."(7,12,18)

아우구스티노 스스로 12장의 시작 부분에서 말하듯이, 위대한 종교적-형이상학적 체험이 "나에게 계시되었다manifestatum est mihi."라고 말한다.

이러한 체험은 정신적인 신을 사유할 수 있는 길을 열어 주었지만, 그럼에도 그는 아직 이 신과 살아 있는 총체적 관계에 이르지는 못했다.

"그러나 당시에 저는 플라톤주의자들의 책을 읽었고, 그들로부터 무형적인 진리를 찾으라는 권고를 받은 다음에는, '하느님의 보이지 않는 본성 곧 그분의 영원한 힘과 신성을 조물을 통하여 알아보고 깨달을 수 있게 되었습니다.'[로마 1,20 참조] 하지만 그로부터 뒤로 제쳐져서, 제 영혼의 어두움 때문에 보는 것이 허용되지 않는 것을 느낄 수밖에 없었습니다.

[그러나] 당신께서는 존재하시고 무한하시며, 유한한 공간이나 무한한 공간으로 퍼져 계시지 않으며, 당신께서는 항상 같은 분으로서 참으로 [존재하는] 분이시며, 어느 쪽에서나 어떤 변화에 의해서도 다른 분이나 다른 것으로 존재하지 않으시지만, 그 밖의 모든 것은 당신께로부터 나온다는 가장 확실한 증거만으로 확신을 얻었습니다.

[이러한 체험을 한 후에] 저는 이 모든 것을 잘 알고 있었지만, 당신께 참여하기에는 너무 허약했습니다."(7,20,26)

그러나 조금 전에는 이렇게 말했다.

"놀랍게도 저는 이미 당신을 사랑했고, 더 이상 당신 대신에 환영을 사랑하지 않게 되었습니다. 하지만 저는 저의 하느님께 [실제로도] 참여할 수 있을 만큼 견디지 못하고, 곧 당신의 아름다움을 통해서 당신에게 끌어올려졌지만, 곧바로 저의 무게 때문에 당신께로부터 떨어져 나가 신음하며 땅으로 떨어졌습니다. 이 무게는 육체의 습성이었습니다. 그러나 당신에 대한 기억은 저와 함께 있었고, 제가 연결되어야 할 분이 실재하신다는 것을 의심하지 않았지만, 제가 [그분과] 연결될 수 있을 만큼, 준비되지 않았습니다. '썩을 육신이 영혼을 무겁게 하고, 지상의 거처가 생각이 복잡한 정신을 짓누르기 때문입니다.'"(7,17,23)

그를 무엇보다 감각적인 속박에 방해받는다. 우리는 이미 아우구스티노와 같은 인간 존재에게 이러한 속박이 무엇을 의미하는지 보았다. 그러나 그의 경험 자체의 중심에서 비롯되거나 거기에서 그 안에 깨어난 또 다른 것이 있으니, 그것은 바로 교만이다.

"저는 고통으로 가득 차 있었지만, 지혜롭게 보이고 싶어 하기 시작했고, [그러한 고통을 초래한 악에 대해] 울지 않고, 제 지식으로 더욱 부풀어 올랐습니다. 그러니 예수 그리스도라는 겸손의 토대 위에 세워지는 그 사랑이 어디에 있었겠습니까?"(7,20,26)

따라서 이러한 위험은 진리 경험 자체의 감각에서 비롯된다. 그것은 철학적 자만심, 그러니까 인식하는 자라는 의식이다. 그는 깨어나자마자, 즉시 인식 자체를 위태롭게 한다.

"제가 당신의 책에 길들여지고, 당신의 보살핌의 손길로 제 상처가 아물었을 때, 비로소 저는 오만함과 고백의 차이, 어디로 가야 하는지 아는 사람들과 그것을 알지만 어떤 길로 가야할 지 모르는 사람들의 차이, 복된 집으로 이끄는 [열린] 길을 볼 뿐만 아니라 그곳에서 살아야 하는 것의 차이가 얼마나 큰지를 분별해야 했습니다."(7,20,26)

분명히 아우구스티노는 인식을 잘못 받아들일 위험에 처해 있다. 이러한 인식은 가장 중요한 철학적 진리를 포함하고 있지만, 독립적인 철학적 원천에서가 아니라 종교적 체험에 의해 고양되었다. 이러한 체험은 아직 진정한 믿음으로 형성되지 않았다. 왜냐하면 아우구스티노에게 믿음이란 의미와 행위로 하느님께 자신을 맡기는 것을 의미하지만, 감각적인 속박 때문에 아직 그렇게 할 수 없었기 때문이다. 따라서 동의는 불안정하고 종교적 체험 자체는 보호받지 못한 채로 남아 있다. 이로 인해서 얻은 인식을 정신적 맥락에서 분리해서 그것을 자의적으로 설정할 위험이 생긴다. 그러나 그렇게 되면 내용적으로도 왜곡될 수 있다.

아우구스티노는 나중에 그것이 은총과 섭리라는 것을 믿음으로 깨닫지만, 이러한 종교적 체험의 일관성은 그를 위험에서 벗어나게 해서 다시 성경으로 돌아가게 한다.

"저는 뜨거운 열망으로 당신 영의 고귀한 필치를, 특히 바오로 사도를 붙잡았습니다. 그러자 한때 저에게 그와 관련해서 모순적인 것으로 보였던, 그의 말씀의 표현들이 율법과 예언자들의 증언과 일치하지 않은 것처럼 보였던 그 문제들이 사라졌습니다. 그리고는 그의 순결한 말씀에서 저에게 유일무이한 [저 자신과 하나인] 얼굴이 드러났고, 저는 '떨림 속에서 환호하는 법'을 배웠습니다.

그렇게 저는 성경을 붙들었고, 거기서[신플라톤주의자들의 작품에서] 참되다고 읽었던 모든 것이 여기서도 [마찬가지로] 당신의 은총을 전제로 말해진다는 것을 발견했습니다. 그래서 보는 자는 '마치 받지 않은 것처럼 자랑하지' 말며, [더욱이] 보는 대상만이 아니라 볼 수 있다는 사실도 자랑하지 말아야 한다는 것을 깨달았습니다.

'가지고 있는 것치고 받지 않은 것이 무엇이겠습니까?' 그리고 항상 같은 분으로 계시는 당신을 볼 뿐만 아니라 치유를 받고 [그러한 능력을 얻어서] [당신을] 붙잡을 수 있도록 가르침을 받습니다. 멀리 있어서 볼 수 없는 사람이라도 적어도 [더 가까이] 다가와 붙잡을 수 있는 길을 걷게 하십시오."(7,21,27)

우리는 이미 플로티누스의 가르침에 이은 그의 체험은 그 뿌리가 그리스도교적이라는 것을 보았다. 아우구스티노가 《엔네아데스 *Enneades*》에서 철학, 특히 종교 철학을 읽었지만, 그의 내면에서는 아직 묶여 있던 그리스도교 정신이 터져 나오기 위해 기다리고 있었다. 그래서 사실 철학적 영역이 아니라 다른 곳에서 비롯된 체험이 플로티누스에게 불을 붙였다. 한동안 아우구스티노는 이것을 오해해서 철학으로 간주하여 철학적인 것으로 빠져들 위험이 있었다. 그러나 체험의 진정한 의미에 대한 그의 의식, 그의 그리스도교적 본능은 철학적 정신보다 더 강했다. 그래서 그는 열아홉 살 때《호르텐시우스》를 읽은 후에 했던 것과 똑같은 일을 한다. 성경, 특히 바오로 서간으로 손을 뻗은 것이다. 그리고 이제 그 사이에 자신이 얼마나 성장했는지를 보여 주는 표지로 확고한 태도를 취한다. 내적인 움직임은 성경에 의해 받아들여져서 열매를 맺을 수 있게 된다.

더욱이 그는 이중적인 것을 인식한다. 우선 그는 플로티누스의《엔네아데스》에서 발견한 통찰을 바오로에게도 발견할 수 있었다. 그러므로 그리스도교적 계시는 동떨어지고 정신적으로 열등한 교리가 아니다. 도처에서 진리인 것은 그 안에서도 진리이다. 믿는 이는 세상 옆에 서 있지 않고, 세상 전체의 충만함 속에 서 있다. 그러나 더 중요한 것은 바오로에게 그 진리들이 올바른 방식으로 존재한다는 것이다. 말하자면 진리는 '은총을 전제로', 곧 계시로 존재한다. 진리는 자율적인 인식으로 이해되는 것이 아니라 선물로 이해된다. 정신적인 하느님, 창조, 선, 악, 영혼의 실재들은 그 본래 주어진 형태를 얻음으로써, 신적인 진리를 보장받는다. 이로써 인식하는 자, 자신도 자기 자리를 얻는다. 말하자면 단순히 기존의 진리를 철학적으로만 인식하던 사람에서 신적인 말씀을 듣는 자로 변화되고, 주어진 존재의 방식에 합당한 새로운 태도를 얻게 된다. 이 태도는 바로 겸손이다. 그러나 인식은 해야 할 의식과 결합된다. 이 의식은 '회심', 곧 '마음의 변화'의 필요성이다.

"'당신의 사도들 중에 가장 보잘것없는 자'[69]의 글을 읽고, 당신의 업적을 생각하고 전율을 느꼈을 때, 이는 놀랍게도 제 마음에 와닿았습니다."

이렇게 7권이 끝나게 된다.

---

[69] 바오로 사도가 스스로를 부르던 말이다. "사실 나는 사도들 가운데 가장 보잘것없는 자로서, 사도라고 불릴 자격조차 없는 몸입니다. 하느님의 교회를 박해하였기 때문입니다."(1코린 15,9) — 옮긴이 주

4
결단

8권은 최종적인 돌파에 대해 보도한다. 1장에서 다음과 같이 말한다.

"당신의 말씀이 제 마음에 달라붙어 있어서, [마치 포위된 도시처럼] 저는 당신에 의해 온 사방으로 폭풍의 벽으로 둘러싸였습니다. 당신의 영원한 생명을 저는 '수수께끼처럼', 그리고 마치 '거울을 통해서만'[70] 보았음에도 불구하고, 그 생명을 확신했습니다. 하지만 썩지 않는 실체와 그로부터 모든 실체가 유래한다는 점에 대한 모든 의심

---

70 "우리가 지금은 거울에 비친 모습처럼 어렴풋이 보지만 그때에는 얼굴과 얼굴을 마주 볼 것입니다. 내가 지금은 부분적으로 알지만 그때에는 하느님께서 나를 온전히 아시듯 나도 온전히 알게 될 것입니다."(1코린 13,12) ─ 옮긴이 주

은 저에게서 사라졌습니다. 저의 갈망은 더 이상 당신을 더 확실하게 아는 것이 아니라, 당신 안에서 더 확고하게 뿌리를 내리는 것 뿐이었습니다.

하지만 저의 현세 생활에 관해서는 모든 것이 흔들렸고, 저의 마음은 묵은 누룩에서 정화되어야만 했습니다.

구세주이신 그분은 '길'로 저를 끌어당겼지만, 그 좁은 길을 걷는 것은 여전히 어려웠습니다."(8,1,1)

그리고 마지막에 다음과 같이 말한다.

"저는 좋은 진주를 이미 찾았고, 이제 제가 소유한 모든 것을 팔아서 그것을 사야 했지만, 여전히 망설였습니다."(8,1,2)

아우구스티노는 아주 깊은 체험을 통해 하느님의 실재에 대해 알고 있다. 그는 해결책을 제시하는 신학적이고 철학적 인식을 얻었다. 그는 하느님과 인간 존재에 대한 계시로서의 진리를 기꺼이 받아들일 준비와 의지를 가지고 믿음으로 성경을 접하고 있다. 그러나 그는 동시에 가장 깊은 곳에서 자신을 뒤로 끌어당기는 것, 곧 자신이 소유한 '모든 것을 팔아야 하는 것'에 대한 거부감도 알고 있다. 여기서 그는 구체적인 모범적 사례의 영향을 받는다.

제시된 생각들은 가르치고, 자극하고, 명확하게 하고, 심화할 수 있지만, 이론적인 대상성의 영역으로 전환되어 쉽게 무력화될 수도 있다. 그러나 이러한 생각들이 특정한 인물들에게 구현되어 있다면, 존재 안의 존재로부터, 힘 안의 힘으로부터 나온 충격을 주는 역할을 하게 된다. 그다음에 이러한 생각들은 확대되지만, 여전히 사유적인 것에 웅크리고 있는 영혼 안에 사태 앞에서의 의지를 강요하는 명료함과 동요를 유발한다. 동시에 영혼은 창조하는 에로스에 의해 건드려지며, 에로스는 자신이 기다리는, 어쩌면 억압되어 있을지도 모르는 가능성들을 풀어내고, 스스로 살아 있는 형태로 영혼을 고유한 자신의 모습으로 부른다.

아우구스티노는 밀라노 주교인 암브로시우스의 세례 대부인 노년의 심플리키아누스를 통해 빅토리누스라는 로마 수사학자의 개종에 대해 자세히 알게 된다. 빅토리누스는 플로티누스의 작품을 라틴어 번역본으로 만들었기 때문에 아우구스티노에게는 소중했다. 빅토리누스는 매우 인상적인 방식으로 그리스도교에 귀의했다. 이 과정은 고민하는 아우구스티노에게 깊은 인상을 남겼다(8,2-5). 아우구스티노는 '그[빅토리누스]를 본받아야겠다는 열망으로 불타올랐'지만, 세상과 열정이 그를 묶어 놓았다.

"그 후에 저는 한숨을 쉬었지만, 다른 사람의 쇠사슬이 아니라 저의 쇠사슬로 된 의지로 묶여 있었습니다. 원수가 제 의지를 붙잡아서, 그것으로 사슬을 만들어서 저를 결박했습니다.

그렇게 뒤집힌 의지에서 육욕이 생기고, 육욕에 복종하게 되면, 습관이 생기고, 습관에 저항하지 않았기에 강박이 생기게 됩니다.

그래서 마치 서로 연결된 고리처럼 얽혔는데, 그래서 저는 이 고리를 사슬이라고 불렀습니다. 이 사슬이 저를 단단한 노예 상태에 묶어 놓았습니다. 그러나 제 안에서 형성되기 시작한 새로운 의지는 아무런 목적 없이 [어떤 목적이 아니라 당신 자신을 위해서] 당신을 섬기고, 하느님, 당신과 유일한 기쁨을 당신과 나누고 싶었지만, 그 이전에 오래되어 강해진 이전의 의지를 극복할 수 없었습니다.

그래서 하나는 오래되었고 다른 하나는 새로우며, 하나는 육적이고 다른 하나는 영적인 의지, 나의 이 두 의지가 서로 싸우면서 이 둘의 불화로 저의 영혼을 찢어 놓았습니다."(8,5,10)

그는 이제 놓여나야 한다고 느꼈지만, 아직 제대로 원하지 않았기 때문에 그럴 수 없었다. 그리고 그가 제대로 원하는 힘을 찾지 못한 이유는 자유와 은총의 신비 속에 연결 고리가 비로소 완결되기 때문이다. 이러한 상태는 다음과 같이 놀랍게 묘사되어 있다.

"마치 꿈속에서 벌어진 일처럼 세상의 짐이 달콤하게 저를 짓눌렀고, 사색하며 당신에게 보낸 생각들은 깨어나려고 하지만 깊은 잠에 압도되어서 다시 가라앉고 마는 사람들의 몸부림과 같았습니다.

항상 잠들고 싶은 사람은 없는 것처럼, 모든 사람의 건전한 판단에 따르면 깨어 있는 것이 자는 것보다 낫습니다. 하지만 사지가 무거워지는 졸음이 찾아오면, 대개는 잠을 떨쳐 버리는 것을 망설이고, 잠이 쏟아지는 것을 불평하고 일어날 때가 되었는데도 여전히 잠을 즐깁니다. 이처럼 저의 정욕에 굴복하는 것보다 당신의 사랑에 저를 내맡기는 것이 더 낫다고 확신했습니다. 그러나 후자가 가치 있고 설득력이 있지만, 전자가 유혹적으로 저를 사로잡았습니다.

당신께서 '잠자는 사람아, 깨어나라. 죽은 이들 가운데에서 일어나라. 그리스도께서 너를 비추어 주시리라!'[에페 5,14 참조]고 저에게 말씀하셨을 때, 제가 대답할 수 있는 것이 더 이상 없었습니다. 당신께서 말씀하시는 것이 참되다는 것을 온 사방으로 보여 주심에도 불구하고, 진리에 대해 깨우친 것을 저는 더 이상 답할 수 없었고, 기껏 느릿하게 잠에 취한 말투로, '금방, 금방요.[71], '조금만 더 놔 두세요!'라고 말했지만, '금방, 금방'은 기준이 없었고, '조금만 더 놔 두세요'도 길어졌습니다."(8,5,12)

모범적 사례의 첫 번째 충격은 그를 고통스러운 결단의 영역으로 이끌었다. 그러나 결단 자체는 여전히 다른 동기와의 균형에 묶여 있었다. 이렇게 해서 둔감한 상태가 발생한다. 이로 인해 의지가

---

71 번역할 수 없는 언어 유희이다. '같다'는 뜻의 단어인 모도modo는 '방식'을 뜻하는 모두스modus의 탈격 형태이기도 하기 때문이다.

마비되지만, 그럼에도 정확히 자신에 대해 알고 있다. 두 번째 충격은 그를 결단 자체에 직면하게 만든다.

어느 날 아프리카 출신의 동료 폰티키아누스가 그를 찾아와서 그의 오락용 탁자 위에 놓인 바오로 서간 필사본을 보게 된다. 종교 문제에 대한 대화가 시작되고, 은수자 안토니우스에 대해 이야기하게 된다. 안토니우스는 수도원의 발전에 결정적인 영향을 미쳤고, 불과 반세기 전에 백 살의 나이로 세상을 떠난 굳건한 수행자였다. 세속으로부터 자유로운 이 인물의 엄청난 힘은 아우구스티노를 깊이 뒤흔들었다. 무엇보다도 모든 것이 "말하자면 우리 시대에 일어난 일"(8,6,14)이라는 점을 그는 인상적으로 느꼈다.

하지만 그 후에 그의 선포적이고 요구적인 힘으로 그 헌신의 이미지는 아우구스티노의 시대와 더욱 가까워진다. 폰티키아누스가 최근에 황제의 밀사인 세 명의 친구와 함께 트레베리[72]에 함께 갔던 이야기를 들려주었기 때문이다. 어느 날 그들 중 두 명이 할 일 없이 돌아다니다가 한 은수자 마을을 발견했다. 거기서 그들은 《안토니우스의 생애 Vita Antonii》라는 책을 손에 넣게 되었고, 그 삶은 그들의 마음을 깊이 사로잡았다. 그들은 한동안 "새로운 생명이 태어나는 산고를 느끼면서 당황해 하면서" 고민하다가 모든 것을 버리게 되었다. 그러나 화자 자신과 세 번째 친구는 '지상에 마음을 붙들어

---

72 현재 독일의 트리어Trier이다. — 옮긴이 주

맨 채로' 예전의 삶으로 돌아간다(8,6,15).

이러한 갑작스러운 충격과 단절, 한순간에 모든 것을 버리는 것은 종교 체험의 역사에서 드문 일이 아니다. 우리에게 중요한 것은 그 결과가 아우구스티노에게 남긴 인상이다. 그것은 결단을 위해 무르익은 그의 내면을 최종적인 양자택일 앞에 놓이게 했다. 이 내면은 참을 수 없을 정도로 긴장되어 있다. 그러나 이미 설명한 다른 동기와의 균형, 곧 내면적으로 원하지 않음에 의해 형성되고 유지되는 균형 때문에 스스로 해결책을 찾을 수 없었다. 이러한 억제된 힘에 모범적 사례가 들어와서 멈출 수 없는 움직임을 일으킨다.

특별한 한 가지 사건이 일어난다. 아우구스티노는 자신을 아주 분명하게 바라보게 되었다. [그는 자신을] 심리적일 뿐만 아니라 양심에서부터, 그리고 하느님 앞에서 [바라보게 된 것이다.]

"폰티키아누스는 이렇게 말했습니다. 그러나 주님, 그가 말하는 동안 당신께서는 저를 저 자신에게 되돌려 마주 세우셨습니다. 제가 제 눈을 마주 보고 싶지 않아서 누워 있던 저의 등 뒤에 저를 놓았는데, 그런 저를 당신께서는 저의 등 뒤에서 끌어내셔서, 제 얼굴 앞에 세우시고 제가 얼마나 비열하고 비뚤어지고 더럽고 얼룩지고 종기로

덮여 있는지 보도록 하셨습니다.

그래서 저는 저 자신을 보고 몸서리쳤고, 저 자신으로부터 도망칠 수 있는 피난처는 어디에도 없었습니다. 그리고 제가 시선을 저에게서 돌리려고 애쓸 때마다, 그는 하던 이야기를 계속했고, 당신께서는 다시 저를 저 자신과 마주하게 하시고, 제 눈 앞에 저를 그려 넣으셔서, '제 사악함을 발견하고 그것을 미워하게 하셨습니다.' 저는 그것을 분명하게 알았으면서도, 못 본척하고 덮어 두고 잊으려고 애썼습니다."(8,7,16)

이 문장들의 놀라운 심리학에 대해는 이미 언급한 바 있다. 인간 현존재의 여러 층이 어떻게 서로 대립되고, 혼란 속에 있는 의미의 방향이 어떻게 풀리는지, 가장 중요한 것은 심리적 연관성뿐만 아니라 영혼적이고 정신적이며 영적인 질서가 어떻게 아주 명확하게 구분되는지 말이다. 이렇게 보고 말하는 것에서 아우구스티노는 발견자이자 스승이다. 그가 알고 묘사하는 내면성은 다가오는 역사시대의 전개와 정제뿐만 아니라, 세상과 계시로부터 본성과 은총속에 동시에 살아가는 그리스도인의 풍성한 긴장도 담고 있다. 아우구스티노는 자신의 삶을 돌아보며, 《호르텐시우스》와의 만남 이후 있었던 긴 싸움을 회고한다.

"제 나이 열아홉 살 때 키케로의 《호르텐시우스》를 읽고 그를 통해 지혜를 추구하도록 자극을 받은 이후로, 아마도 십이 년이라는 많은 세월이 흘렀지만, 지상의 행복을 경멸하고 오직을 지혜를 추구하기 위해서만 살기를 주저했습니다. 지혜의 발견뿐만 아니라 이미 탐구 자체를, 민족의 보물과 부를 찾고, 욕망에 따라 도처에서 쏟아지는 육체의 쾌락보다 [온갖 향락보다] 앞세우는 것이 마땅했습니다.

그리고 저는 매우 가련한 인간이었으며, 이미 제 청년 시절부터 불행해서, 심지어 당신에게 순결을 간청하고 다음과 같이 말했습니다. '저에게 순결과 절제를 주소서. 그러나 아직은 아닙니다. 당신께서 제 소리를 재빨리 들으셔서 욕정의 병을 즉시 치유해 주실까 봐 두려웠기 때문입니다. 저는 욕정을 없애 버리기보다 오히려 채우기를 원했던 것입니다.'"(8,7,17)

그리고 나서 믿을 수 없을 정도로 생생한 문장들이 이어진다.

"폰티키아누스가 이런 일들을 이야기하는 동안, 제 안은 갉아먹히고, 끔찍한 수치심에 휩싸여 몸 둘 바를 몰랐습니다. 그의 이야기가 끝나고 방문의 목적을 마치자, 그는 떠나갔고, 저는 제정신으로 돌아왔습니다. 제가 저 자신에 대해 무슨 말인들 하지 않았겠습니까? 제가 당신에게 가려고 애를 쓰면서 제 영혼이 저를 따르도록 하기 위해서 얼마나 모욕적인 [비난하는] 말로 채찍질을 했겠습니까! 그러나 제 영혼은 거부하고 저항하면서도, 스스로를 정당화하지는 않았습니다. 왜냐하면 모든 논거가 소진되고 반박되었기 때문입니다. 남은 것은 말 못할 두려움뿐이었습니다. 마치 죽음 앞에서 그러하듯이, 제 영혼은 죽음을 향해 흘러가는 습관의 흐름으로부터 끊어지는 것을 두려워했던 것입니다."(8,8,18)

이는 결정적인 단계를 앞둔 상태이다. 이성은 끝에 도달했다. 생각으로는 모든 것이 의식된다. 결단은 전적으로 행위에 달려 있다. 그러나 모든 행위의 힘은 '말 못할 두려움muta trepidatio'에 단단히 묶여 있다. 이 두려움 때문에 어떤 것도 더 이상 논의되지 않고, [이성은] 논박과 증명으로 반론을 제기하지 않는다. 오히려 더 이상 붙잡을 수 없음을 스스로 알고 그저 떨면서 붙잡을 뿐이다. 이 구절은 결단 이전에 최종적으로 관련되는 것이 정확히 무엇인지 보여 준다. 그것은 진정한 죽음의 공포이다. 무가치하다고 인식되는 삶의 수준, 형태, 내용, 현존재 전체가 버려져야 한다. 이러한 것들은 소진되고 끝났을 뿐만 아니라, 무가치함으로 이끈다. 종교적인 것에 해당된다면, 그것은 구원의 부재와 같은 의미를 지닌다. 가장 깊은 내면의 의식에서 실재가 입증되고, 낡은 인간 존재를 놓아 버림으로써 비할 데 없이 생생하고 더 높은 새로운 존재가 생겨날 것이라고 말한다. 그러나 즉각적인 삶은 낡은 인간 존재에 뿌리를 내리고 있다. 그래서 이 삶은 정말로 몰락하듯이 두려워한다. '말 못할 두려움'은 그 이전의 마비 상태와 마찬가지로 격렬한 흥분으로 폭발한다. 그것은 어찌할 바를 모르는 궁지에 몰린 데서 비롯된 폭력이다.

"제 영혼과 함께 제 방에서, 제 마음에서 벌어진 제 내면의 집의 큰 싸움 속에서 혼란스러운 얼굴과 정신으로 알리피우스에게 달려가서 소리쳤습니다. '우리가 뭘 견디고 있었던 건가? 자네가 거기서 들은 것은 무엇인가? 배우지 못한 자들이 들고 일어나 하늘나라를 차지하는데, 무정한 우리는 학문과 함께 살과 피의 속을 뒹굴고 있네! 아니면 그들이 우리보다 앞서간다고 해서 그들을 따르는 것을 부끄럽지도 않은가?' 잘 모르겠지만 저는 이런 말들을 했고, 저의 내면의 불길이 그로부터 저를 떼어 놓았고, 그는 아무 말도 하지 않은 채로 매우 놀라서 저를 보았습니다. 제가 평소처럼 말하지 않았기 때문입니다. 그리고 제가 내뱉은 말보다 이마, 뺨, 눈, 안색, 어조가 제 심경을 더 잘 표현해 주었기 때문입니다.

우리가 살던 집에는 집주인이 함께 살지 않기 때문에 집 전체뿐만 아니라 작은 정원도 사용할 수 있었습니다. 제 가슴 속의 격동이 저를 그곳으로 끌고 갔고, 거기서는 아무도 제가 저 자신과 벌인 격한 싸움을 방해하지 못했습니다. 당신께서는 알고 계셨지만 이 싸움이 끝날 것을 저는 [알지 못했습니다.] 오히려 저는 미쳐 갔지만 이는 구원에 유익했고, 죽었지만 삶을 찾고 있었습니다. 제가 얼마나 악했는지는 알았지만, 제가 잠시 후면 얼마나 선해질지 몰랐습니다."(8,8,19)

여기에 묘사된 것은 진정한 재탄생의 과정이다. '구원에 도움이 되는 광란'은 '거룩한 광기'라는 고대의 개념을 떠올리게 하는데, 이는 신적인 힘이 인간에게 다가와 인간을 익숙한 모든 습성에서 벗어나게 하는 것을 의미한다. 그러나 이 개념은 그리스도교적 체험인 '메타노이아(metanoia, μετάνοια)', 곧 '점차 죽음에 이르는', '영혼의 내어 줌'과 관련이 있다. 다가오는 것은 오직 희망 속에 있고, 현재는 몰락만 느낄 수 있다. 그러나 이 이면에는 가장 본래적인 의미에서 황홀경, 곧 자신의 존재 형태에서 벗어나게 하고 그리스도교적인 새로운 탄생을 일으키는 힘인 성령이 작용한다(이에 대해는 요한 3,5-9 참조). 서술은 계속된다.

"저희는 집에서 가능한 멀리 떨어져 앉았습니다. 저는 마음속으로 이를 갈며 격렬한 분노에 휩싸였습니다. 저의 하느님, 당신과 의견을 같이하고 일치하는 길을 따르지 않았기 때문입니다. '제 모든 뼈'가 그렇게 해야 한다고 소리쳤고, [그러한 행위를] 찬양하며 하늘로 들어 올렸는데도 말입니다. 그러나 거기에 이르는 여정은 배나 사륜마차 또는 발로 가는 것도 아니었고, 제가 집에서 우리가 앉아 있는 곳까지 걸어온 거리만큼도 되지 않았습니다. 가는 것뿐만 아니라 목적지에 도착하는 것도 가고 싶다는 마음 외에 다른 것이 아니었기 때문입니다.

그러나 이는 강력하고 완전하게 원하는 것이지, 올라가는 한 부분이 쓰러진 다른 부분과 씨름하는, 반쯤 상처받은 의지로 이리저리 휘두르고 내팽개치는 것이 아니었습니다."(8,8,19)

이 구절은 얼마나 진실한가! 내면적인 무력함이 외부의 폭력으로 표출된다. 의지는 조용하고 정신적인 결단에서 시끄러운 육체적 노력으로 도망간다. 그러나 이 모든 것에서 정신적 의지와 자유의 수수께끼가 생긴다.

언뜻 보기에 다음 두 장인 9장과 10장에서 이러한 문제를 다루면서, 마니교도들에 반대해 이 문제를 이용하는 것이 어쩌면 학자 같은 태도로 느껴질 수도 있다. 사실 이는 그 정신적 내용이 사유적 숙고로 펼쳐지는 동안, 사건의 긴장이 크게 유지되는 강력한 멈춤을 의미한다. 한때 가장 개인적으로 체험한 것을 이제는 그것을 회고하는 사람이 이론적인 의미로 제시한다.

육체적 삶에 있어서 무언가를 원하는 것은 그것을 할 수 있는 것이나 행하는 것과는 다르다. 그래서 의지가 외부의 장애물로 인해서 할 수 있는 것에 이르지 못하거나, 할 수 있는 어떤 것이 행위로 이어지지 않는 경우가 발생할 수 있다. 하지만 정신적이며, 더 정확하게는 도덕적인 삶에서는 상황이 다르다. 여기서는 원하는 것, 할 수 있는 것, 행동하는 것이 일치한다. 내면의 '예'가 결단하는 순간, 이 '예'는 원하기만 하는 것이 아니라, 그와 동시에 할 수 있었던 것이고 행해진 것이다. 정신적이고 인격적인 결단에서 자유 의지의 유일한 장애물은 그 자신이다. 그가 원하는 순간, 그는 할 수 있으며, 그가 원하는 순간, 그가 원하는 것은 이루어진다. 말하자면 '예' 안에서 살아 있는 상태에 있는 것이다.

"이 기이한 것은 어디서 오는 것입니까? 왜 그런 일이 일어나는 것입니까? 당신의 자비가 비추어져서, 제가 묻게 해 주십시오[허락해 주십시오]. 아마도 인간의 비참함의 불가사의함과 아담의 아들들의 밤처럼 어두운 고통이 저에게 답을 줄 수도 있을 것입니다!

어디서 이 기이한 것이 오는 것입니까? 왜 그런 일이 일어나는 것입니까? 정신은 육체에 명령하지만, 즉시 순종을 받습니다. 정신은 스스로에게 명령하고는 저항을 얻습니다. 정신이 손에게 움직이라고 명령하면, 이는 쉽게 이루어지기 때문에, 명령은 복종과 거의 차이가 없습니다. 하지만 정신은 정신이고 손은 육체입니다. 정신은 정신이 원하는 대로 명령하기에, 정신은 [명령하는 자와] 다르지 않지만, 그렇게 하지 않습니다.

이 기이한 것이 어디서 오는 것입니까? 왜 그런 일이 일어나는 것입니까? 정신은 원하는 대로 명령한다고 저는 말합니다. 정신이 원하지 않는다면, 명령을 내리지 않을 것이고, 명령한 것을 행하지 않을 것입니다. 그러나 정신이 전적으로 원하지 않기 때문에, 전적으로 명령하지 않습니다. 왜냐하면 정신이 원하는 만큼 명령하고, 자신이 원하지 않는 만큼 명령하는 것은 이루어지지 않기 때문입니다.

의지가 명령을 내리는 것은 [원하는] 의지, 곧 그 자신으로 존재하는 것이지 다른 의지가 아닙니다. 따라서 온 의지로 명령하지 않는 것입니다. 그렇기 때문에 명령하는 주체는 존재하지 않습니다. 만일 의지가 온전하다면, 의지는 이미 존재하기 때문에, 의지로 존재하도록 명령하지 않을 것입니다. 그러므로 부분적으로는 의지하고 부분적으로는 의지하지 않는 것은 이상한 무엇이 아니라, 정신의 질병입니다. 습성이 정신을 짓누르고 있어서, 정신은 진리 앞에서 드높여져도 전적으로 일으켜지지 못하기 때문입니다. 그 때문에 두 가지 의지가 있습니다. 그중 하나는 온전하지 않아서, 한 의지에 부족한 것이 다른 의지에게 흘러 들어가기 때문입니다."(8,9,21)

그러나 아우구스티노가 마니교도들을 상대로 이러한 생각을 적용할 때, 그는 자신의 이야기의 가장 중요한 시점에서 자신이 십년 동안 속해 있던 공동체에 대한 평가를 하게 된다. 그리고 그는 마니교의 신화로 인해 진리를 보는 눈이 매번 가려졌다는 인상적인 결론에 도달하게 된다.

그런 다음에 싸움은 최후의 정점으로 집약된다. 아우구스티노는 감각적인 쾌락의 삶을 포기해야만 다른 삶에 도달할 수 있다는 것을 안다. 이 보도는 생동감이 넘치며, 고백은 놀라울 정도로 명확하고 솔직하다.

"저는 속으로 저에게 이렇게 말했습니다. '자, 곧 하자, 곧 그렇게 될 거야.' 이렇게 말로는 이미 마지막 단계로 가는 중이었습니다.

거의 그렇게 할 뻔했지만, 그렇게 하지는 않았습니다. 하지만 이전의 상태로 돌아가지는 않고, 그 근처에 멈춰서 숨을 고르고 있었습니다. 그리고 다시 시도했고, 조금 더 나아가고, 또 한 걸음 더 나아갔으며, 거의 도달해서 닿을 듯했고, 붙잡을 듯했습니다. 그러나 [실제로는] 도달하지도, 닿지도 붙잡지도 못했습니다. 죽음에 죽고 생명에 살기를 망설였습니다. 제 안에는 익숙한 더 나쁜 것이 익숙하지 않은 더 좋은 것보다 더 강했습니다. 제가 다른 사람이 되어야 할 정해진 시점이 점점 더 가까이 다가올수록, 더 강력한 두려움이 저를 엄습했습니다. 그럼에도 저를 뒤로 밀쳐내거나 돌아서게 하는 것이 아니라, 저를 머뭇거리게 만들었습니다.

어리석은 자들의 어리석음, 허영을 부리는 이들의 허영심으로 가득한 저의 옛 친구라는 자들이 저를 뒤로 잡아끌고 제 육신의 옷자락을 몰래 붙들고는 은밀하게 속삭입니다. '우리를 버리고 떠날 건가?' 그리고 '[잘 생각하게.] 이 순간부터 우리는 영원히 자네와 더 이상 함께하지 않을 것이네.' 그리고 '이제부터 자네는 이런저런 일을 영원히 더 이상 못하는 것이네.'

제가 '이런저런 일'이라는 말로 표현한 것으로 저들은 무엇을 속삭였겠습니까? 오, 저의 하느님, 저들이 얼마나 그렇게 저에게 속삭였는지요! 당신의 자비가 당신 종의 영혼으로부터 이런 것들을 치워 주게 하소서! 그들이 얼마나 더러운 것을 속삭이고, 얼마나 추악한 것을 속삭였는지요! 그러나 저는 오래전부터 그들이 말하는 것을 반도 듣지 않고 흘려 버렸습니다. 그들의 말은 더 이상 그들이 저를 단호하게 맞서서 공개적으로 반대하는 것으로 들리지 않았고, 마치 제 뒤에서 수군거리는 것처럼, 이미 그 자리를 떠나고 있는 저를 몰래 잡아당겨서 저를 돌아보게 만들었습니다. 그렇게 해서라도 그들은 제가 그들에게서 완전히 벗어나서 제가 부름받은 곳으로 달려가는 것을 주저하게 만들려고 붙잡은 것입니다.

그때 기세등등한 저의 습성이 저에게 말하는 것이었습니다. '이 모든 것 없이 네가 견딜 수 있다고 생각하느냐?' 하지만 그 습성의 어조는 아주 약하게 들렸습니다. 왜냐하면 제 얼굴이 향한 쪽, 제가 건너가기를 두려워한 그곳에서는 금욕의 순결한 존엄성이 나타나서, 밝고 활기차지만 방종하지 않고 즐겁게 제가 부끄러워하지 말고 오라고 고결한 친절함으로 말했기 때문입니다. 그러고서 경건하고 수많은 선한 무리들로 가득찬 팔로 저를 받아들이고 끌어안아 주려고 했습니다. 그 팔에는 수많은 소년 소녀들과, 많은 젊은이들, 모든 연령층과 정숙한 과부들, 나이든 동정녀들이 있었습니다. 그리고 그 모든 사람들에게 똑같은 금욕은 그 어디서도 불임이 아니라, 주님, 당신을 남편으로 삼아서 받은 기쁨의 열매를 맺은 어머니였습니다.

그리고 금욕은 조롱 섞인 훈계로 다음과 같이 말하는 것 같았습니다. '이 남성들과 저 여성들이 한 것을 너는 할 수 없다는 말이냐? 아니면 이 남성들과 저 여성들은 스스로의 힘으로가 아니라 주님 안에서, 그들의 하느님 안에서 그렇게 할 수 있지 않았느냐? 그들의 하느님이신 주님은 나를 그들에게 주셨다. 너는 스스로 감당하겠다면서도 감당하지 못하는 것이냐? 그분에게 너를 던져라! 두려워하지 마라! 그분은 네가 넘어지도록 뒤로 물러나지 않으실 것이다. 안심하고 너를 던져라! 그분이 너를 받아서 고쳐 주실 것이다!' 저는 어리석은 저들의 수군거림을 여전히 듣고 주저했기 때문에, 너무 부끄러웠습니다. 그리고 다시 금욕이 이렇게 말하는 것 같았습니다. '저 지상의 부정한 무리들에게 등을 돌려 그들이 귀가 먹어 죽게 내버려두어라.' 그들은 너에게 '욕망을 이야기해 주지만, 그것은 너의 주님의 법과 같지 않다.' 이 싸움은 제 마음속에서 오직 저와 저 자신 사이에 벌어지는 싸움이었습니다. 알피우스는 제 곁을 떠나지 않고, 제가 심상찮게 동요한 결말을 말없이 지켜보았습니다."(8ㅣ1,25-27)

그러자 그러한 상태의 끔찍한 긴장이 풀리고, 고대인들에게는 그렇게 당연하게 허용되었던 것처럼, 눈물로 해소되었다.

"그때 깊이 관통하는 상념이 저의 모든 비참함을 신비로운 근저로부터 끌어내어서, 제 마음의 눈앞에 쌓아 놓았을 때, 거대한 폭풍이 일어나서 엄청난 눈물의 소나기를 몰고 왔습니다. 그래서 저는 이 눈물의 소나기를 그것에 동반하는 모든 소리와 함께 쏟아 낼 수 있도록, 알피우스 옆에서 일어났습니다. 혼자 있는 것이 눈물을 흘리는 데 더 적합하게 보였기 때문입니다. 그래서 그가 있다는 것조차 더 이상 저에게 방해가 되지 않도록 멀리까지 갔습니다.

그때 제 심경이 그러했고 그도 그렇게 느꼈을 것입니다. 제가 무언가를 말했던 것 같고, 제 목소리의 어조가 이미 울음으로 가득 차서 일어났던 것 같습니다. 그래서 그는 놀라서 굳은 채로 우리가 앉아 있던 곳에 그대로 남아 있었습니다. 어떻게 된 건지 모르겠지만, 저는 어느 무화과나무 아래 주저 앉아서 눈물을 잡고 있던 고삐를 풀어 버리자, 제 눈의 강물이 터져 버렸습니다."(8,12,28)

눈물에는 두 가지 종류가 있다는 것을 기억할 필요가 있다. 우선 자연스러운 감정에서 나오는 눈물은 영혼의 막힘을 해소하는 것이며, 다른 하나는 종교적인 접촉에서 나오는 '눈물의 선물donum lacrimarum'이다. 이는 영적인 의미에서 '마음'이라고 불리는 곳에서 발생하며, 일상 생활에서 눈물을 흘리지 않는 사람들에게서도 터져 나올 수 있다. 눈물과 함께 하느님과의 열정적인 대화가 이어진다.

"'주님, 도대체 언제까지입니까? 주님, 언제까지 용서하지 않으시고 진노하시렵니까? 저희의 옛 죄악을 기억하지 마소서!' 옛 죄악에 제가 붙들려 있음을 느꼈기 때문입니다. 저는 구슬픈 소리를 내뱉었습니다. '언제까지, 언제까지, 내일 또 내일입니까? 왜 지금은 아닙니까? 왜 이 시간이 저의 수치의 끝이 되지 않는 겁니까?' 저는 이렇게 말했고, 제 마음의 가장 쓰라린 참회 속에서 울었습니다."(8,12,28과 29)

그러고 나서 차례대로 확인할 수 있는 정확함으로 내면의 싸움 속으로 구체적인 지시가 들어오는 사건을 체험하게 된다.

"그때 이웃집에서 어떤 목소리를 들었습니다. 소년인지 소녀인지는 모르겠지만, 노래하면서 자주 반복해서 말하는 목소리였습니다. '집어서 읽어라, 집어서 읽어라!' 그리고 저의 얼굴빛이 즉시 바뀌어서, 아이들이 어떤 놀이를 하면서 그런 노래를 부르곤 했는지를 잔뜩 긴장해서 곰곰이 생각하기 시작했습니다.[73] 하지만 저는 그에 대해 한 번도 들어 보지 못했습니다. 그래서 저는 눈물의 강물을 거두고 몸을 일으켰습니다. 왜냐하면 제가 발견하게 될 책을 펼쳐서 그 첫 번째 장을 읽으라는 것을 다름 아닌 신적인 명령으로 해석했기 때문입니다."(8,12,29)

아우구스티노는 '변화된 얼굴mutato vultu'로 목소리를 듣는다. 아마도 우리는 이 보도의 언급에서 예술가가 묘사하는 생생한 직관보다 더한 것을 볼 수 있다. 어쩌면 육체적으로 경험하는 고대의 인

---

73 나는 독일 슈바벤 지방의 표현으로 본문의 노래 구절 cantitare을 번역하고 싶었다.

간인 아우구스티노는 하느님께서 보내신 목소리를 통해 현존재 전체의 변화가 시작되었을 때, 실제로 느꼈던 감정을 떠올리고 있을지도 모른다. 새로운 사건에 사로잡혀 변화된 얼굴로 집중하고서는, 그런 노래가 나오는 아이들의 놀이가 있는지 생각해 보지만 찾을 수 없었다. 그래서 그는 해석자로서 아이들의 말을 '신적인 명령 iussio divina'으로 해석한다.[74] 방문자에게서 방금 들은 것이 여기서 생생하게 살아난다. 안토니우스도 한때 그렇게 했다. 이 예가 작용한다. 다시 말해 수용하는 사람 안에서 새로운, 이 사람에게 고유하지만 접촉을 통해서만 가능한 행위가 이루어진다. 어떤 연결이 이루어진다. '자연스러운', 그러나 결코 당연하지 않은 연결 중 하나는 항상 놀라움, 심지어 신비의 전율을 불러일으킨다. 그 안에서 서로 다른 지상의 행위들이 각각 자체로는 의미가 없지만, 육체적이고 정신적인 형태로 결합되어, 인간적이고 신적인 최종적인 것, 곧 소명, 은총, 자유, 운명이 결정된다. 그리고 정말로 오늘날 우리도 천오백 년 전에 밀라노의 한 작은 임대 주택의 정원에서 일어난 일에 여전히 사로잡히게 된다! 아우구스티노는 안토니우스가 행한 것과 믿음을 최종적으로 표현한 것을 행한다. 이렇게 그는 성경을 탐구하게 된다.

같은 행위라도 다른 성격을 가질 수 있다. 책으로 신탁을 얻는

---

74 부록 〈아이의 목소리인가, 하느님의 부르심인가〉 참조.─옮긴이 주

것은 그것이 숨겨진 힘을 향해서 이루어진다면 단순한 미신일 수 있다. 또는 단순히 우연한 것으로 뛰어드는 것을 의미할 수도 있다. 그러나 아주 직접적인 믿음도 있다. 이 믿음 안에서 성경은 본질적으로 본래의 모습 그대로 순수하다. 영원한 하느님의 말씀은 모든 시대와 함께 존재하며, 지금 말씀하시는 대로 모든 시간 속으로 들어갈 수 있는 능력을 지니고 계시다. 이 말씀은 행위하시는 하느님께서 지금 이 사람에게 말씀하시는 육화된 말씀이시다. 믿는 이는 물음을 통해 그러한 말씀을 구한다. 그래서 그는 가장 정확한 의미에서 자신에게 말씀하시기를 감히 청한다.[75] 아우구스티노는 다음과 같이 말한다.

"안토니우스가 우연히 읽게 된 복음에서 그에게 다음과 같이 말하는 것처럼 권고를 받았다는 말을 들었습니다. '가서 너의 가진 것을 모두 팔아 가난한 이들에게 주어라. 그러면 네가 하늘에서 보물을 차지하게 될 것이다. 그리고 와서 나를 따라라.'[마태 19,21] 이 신탁을 받

---

75 아시시의 프란치스코는 독창적인 순수함으로 이를 실천했다. 그는 성경을 하느님께서 개인적으로 말씀하시는 것으로 여겼고, 이를 문자 그대로 받아들이고 실천했다. 그러한 행동은 큰 믿음을 전제로 한다. 하지만 동시에 성경의 충만함으로부터 지금 당장 긴급한 것에 대한 깊은 확신도 필요하다. 이는 이미 믿음에서 나오는 무의식적인 통찰력이다. 다른 말 대신에 이 특정한 말씀에 영향을 받는 것은 개인의 자기주장이 아니다. 진정한 순종은 그리스도교적 인간 현존재의 가장 완전한 형태로서 '어린아이 같음'의 놀라운 순수함을 의미한다.

고, 그는 즉시 회심했다고 합니다. 그래서 저는 알리피우스가 앉아 있던 자리로 급히 돌아갔습니다. 그곳은 제가 일어났을 때 사도의 책을 내려놓았던 곳이었습니다. 저는 집어 들고 펼쳐서 제 눈이 가장 먼저 들어온 장을 소리 없이 읽었습니다. '흥청대는 술잔치와 만취, 음탕과 방탕, 다툼과 시기 속에 살지 맙시다. 그 대신에 주 예수 그리스도를 입으십시오. 그리고 욕망을 채우려고 육신을 돌보는 일을 하지 마십시오.'[로마 13,13-14] 저는 더 이상 읽으려고 하지 않았고, 또 그럴 필요도 없었습니다. 이 구절의 마지막이 끝나자마자, 제 마음속에 확신의 빛이 부어지듯이, 의심의 어둠이 모두 사라졌기 때문입니다. 그런 다음 저는 성경에 손가락이나 다른 표시를 해 놓고, 이미 평온해진 얼굴로 알리피우스에게 이야기했습니다."(8,12,29과 30)

우리는 인간 현존재의 각인이라는 위대한 고대의 형태가 작용하는 것을 느끼게 된다. 그것은 인간이 하느님의 말씀을 자신의 고유한 삶으로 받아들이고, 자신의 운명이 되도록 만드는 것이다. 이미 흥분과 언어의 내적인 격렬함 속에서 이러한 각인이 표현된다. "저는 집어 들고". 말의 힘은 대상을 언급하지 않는다. "펼쳐서 소리 없이 읽었습니다." 이는 받아들이고 순종하는 사람의 태도이다. 그리고 이는 안토니우스와 마찬가지로, '안토니우스가 우연히 읽게 된 복음에서 그에게 다음과 같이 말하는 것처럼' 권고를 받았다. 여기서 오는 것과 받아들이는 것은 '신탁oraculum'이며, '말sententia'로서 하느님의 말씀이다. 그것은 '확신의 빛'이며 '평온해진 얼굴'을 가져다 준다.

이 모든 내면적 사건의 진행과 전환을 다시 한번 되돌아보는 것은 결코 불필요하지 않다. 두려움에 매달려 있는 인간은 다른 사람의 모범을 통해 최종적인 결단의 공간으로 끌려 들어간다. 이성의 마지막 짧은 싸움 후에 모든 논의는 쇠진되어서 의미가 없게 되어 끝난다. 보는 것의 날카로움 앞에서 마음은 '침묵의 두려움' 속에 닫혀 버린다. 억제된 내면은 바깥으로, 목소리와 신체적 움직임의 무력한 폭력성으로 분출된다. 의지는 할 수 없다고 생각해서가 아니라 하고 싶지 않아서 할 수 없다. 이제 이는 최종적인 문제에 직면한다. 놓아 버리거나 반항, 회의, 절망 속에서 자신을 닫아 버리는 것이다. 결단은 아직 내려지지 않았지만, 준비는 되어 있다. 그런 다음 아우구스티노는 다시 싸움에 나선다. 그는 육욕의 멍에를 느끼지만, 그것을 포기할 힘을 찾는 방법을 모른다. 그때 눈물이 터져 나오며 마음의 밑바닥까지 항복한다. 그는 스스로 움켜쥐고 있던 것을 내려놓는다. 여기서 결단이 내려진다. 이 결단은 말로 할 수 없으며, 그렇다고 생각으로 할 수 있는 것도, 명시적인 의지의 행위로 이루어지는 것도 아니다. 결단은 완전히 살아난 마음의 내적인 움직임으로 이루어지는데, 이는 물론 은총이기도 하다.

여기에 하느님의 부르심이 진정한 아이의 목소리로 와닿는다. 목소리는 비록 아이의 목소리지만, 그럼에도 '하느님의 명령iussio divina'을 전달하며, 하느님의 뜻을 들을 준비가 되어 있기 때문에 그것을 알아들을 수 있다. 그러나 즉시 생각에 익숙한 정신이 긴장하면서 속임을 당하지 않으려고 한다. 듣는 사람의 얼굴 표정이 바뀌고, 그는 아이들이 '집어서 읽어라'라고 노래하는 놀이가 있는지 집중해서 숙고한다. 하지만 그는 그런 놀이를 찾지 못한다. 사실 이러한 성찰은 그가 부르심에 어떻게 반응해야 하는지 자신의 가장 깊은 내면으로 확신을 얻는 것을 의미한다. 그는 준비되어 있기 때문에 그것을 인식할 수 있다. 그는 가능한 하느님의 지시를 고려하면서, 지상의 모든 것에 붙어 있는 '모호함'을 관통한다. 그는 도처에 잠복해 있는 분노의 계기를 뚫고 나가서는, 그 목소리를 부르심으로 받아들인다.[76] 그 목소리에 순종해서 그는 '그' 책, 성경을 집어 들고, 그것을 펴서 하느님께서 말씀하실 때 인간이 침묵하는 것처럼 '소리 없이' 읽는다. 단 한 문장이 남았다.

"저는 더 이상 읽으려고 하지 않았고, 그럴 필요도 없었습니다."

읽은 것이 충분한 것이다. 완전한 명료함이 마음에서부터 '평온해진 얼굴tranquillitas vultus'에 이르기까지 이어진다. 그러나 거룩한 사건은 아직 멈추지 않는다.

---

[76] 로마노 과르디니, 《그리스도인의 의식Christliches Bewußtsein》, 167쪽 이하 참조.

"나도 모르고 있었는데, 그[알리피우스]는 자신 안에 무슨 일이 일어났는지를 저에게 말해 주었습니다. 그는 제가 읽은 것을 보고 싶어 했습니다. 제가 [그 본문을] 보여 주었더니, 그는 제가 읽은 구절보다 더 나아갔습니다. 저는 무슨 내용이 뒤따라 나오는지 몰랐습니다. 그 내용은 '믿음이 약한 이를 받아들이시오.'라는 구절이었습니다. 그는 이 구절을 자신에게 적용해서 저에게 말하는 것이었습니다.

하지만 그는 이러한 훈계로 힘을 얻었고, 혼란과 망설임 없이 [제가] 옳다고 인식하고 [저에게 과제로] 설정한 좋은 것에 동참했습니다. 이는 그의 행실에 부합했고, 이러한 행실 때문에 그는 이미 오래 전부터 저보다 훨씬 나았고, 더 나은 것에 있어서 아주 멀리 저를 앞질렀습니다."(8,12,30)

흥분된 감정의 흐름은 어머니에게 실려 감으로써, 그로부터 자신이 흘러나왔고 평온함에 이를 수 있는 그의 바다에 이르게 된다. 그러나 이제 원문의 구절을 살펴보자. 이 구절은 단어 하나하나까지 로마적이어서, 벽에 새겨진 비문의 글처럼 사건의 무게로 가득 차 있다.

"저희는 어머니에게 들어가서 말했습니다. 그랬더니 기뻐했습니다. 우리가 [사건이] 어떻게 된 것인지 설명했더니, 그녀는 기쁨에 넘쳐 환호하며 당신에게 찬양을 드렸습니다. '당신께서는 능하셔서, 우리가 구하거나 이해하는 모든 것을 능가하십니다.'라고 말입니다."[77]

아주 날카로운 윤곽으로 구성되고, 찢어질 듯 긴장을 유지하며, 엄청난 감정이 담긴 문장으로 가득 차 있다. 이 구절은 세부적으로 분석할 가치가 있다. 첫 번째 문장은 간결하다. 시제 동사는 대상이 없고, 군사적, 정치적, 법적인 행위를 의미하는 '[사건이] 어떻게 된 것인지quemadmodum gestum sit'라는 구절은 웅장한 객관성을 나타낸다. '환호하며triumphus'라는 고대적 감정은 실제로 승리한 여성의 위대한 영혼에서 고양되어 솟구친다. 그러나 이 '승리의 환호'는 즉시 '찬양benedictio'과 결합되어 영혼의 고대적 고양감은 그리스도교적으로 승화된다. 언급된 말을 발설하는 것은 모니카이다. 모든 것은 은총이었으며, '우리가 구하거나 이해하는 모든 것을 능가하실' 정도로 하느님에 의해 이루어진 것이다. 그리고 서두에 서술하는 문장은 아우구스티노가 믿음으로 향하는 여정에 결정적인 영향을 미친 사도의 말씀으로 끝난다는 점도 주목할 가치가 있다. 이는 바오로 사도의 에페소서 3장 20절에서 발췌한 것이다.

---

[77] 원문에는 라틴어가 병기되어 있다. "Indeadmatrem ingredimur, indicamus: gaudet. Narramus, quemadmodum gestum sit: Exultat et triumphat et benedicebat tibi, 'qui potens es, ultra quam petimus aut intellegimusfacere.'" — 옮긴이 주

5
새로운 삶

9권은 가장 깊은 내면의 공간에서 이루어진 결단의 결과에 대해 보도한다. 여기서는 밀라노의 상황이 어떻게 해소되었는지, 아우구스티노가 얻은 새로운 삶의 충만함으로 어떻게 들어가는지, 카씨키아쿰에서 친구들과 어떻게 함께 살았는지, 그곳에서 어떤 연구를 수행했는지 등을 다룬다. 내가 제대로 검토했다면, 여기서 하느님을 부르는 '아버지'라는 말이 처음으로 등장한다. 그 강력한 문장은 다음과 같다.

"저는 두려움에 떨면서도 동시에 '당신의 자비에' 희망을 가지고

기쁨으로 불타올랐습니다, 아버지!"(9,4,9)[78]

그 후에 그는 친구인 알리피우스와 열다섯 살 된 아들 아데오다투스와 함께 밀라노로 돌아온다. 아들에 대해 이야기하는 말에는 깊은 감동이 담겨 있다.

"육체적으로 저의 죄에서 태어난 자식인 아데오다투스도 우리와 함께했습니다. 당신께서는 이 아이를 고귀하게 만드셨습니다. 그는 열다섯 살쯤이었는데도, 중요하고 학식 있는 많은 사람들보다 재능이 뛰어났습니다.

당신께서 주신 선물에 대해 당신 앞에 고백합니다. 주님, 저의 하느님, 만물의 창조주시여, 저희의 왜곡된 것을 다시 회복시키실 정도로 크신 능력을 지니고 계십니다. 저 자신은 이 아이에게 저지른 저의 죄악 말고는 아무것도 하지 않았습니다.

사실 이 아이가 당신의 훈육으로 우리에게 양육받도록 하신 것은 다른 누구도 아닌 당신께서 우리에게 영감을 주신 덕분입니다. 당신께서 주신 선물에 대해 당신 앞에 고백합니다.

《교사론》이라는 제목의 제 책이 있습니다. 거기서 저와 함께 대화

---

[78] 원문에는 라틴어가 병기되어 있다. "inhorrui timendo, ibidemque inferbui sperando et exultando 'in tua misericordia', pater." ─ 옮긴이 주

하는 이가 바로 이 아이입니다. [이 책의 대화에서] 저의 대화자의 입에서 흘러나오는 모든 생각은 겨우 열다섯 살에 불과한 이 아이에게서 나온 것임을 당신께서는 알고 계십니다. 이 외에도 저는 훨씬 더 놀라운 것들을 경험했습니다. 이 아이의 재능은 저를 두렵게까지 만들었습니다. 그러나 당신이 아니라면, 누가 이런 경이로운 것을 만들었겠습니까? 당신께서 재빨리 이 아이의 생명을 지상에서 거두어 가셨기에, 저는 이 아이의 소년 시절이나, 청년 시절이나, 그의 전 생애에 대해도 걱정없이 안심하고 이 아이를 생각합니다."(9,6,14)

그들은 밀라노에서 교회로 받아들여진다.

"저희는 세례를 받았고, 지나간 삶의 불안은 저희에게서 사라졌습니다. 그때에 인류의 구원을 주재하시는 당신의 경륜의 깊이를 묵상하는 놀라운 달콤함에 질리지 않았습니다. 사랑스럽게 노래하는 당신 교회의 목소리를 통해서 울려 퍼지는 당신의 시편과 찬송가에 제가 얼마나 눈물을 흘렸는지요! 그 목소리가 제 귀에 흘러 들어갔고, 진리는 제 마음속으로 부어졌으며, 신심의 경건한 감정이 불타올라서, 눈물이 흘렀으며, 저는 이러한 것들에서 평안해졌습니다."(9,6,14)

젊은 군인 에보디우스가 합류해서, 그들은 아프리카로 돌아가기로 했다.

"저희는 함께 있었고, 앞으로 함께 살기로 성스러운 약조를 맺었습니다. 저희는 어떤 장소가 당신을 섬기며 살기에 가장 적합할지 고심했습니다. 고심 끝에 다 함께 아프리카로 길을 떠났습니다. 그리고 저희가 티베르 강 하구의 오스티아에 있었을 때, 어머니가 돌아가셨습니다."(9,8,17)

마지막 문장의 무게는 다음 문장들이 보여 준다.

"많은 것을 서둘러야 했기 때문에 많은 이야기를 건너뛰게 됩니다. 저의 하느님, 제가 셀 수 없이 많은 것들을 침묵 속에 묻어 두더라도, 저의 고백과 감사를 받아 주소서.

하지만 제가 영원한 빛으로 태어날 수 있도록 육신의 품에서 저를 안아 준 당신의 여종에 대해 제 영혼이 품고 있는 것은 생략하지 않겠습니다. 그녀의 은혜가 아니라 당신께서 그녀에게 주신 선물에 대해 이야기하려고 합니다."(9,8,17)

이어서 어머니에 대한 사랑이 가득한 추모사가 이어진다. 이 추모사는 시작의 신비에 대한 아우구스티노적인 경외감으로 가득 찬 말로 시작된다.

"어머니가 자신을 만들거나 키운 것은 아니기 때문입니다. 당신께

서 그녀를 창조하셨고, 아버지나 어머니도 그녀가 어떤 사람으로 태어날지 알지 못했습니다."(9,8,17)

어머니의 죽음에 대해 이야기한다. 그녀는 "병으로 누운 지 9일째 되던 날, 그녀의 나이는 쉰여섯이었고, 제 나이는 서른셋 되던 해에"(9,11,28) 하느님의 품으로 돌아갔는데, 이때 아우구스티노의 슬픔에 대해서는 이미 이 책의 첫 부분에서 언급되었다. 따라서 여기서는 10장(23-26)에 나오는 놀라운 '정신의 고양ascensus mentis'만을 다룰 것이다. 여기서 어머니와 아들의 연결된 마음에서 새롭게 얻은 생명의 의식이 매우 강력하게 솟아오른다.

"어머니가 이 세상을 떠나는 날이 우리 위에 이미 드리워졌을 때, 당신께서는 그날을 아셨지만 우리는 몰랐습니다만, 그때 제가 믿기로는, 당신의 숨겨진 방식에 따라서 저와 어머니 둘이서만 창가에 기대고 서 있었던 적이 있었습니다. 거기서는 저희가 묵던 집 안쪽으로 정원이 보였습니다. 그곳은 티베르강 어귀 오스티아였습니다. 이곳에서 저희는 사람들의 번잡함에서 멀리 떨어져서 긴 여정의 수고 끝에 항해를 위해 쉬고 있었습니다. 둘이서만 달콤한 대화를 나누었습니다. '나는 내 뒤에 있는 것을 잊어버리고 앞에 있는 것을 향하여 내달리고 있습니다.'[필리 3,13 참조] 당신이신 현존하는 진리 앞에서 '어떤 눈으로도 보지 못하고 어떤 귀로도 듣지 못했으며, 어떤 사람의 마음에도 떠오른 적이 없는' 성인들의 영원한 생명이 어떤 것인지 서로에게 물었습니다. 하지만 저희의 마음의 입으로는 당신의 샘, '당신 앞에 있는 생명의 샘'에서 쏟아지는 천상의 것을 갈망했습니다. 저희의 이해력에 따라서 적셔져서, 저희 능력이 닿는 한 그토록 높은 대상을 생각할 수 있도록 애썼습니다.

저희의 대화가 이 정도까지 이르자, [우리에게] 감각의 즐거움이 아무리 크고 매우 찬란한 육체적 광채 속에 있다 하더라도, 저 삶의 충만한 기쁨 앞에서는 비교할 가치도, 언급할 가치조차 없어 보였습니다. 그때 저희는 '그 자체이신 분'에 대한 열렬한 사랑으로 고양되어서, 한 걸음씩 온갖 물체적 세계와 해와 달과 별이 지상을 비추는 하늘도 통과해서 지나갔습니다. 그리고 저희는 더 위로 올라가서, 당신의 작품을 내적으로 숙고하고 논의하고 경탄하면서 저희의 정신에 이르렀습니다. 그리고 우리는 그 정신도 뛰어넘어서, 마침내 고갈되지 않는 풍요로움의 영역에 이르게 되었습니다. 그곳에서 당신께서는 진리의 목초지에서 이스라엘을 영원히 먹이십니다. 그곳에서의 삶은 지혜이며, 지혜를 통해 이전에 존재했고 지금 존재하며 앞으로 존재할 이 모든 것이[세상의 창조가] 이루어집니다. 그러나 지혜 자체는 생겨나는 것이 아니라, 이전에 있었고, 지금도 있으며, 항상 있을 것입니다. 아니, 오히려 지혜에는 존재했다거나 존재할 것이라는 말이 없고, 지혜는 영원하기 때문에 오히려 존재만이 있습니다. 존재했다는 것과 존재할 것이라는 것은 영원하지 않습니다. 우리가 지혜에 대해 말하고 갈망하고 있었을 때, 마음의 엄청난 충격으로 일순간 지혜와 접촉했습니다. 그러고는 탄식을 하며, 거기에 '영의 첫 열매'를 묶어 둔 채로 말의 시작과 끝이 있는 저희 입의 소음으로 돌아왔습니다. 그리고 낡지 않고 자신 안에 남아 있으면서 모든 것을 새롭게 하는 당신의 말씀, 저희 주님과 닮은 것이 무엇이겠습니까?

그래서 우리는 이렇게 말했습니다.

'어떤 사람 안에서 육체의 소란이 잠잠해지고, 땅과 물과 공기의 표상들이 잠잠해지며, [세상의] [소리 나는] 극도로 침묵한다고 가정해 보자. 영혼 자체도 자신 안에서 침묵하고, 자신에 대한 모든 생각을 떠나서 자신을 넘어선다면, 꿈과 표상으로 나타나는 계시이며, 모든 언어와 모든 표징과 지나가는 모든 것이 이 사람 안에서 완전히 침묵한다면, 그때 누가 들으려고 한다면, 이 모든 것들이 다음과 같이 말할 것이다.

'우리가 스스로 우리를 만들지 않았고, 영원히 머무시는 분이 우리를 만들었습니다.'

그것들은 이렇게 말하고서, 그들을 창조하신 분에게 귀를 기울였기 때문에 그것들이 침묵했다고 하자. 그분만이 말씀하시지만, 그것들을 통해서가 아니라, 당신 자신을 통해서 말씀하심으로써, 우리는 육신의 혀나 천사의 음성이나 구름의 천둥을 통해서나 비유의 수수께끼를 통해서가 아니라, 우리가 모든 것에서 사랑하는 그분 자신을, 우리가 들었던 다른 모든 것 없이 그분의 말씀을 듣는다면, 이는 우리가 이제 우리 자신을 뻗어서 번뜩이는 사유의 비행으로 모든 것 위에 지속되는 영원한 지혜를 건드리는 것과 같을 것이다.

 이런 상태가 지속되고, 다른 모든 하찮은 종류의 환시가 제거되고, 이 한 가지 현시만이 바라보는 이를 사로잡고, 그를 소유하며, 내면의 기쁨으로 그를 감쌈으로써, 영원한 생명은 마치 우리가 탄식했던 이러한 깨달음의 순간처럼 될 수 있다면, 그것은 '네 주인과 함께 기쁨을 나누어라'[마태 25,21 참조]라는 것[이라고 말씀하신 것]이 아닐까?'"

부록

아이의 목소리인가, 하느님의 부르심인가
— 아우구스티노 회심 해석

'역사적인 아우구스티노'에 대한 연구의 관점은 '집어서 읽어라 tolle lege'라는 말이 특별한 의미를 지니고 있음을 지적한다. 이 말은 교회의 선교적 삶에서 유래했으며, 성경을 붙잡아 하느님의 말씀을 듣고 회심하라는 것을 의미한다. 이러한 형식을 알고 있었던 아우구스티노는 흥분하고 동요된 상태에서 주변의 어떤 소리를 이 형식과 연관 지어서 해석했을 가능성이 크다. 왜냐하면 그가 모든 사건을 행위와 영향의 관점에서 구성하는 데 익숙한 수사학자였기 때문이다. 이 주장은 아우구스티노의 말을 직접적인 내용 때문이 아니라 역사적 이해에 대한 특정한 사고방식의 표현으로 보기 때문에 주목할 만한 가치가 있다.

그러나 자세히 살펴보면 아우구스티노의 말은 두 문장으로 구성되어 있다. 첫 번째 문장은 아우구스티노와 같은 남성이 당시에 한 아이가 노래하는 듯한 목소리로 '집어서 읽어라'라고 외치는 것을 들었다고 아주 분명하게 설명한다. 이때, 우리는 그가 착각하고 있다고 정당하게 반박할 수 있다. 그는 그저 그렇게 들었다고 생각했을 뿐이다. 사실 그는 무의식적으로 강력한 내적 체험의 명령에 따라서 그 말에 대한 청각적 인상을 형상했을 뿐이다. 그러나 '수사학적인 형상화 충동'이나 다른 형상화하려는 경향을 조금만 강조하면, '무의식적으로 양식화하려는 경향'은 서서히 의식으로 반쯤 상승한다. 이 과정의 어느 단계에서 이러한 경향이 멈춰야 하는지를 확실히 알 수 없다. 이러한 주장은 비판적인 방법의 권리에 근거하고 있지만, 그 방법이 행하는 모호함도 알고 있는 것인가? 우리는 이미 아우구스티노의 초기 그리스도교 사상과 관련된 《고백록》의 구절을 계기로 이에 대해 논의한 바 있다. 시를 쓰는 것도, 거짓을 말하지도 않는 어떤 사람의 말은 그 사람이 그렇게 할 수 없다는 것이 입증되기 전까지는 문자 그대로 받아들일 의무가 있지 않겠는가? 무엇보다 정신적인 인간 현존재의 토대를 위해서는 그러하다. 그러나 이 모든 것에도 불구하고 인간과, 우리의 경우에는 위대한 인간과 관련되기에, 여기에는 역사적 진실을 인식할 수 있는 가장 큰 가능성이 여전히 있기 때문인가? 위대한 인간에게 요구되는 영예를 부여하는 태도에는 해당 연구자의 것과는 다르게 구성되고 더 높은 기준을 가지는 어떤 실재를 파악할 수 있는 가장 좋은 전제가 함께 포함되어 있지 않은가? 근본적으로 경외심이 없는 비판적인 방법의 추상적인 힘이 독립적으로 작용하여, 그 인물의 인격의 존엄성에 반하여 그의 진술을 평가 절하함으로써, 정신적이고 인격적 존재에 대한 매우 심각한 위험이 도사리고 있지는 않은가?

　이 첫 번째 문장 뒤에는 두 번째 문장이 숨겨져 있다. 이를 보지 못하는 것은 개별 연구자의 책임이 아니라 전체 연구 방식의 책임이다. 그렇다면 왜 아우구스티노에게 자기기만과 더불어 타인 기만으로 변질될 수 있는 치명적인 경향이 있다고 추정해도 되는 것인가? 그것은 관련되는 과정이 순수하게 내적이고, 순수하게 단순한 체험이어야 했기 때문이다. 따라서 객관적인 구성처럼 보이는 모든 것은 처음부터 의심스러워지고, '비판'이 그 역할을 맡게 된다. 잠시 다음과 같은 점을 제쳐 놓기로 하자. 역사는 실제로 전혀 다르게 구성되며, 여기서 주관적인 독단이 작용해서 실재를 공허하게 만든다. 인간의 현존재는 내면과 외면의 영역이 서로 교차하는 지점에서 이루어지며, 바로 그 안에 역사적인 것이 존재한다. 그렇다면 이러한 견해는 그 길 위에서 벌어지는 사건이 고유한 생명력을 상실하는 것을 보지 못하지 않는가? 왜 어떤 아이도 '집어서 읽어라'고 노래하지 않아야 했는가? 그 순간에 그런 일이 때로는 일어나기도 하고 때로는 일어나지 않기도 하며, 그로 인해 드물게는 위험에 처하게 되는 것도 인간의 삶이지 않은가! 굳이 '설명'하려고 한다면, 한 아이가 전날에 어떤 교회의 모임에 대해 이야기하던 아버지로부터 그 말을 들었을 수 있다. 아마도 아이는 그 말이 마음에 들어서, 인형을 가지고 놀면서 그 말을 노래로 불렀을 것이다. 실재를 있는 그대로 받아들이지 않고 왜 무의식적이고 반쯤 의식적인 '청각의 양식화'에 대한 이론을 끌어들이는가? 이 실재에 대한 경외심 때문인가? 아니면 실재 안에서 내면과 외면의 상호 작용에 대한 지식 때문에, 우리에게 사건 속에 객관적인 의미의 인상을 끊임없이 제시하는 것인가? 그러나 심리학적으로만 본다면, 이러한 해석은 다른 해석보다 비교할 수 없을 정도로 더 진실하고 풍부하며 실재로 가득 차 있다. 위대한 인물인 '아우구스티노'와 그에 대한 존경을 전제로 한다면 말이다.

이 모든 것으로 기적이 일어났다고 말하는 것인가? 아이의 목소리는 하늘에서 온 것인가? 그렇다면 천사가 노래를 부른 것인가? 언급된 설명에서는 이러한 것에 대한 외경이 배후에 있는 것처럼 보인다. 이 외경은 매우 강해서, 비판적인 정신을 정반대의 극으로, 그러니까 자유로운 실재를 이론적인 산물로 만드는 주관적인 해석으로 몰아넣는다. 그러나 우리는 이러한 것을 주장하는 것이 아니다. 아우구스티노가 엄청난 고뇌 중에 아주 깊은 내면에서 자신을 '내려놓았을 때', 노래하는 아이의 소리를 들었다고 말하는 것이다. 어떤 아이든 상관없다. 이 아이는 클라우디우스나 클라우디아라고 불리는 아이일 수도 있고, 지저분할 수도 있으며, 방금 다른 아이들과 헤어져서 혼자 인형을 가지고 노는 아이일 수도 있다. 그 아이의 입에서 나온 말은 그 자체로는 아무 의미가 없다. 아마도 아이 자신도 원래의 의미를 전혀 이해하지 못할 수도 있는, 놀면서 흥얼거린 말를일 수 있다. 그러나 그 말은 이 시간에, 이 상황에서 그 사람에게 들려오게 된다. 그 말은 요구하고 돕는 하느님의 지시를 전하는 전령이다. 이는 '우연'이 아니라, 아우구스티노의 영혼에 파고들어서, 그 아래서 고뇌하며 앉아 있던 무화과나무를 자라게 하시는 같은 하느님께서 아이의 놀이도 관여하시는 것이다. 그러나 고독하게 싸우는 아우구스티노와 소리 없이 자라는 정원의 정적, 그리고 멀리서 들려오는, 노는 아이의 노랫소리가 어우러져서 그 안에 있는 모든 요소보다 더 큰 하나의 의미 있는 전체를 이루는 '형태'가 이루어지는지가 중요하다! 아이는 자기가 하는 말이 무엇을 의미하는지 모른다. 아우구스티노는 마지막 마음의 준비를 하고 무한한 인과 관계의 그물망에서 그 형태의 요소들을 이끌어 내시는 분에게 동의할 때에만 이를 체험하게 된다. 그가 이 이끄심에 순응하고 자신을 연다면, 그 형상이 거기 있게 된다. 그때 그는 내부 공간에 서서 이해한다. 그런 다음 그 말이 말한다. 그러나 그 말 속에 내적인 무언가를 객관화하지 않는다. 외부에 무의미하거나 불분명한 소리가 있고, 그 안에 의미를 부여하는 것이 아니다. 이러한 것은 주관적이다. 오히려 형태, 상황, 그리고 아우구스티노가 자신을 여는 순간, 내면과 외부의 다양한 요소로 짜여진 전체, 곧 '섭리'라고 불리는 전체가 나타난다. 결단하는 성숙함이 고유한 것이자 전체인 반면에,

아이의 말은 그저 우연에 불과한 것이 아니라, 결단하는 성숙함과 아이의 말이 '시간', '메시지', '소명'이라고 부르는 전체를 이룬다.

 이러한 견해는 전혀 특별하지 않다. 그리스도교적으로 '당연한 것buon sensa'을 개념적으로 선명하게 할 뿐이다. 하지만 그 안에는 실재가 담겨 있다. 이렇게 인간의 현존재는 주관적인 독단에 의해 구성되지 않는다. 심리학적으로 이 점은 우리가 논의했던, 근본적으로 빈약하고 폭력적인 관점과는 완전히 다른 시각의 힘과 풍부한 관점을 지니고 있다. 이 점은 최종적으로 연구자에게 매우 소중한 이점을 제공한다. 그것은 연구자를 당혹감으로부터, 본래적으로 말하자면 불행으로부터 보호해 준다. 진정한 정신적 실존의 기준 앞에서는 그럴 수밖에 없겠지만, 그러한 점은 연구자가 아우구스티노와 같은 인물 앞에서 재판관으로 나서서, 그의 가장 개인적인 권한에 속하는 진술을 부당하다고 판단하는 난처함으로부터 자신을 보호해 준다.

옮긴이의 말

아우구스티노의 《고백록》이라는 작품을 들어 보지 않은 사람은 거의 없다. 그러나 이 작품을 끝까지 읽은 사람은 의외로 많지 않고, 읽었더라도 그 전체적인 내용을 이해하기가 쉽지 않다. 왜냐하면 이 작품은 한 개인이 단순히 자신의 삶을 성찰하고 고백하는 에세이가 아니기 때문이다. 이 작품은 아우구스티노에게 영향을 준 고대의 사상, 종교, 더욱이 심리학적인 자기의식의 변화까지 총체적으로 다루고 있다.

아우구스티노를 통해서 일반화하자면, '회심Bekehrung'은 한 인간 전체의 존재를 좌우하는 중대한 '사건'이다. 이 사건은 인격적인 드라마이다. 역사 속에서 활동하시는 하느님께서는 한 사람의 삶 속에서 당신을 향해 부르시고, 그를 본인과 '나와 너의 관계'로 엮으신다. 이와 같은 신적인 활동은 수많은 겹으로 되어 있는 동시에, 한 개인의 삶과 하나로 얽혀서 드러난다. 다시 말해, 신적인 활동은 그 사람의 가장 깊은 내면에서, 외부의 사건과 전개에서 회심의 움직임과 더불어 감지된다. 《고백록》에서는 이러한 신적인 활동에서 자신을 이해하고, 그리스도인이 되기 위해서 끊임없이 고민하며, 하느님 앞으로 나아가려는 인간의 모습이 나타난다. 과르디니는 이러한 모습을 보여 주기 위해서 이 책을 썼다고 할 수 있다.

로마노 과르디니는 아우구스티노의 '고백'을 피조물인 인간이 본래 자신의 존재를 만드시고 자신의 적나라한 실체를 심판하는 하느님의 인식 속으로 자신을 놓은 행위라고 정의한다. 고백이 향하는 최종적인 회심의 과정은 불신에서 믿음으로, 잘못된 관점에서 올바른 관점으로, 무지에서 참된 인식으로 나아가지 않는다. 회심은 오히려 한 인간이 가장 깊숙한 곳에서 본래적으로 주어진 것에 대해 저항하는 것을 포기한다. 이러한 회심의 과정은 만남과 내적 발전을 통해서 체험, 사유, 행위를 통해서 최종적인 '결단'의 시간까지 점차적으로 이루어진다.

아우구스티노는 그리스도교를 믿지 않고 다른 철학 또는 다른 종교(마니교)에 빠졌다. 그러나 과르디니의 확신에 의하면 아우구스티노는 한 번도 그리스도교 신앙을 가지지 않은 이교도였던 적이 없었다. 아우구스티노 스스로는 항상 하느님, 특히 그리스도와 연결되어 있다고 생각했다. 그 때문에 그의 생애에서 본래적인 자신과 참하느님께로 돌아가는 여정은 많은 번민과 실존적인 방황으로 점철되어 있다.

아우구스티노 회심의 여정에 있어서 철학적 에로스는 그의 내면을 제일 먼저 흔들어 놓았다. 이전에는 관능적이고 육체적인 열정과 더불어 나아가려는 의지를 지닌 정신적 열정만을 알았던 그는 에로스를 통해 내면의 깊이가 열리게 된다. 하지만 그 아래에는 그리스도교적인 마음, 그리스도 안에서 하느님께 대한 사랑이 꿈틀거리고 있었다. 그러므로 그에게 주어진 과제는 더 나은 철학적 진리를 향한 진보가 아니라 철학이 정신을 지배하고 신앙으로 가는 길을 가로막은 태도를 극복하는 것이었다. 인식하는 삶은 믿는 사람 안에서만 올바른 것이 될 수 있다.

그리스도교의 신비는 어떤 인식이나 통찰로도 해소되지 않는 진정한 진리이다. 이 진리는 철학의 에로스가 아니라, 그리스도교의 카리타스와 아가페의 인격적 사랑에 의해 드러나기에, 인식하는 사람은 살아 있는 관계 속에 있다. 그러나 인식하는 사랑은 '회심'이 필요하다. 왜냐하면 인식하는 사람이 하느님을 안다고 믿지만, 사실은 하느님께서 그 사람을 알아보시는 것이기 때문이다. 인식하는 사람은 하느님의 은총에 의해 변화되고 변모된다. 결국 사랑의 참된 진리는 인식하는 사람을 자석처럼 자신 안으로 끌어당겨서, 그를 자신과 같은 것으로 변화시키고, 바로 그때 인식하는 사람은 하느님의 본질이 그런 것처럼 순수한 정신적 존재가 된다. 따라서 아우구스티노에게 인식은 자율적인 철학적 인식이 아니라 하느님께로부터 주어진 선물이다. 아우구스티노는 단순한 진리를 철학적으로 인식하던 사람에서 신적인 말씀을 듣고 변화되어, 하느님에 의해 주어진 본래의 자기 존재 방식에 합당한 새로운 태도를 깨닫게 된 것이다.

이렇게 아우구스티노에게서 회심의 결단이 일어나는 그의 내면성은 단순히 내적인 자아에만 묶여 있지 않다. 아우구스티노의 회심은 실재하는 현실적인 모든 것과 사건의 전체적인 맥락에서 모든 현실적인 환경과 등장하는 인물들 사이의 역동적인 모습으로 묘사된다. 다양한 인물과 환경을 통해서 자신을 투사하면서 끊임없는 내적 갈등을 겪는 아우구스티노는 자신의 이 파란만장한 삶의 드라마를 통해서 결국은 장애물을 극복하는 결단을 내린다. 다시 말해, 아우구스티노는 회심을 통해 '눈물의 파도'라는 결실을 맺고 하느님 안에서 진정한 자신의 모습을 찾게 된다.

아우구스티노는 심장을 손에 들고 있는 모습으로 묘사된다. 아우구스티노는 자기 자신을 사랑했고 자신의 삶을 사랑의 힘 아래 두었을 뿐만 아니라, 사랑을 마음의 영역으로부터 이해하려고 했다. 이 마음은 '하느님 안에서 안식을 누릴 때까지는 쉬지 못하는', '하느님을 향하도록 창조된 마음'이다. 이러한 점에서 아우구스티노의 회심은 하느님의 "사랑이 모든 것을 안다."는 것을 깨닫는 여정이었다. 이는 자신의 존재와 삶이 끊임없는 하느님의 작용에서 비롯되었다는 의식에 대한 확신이다. 사랑의 하느님께서는 당신 자신 안에만 계시는 분이 아니라, 한순간도 창조하기를 멈추지 않으시기 때문에, 인간은 자신의 전 존재가 그분에게 의존하는 그분의 피조물이라는 깨달음을 '고백'하고 하느님께 '항복'해야 한다.

독자들이 과르디니의 이 책을 통해서 위대한 아우구스티노 성인의 불멸의 작품인 《고백록》을 진지하게 다시 읽기를 바란다. 아우구스티노의 '고백'은 하느님뿐만 아니라, 시대를 넘어서 오늘을 살아가는 우리에게도 와닿는다. 그 고백으로 아우구스티노가 우리의 '회심'을 간절히 바라고 있음을 느낄 수 있다.

그리고 연로하신데도 여전히 아우구스티노의 작품을 번역하고 계시는 전 주한바티칸 대사 성염 선생님께 감사를 드린다. 그 어떤 번역보다 원문에 충실하고 맛깔진 선생님의 《고백록》 번역의 어휘 덕분에 옮긴이도 독일어 원문에서 감지하지 못한 내용을 선생님의 번역본을 통해서 잘 파악할 수 있었다.

혜화동 신학교에서
김형수 베드로 신부

감수자의 말

　이번에 출간되는 故 김형수 신부의 번역인 《과르디니와 함께 읽는 고백록》은 가톨릭출판사가 기획한 〈로마노 과르디니 시리즈〉의 첫 번째 결실입니다.
　로마노 과르디니 신부(Romano Guardini, 1885-1968)는 독일어권만이 아니라 20세기 가톨릭 신학 전체를 통해서도 손꼽히는 신학의 대가입니다. 그는 가톨릭 신학계의 울타리를 넘어서 개신교 신학, 종교철학, 인문학 전반에 영향을 주었고, 학계만이 아니라 지성계와 그리스도교 신자 대중에게도 지속적이고 광범위한 독자층을 가지고 있었습니다. 베를린, 괴팅겐, 뮌헨에서의 그의 강론과 강의는 신앙의 쇄신과 삶의 새로운 방향을 찾는 신앙인들과 지성인들의 갈망을 채워 주고 희망을 불어넣어 줬으며, 그가 강론대와 강단에 선 성당과 강의실은 언제나 젊은 사람들로 가득 찼다고 합니다. 이는 과르디니가 열어 보이는 그리스도교 인문학의 장관은 신앙인만이 아니라 참된 가치, 진정한 인생의 행복을 추구하는 모든 이들에게 영감을 주었음을 보여 주는 지표이기도 합니다.

과르디니의 말을 직접 듣고 위로와 영향을 받은 세대는 이제 거의 사라져 가고 있습니다. 하지만 그의 글은 독일이라는 지역의 한계를 넘어서 번역을 통해 전 세계에 널리 전해집니다. 시대가 변해도 새로운 세대는 그의 글을 읽고 연구하고 감복합니다. 1920년대 초에서 1960년대 초에 이르는 40년을 넘는 활동 기간을 통해 축적된 그의 방대한 저술들은 한 시대의 고뇌와 교회의 응답과 가톨릭 신학의 부흥을 증언하는 유산일 뿐만 아니라, 그 가치는 여전히 유효합니다.

과르디니의 저서는 철저하게 예수 그리스도와의 인격적 만남과 은총에 대한 절대적 개방, 교회에 대한 충실함에 뿌리를 두면서도 인문주의와 인본주의의 본질에 닿아 있습니다. 그는 독자를 감각과 감정과 사유를 통합하는 '마음'을 발견하는 여정으로 초대합니다. 그의 저서들은 모두 윤리적 인식과 예술적 감수성, 그리고 종교적 심성을 통합하는 '인격'의 도야를 위한 구체적인 시도라 할 수 있습니다. 그의 글에는 언제나 확고한 중심 사상들이 자리하지만, 이를 선험적으로 체계화시키려 하지 않으며 관념에 머물지 않습니다. 다양한 주제에 대한 개방적이고 사려 깊은 접근 속에서 자연스럽게 독자들이 자신만의 고유한 길을 찾도록 이끕니다. 더 나아가 과르디니의 저서에는 확고한 신앙과 깊은 영성, 날카로운 시대 진단, 교회의 정신적 유산과 서양의 인문학적 전통에 대한 깊은 안목이 담겨 있습니다. 이는 그가 신학의 특정 영역에서 중요한 전문가로 꼽히는 것이 아니라 전례, 기초 신학, 교회론, 성서 묵상, 영성, 종교 철학, 윤리 신학 등 가톨릭 사상과 실천의 전 분야에 걸쳐 진정한 대가로 인정받으며 여전히 연구되고 인용되는 이유입니다.

이러한 특징은 과르디니의 삶과 깊이 연관되어 있습니다. 과르디니는 학계를 중심으로 한 신학적 논쟁에 갇혀 있지 않았습니다. 그는 높은 식견과 날카롭고 심오한 통찰을 통해 신앙인의 삶과 살아 있는 교회의 활동 안에 자연스럽게 적용되고, 근대 시대의 편협했던 시야를 넘어서는 통합적인 정신이 지성계에 새롭게 움틀 수 있도록 저술과 강연만이 아니라 실천적인 공동체 운동들을 통해 애썼습니다.

무엇보다 과르디니는 종교적인 심오함을 담은 세계 문학에 대한 독자적이고 위대한 해석가였습니다. 문학에 대한 감수성과 날카로운 분석력, 인간에 대한 통합적 이해는 그가 성서에 대한 깊은 묵상을 통해 길어 낸 신학적 통찰과 상호 작용을 하고 있습니다. 위대한 문학은 그의 사유의 중요한 원천 중 하나입니다. 이는 또한 그의 사상이 교회를 넘어 많은 지성인들에게 친화력이 있는 이유이고, 오늘날 여전히 과르디니의 저술들이 교회 밖의 독자들에게도 매력을 지니는 중요한 요소라고 할 수 있습니다.

故 프란치스코 교황님께서는 과르디니의 사상에 깊은 감명을 받았다고 회고합니다. 과르디니는 불완전하고 잠정적으로 보이는 시도 앞에서 성급하게 결론을 내는 대신에, 침잠하여 숙고하고 더 깊이 사유하며 지적 겸손을 보여 줍니다. 프란치스코 교황님께서는 과르디니의 이러한 접근 방법이 독단주의와 상대주의라는 두 극단에 쉽게 빠지는 오늘날의 시류를 극복할 수 있는 모범이 된다고 평가합니다.

─────◆─────

가톨릭출판사의 〈로마노 과르디니 시리즈〉가 선보일 가장 중요한 작품은 명실공히 과르디니의 주저이며 20세기에 쓰여진 신학적, 영성적 묵상서 중에서 불멸의 걸작에 속하는 방대한 대작인 《주님》입니다. 故 김형수 신부, 신정훈 신부, 안소근 수녀, 최대환 신부, 허규 신부의 공역으로 출간될 《주님》은 과르디니 사상과 영성의 깊이와 독창성을 잘 보여 줄 뿐 아니라 예수 그리스도의 인격과 참으로 깊고 철저하게 만나도록 독자를 초대합니다. 그리고 〈로마노 과르디니 시리즈〉를 통해 처음으로 독자들은 과르디니가 세계 문학의 고전에 대해 종교 철학적으로 해설하고 음미하는 저서들을 만나는 기회를 가지게 됩니다. 가장 위대한 철학자이자 문학적 천재였던 플라톤의 대화편에 나타난 '소크라테스의 죽음'에서 시작하여, 철학과 문학을 아우르는 고전인 아우구스티노의 《고백록》을 거쳐, 단테와 파스칼, 횔더린과 릴케, 그리고 도스토옙스키에 이르는 고전 중의 고전을 섭렵하는 과르디니의 문학 고전 해설은 과르디니의 또 다른 진면목을 보여 주며, 우리 시대에 필요한 '그리스도교 인문학'을 모색하는 모든 이들에게 소중한 동반자가 될 것입니다. 가톨릭출판사의 〈로마노 과르디니 시리즈〉를 통해 많은 이들이 과르디니의 진면목을 만나기를 기대하며, 이러한 기획 제의에 동감하고 받아들여 준 가톨릭출판사에 깊은 감사를 표합니다.

〈로마노 과르디니 시리즈〉의 첫 번째 책으로 출간되는 《과르디니와 함께 읽는 고백록》을 번역한 故 김형수 신부님은 부산교구 소속 사제이자 서울에 위치한 가톨릭대학교 성신교정의 철학 교수로서 신학도들을 양성하고, 활발하게 연구활동을 하며 교회의 소명에 충실히 살다가 2024년 11월 3일에 불의의 병으로 하느님 품에 안겼습니다. 존경과 우정으로 오랜 시간을 교우했던 그에 대한 그리움과 고마움의 이야기를 나누는 것은 다른 자리를 기약하며, 다만, 이 번역과 관련하여 몇 가지 사항을 덧붙이고자 합니다.

과르디니에게 있어 아우구스티노, 특히《고백록》은 매우 중요한 의미를 가지고 있습니다. 과르디니 사상의 핵심적 개념에 속하는 마음과 인격이 가장 탁월하게 묘사되고 해명되는 저서가《고백록》이기 때문입니다. 그렇기에《과르디니와 함께 읽는 고백록》은 신학적이고 철학적인 탁월한 문학 고전에 대한 해설서이면서도 다른 한편으로는 과르디니 사유의 심오한 정수가 드러나는 자리이기도 합니다. 그렇기에 과르디니의 근본 사상을 공부하지 않은 독자에게는 때때로 난해하게 다가오는 것도 사실입니다.

    김형수 신부님은 플로티누스에서 쿠자누스에 이르는 신플라톤주의의 전문가이자 오랫동안 그리스도교 플라톤주의를 깊이 연구하고 있었습니다. 또한 아우구스티노에 대해도 애정을 가지고 그 저서를 철학적 관점에서 깊이 살펴보고 여러 논문을 남기기도 하였습니다. 동시에 교의사 분야에도 높은 식견을 갖추고 있었으며, 과르디니의 애독자로서 여러 소고들을 번역하였고 그의 다른 대작들의 번역에도 매진하고 있었기에, 매우 매력적이고 아름답지만, 결코 이해하기 쉽지 않은 이 저서의 번역자로서 적격이라 할 수 있습니다. 그의 번역 원고는 유고로 남았습니다. 역자의 갑작스러운 부음 이후 출판사에서는 그가 남긴 초고를 감수할 필요가 있었고, 제가 그 의뢰를 받게 되었습니다. 다행히 완결된 상태로 송고되어 있었던 김형수 신부님의 번역은 매우 충실하였고, 과르디니의 근본 정신에 착근하고 있었습니다. 쉽게 읽히기 위해 저자의 의도를 단순화하는 것을 극도로 경계한 것을 느낄 수 있었습니다. 감수자 역시 번역자의 그러한 노력에 동감하며 최소한의 부분에서 어쩔 수 없이 나타나는 실수들을 바로잡는 선에서 원고를 검토했습니다. 이 책은 독자에게 상당한 집중력을 요구하며, 어느 부분들은 재독이 필수적이리라 생각합니다. 그러나 그러한 애정 어린 독서는 참으로 풍성하게 보답받으리라는 것을 확신합니다.

마지막으로, 역자가 역자 후기에서 밝히고 있듯 이 책의 번역 가치의 상당 부분은 성염 교수님의 탁월한 《고백록》 번역에 힘입고 있습니다. 상당히 많은 인용이 필요한 이 저서에 번역을 자유롭게 참조하도록 쾌히 허락하신 성염 교수님께 깊은 감사를 드립니다.

〈로마노 과르디니 시리즈〉 번역자들을 대표해서
의정부 교구 최대환 요한 세례자 신부